55 FAUBOURG SAINT-HONORÉ

Entretiens avec Robert Schneider

MICHEL CHARASSE

55 FAUBOURG SAINT-HONORÉ

Entretiens avec Robert Schneider

Le Grand Livre du Mois

« C'est sur mon ordre et pour le bien de l'Etat que le porteur de la présente a fait ce qu'il a fait. »

CARDINAL DE RICHELIEU
cité par Alexandre Dumas.

AVERTISSEMENT AU LECTEUR

C'est Robert Schneider qui a eu l'idée de ces entretiens, bien avant la fin du mandat de François Mitterrand.

Il pensait qu'après quatorze années dans les « allées du pouvoir », dont plus de quatre au Gouvernement et plus de dix au Sénat, j'avais des choses à dire.

Après avoir longuement réfléchi, je lui ai donné mon accord mais à cette condition : hors de question de refaire ce qui a déjà été fait ! Et encore moins de participer à la mode qui veut qu'on ne puisse parler du Président sans l'accuser de tous les vices. François Mitterrand m'a honoré de son amitié et de sa confiance. Je lui dois des années de bonheur vécues auprès de lui ou dans son sillage. Qu'on ne compte donc pas sur moi pour salir, si peu que ce soit, son œuvre et sa mémoire. Que ceux qui me feront l'amitié de me lire veuillent bien me comprendre : j'ai aimé François Mitterrand, j'ai aimé servir la France à ses côtés et j'ai aimé sa façon de la servir. Je n'ai jamais été courtisan, mais je n'arrive pas à retrouver, dans son action, ce qui justifie cette avalanche d'appréciations, aussi injustes que fantaisistes, qu'expriment complaisamment ceux qui l'ont à peine fréquenté ou qui s'érigent en spécialistes exclusifs et en gardiens intransigeants du « mitterrandisme » et de son chef. J'accepte donc par avance l'accusation de « mitterrandolâtrie ».

Il a été aussi entendu que j'attendrais le départ du Président Mitterrand de l'Elysée pour m'exprimer, et que je laisserais s'écouler plusieurs mois. De plus, quelle que soit la curiosité de mon interlocuteur, je n'utilise ni ne publie aucune archive publique ou privée, aucun document officiel ni rien qui appartienne à François Mitterrand ou à l'Etat. J'ai donc fait appel à ma seule mémoire, m'interdisant ainsi d'évoquer des faits que j'ai pourtant bien connus mais qui auraient exigé la consultation des dossiers que j'ai remis au Président le 17 mai 1995 et qui relèvent, désormais, de ses seuls ayants droit.

D'autre part, il a été convenu que je ne dévoilerais aucun sujet de caractère secret dont la révélation pourrait mettre en cause, voire compromettre, si peu que ce soit, la défense ou la sécurité de la France : l'intérêt national exige que tout reste enfoui dans les archives officielles pendant cinquante ans au moins. Toute violation de cette règle légale ne peut que nuire au pays.

Enfin, j'ai précisé à Robert Schneider que mon récit concernerait uniquement les événements que j'ai connus et auxquels j'ai été associé : il s'agit donc de ce que j'ai fait et non de ce qui appartient à d'autres. Quant aux citations utilisées pour conserver à la narration un caractère spontané et vivant, elles n'engagent que moi. Elles s'efforcent en effet de traduire le sens de la pensée de celui qui s'exprime, mais sans toujours reprendre exactement les formules ou les mots employés : car je ne me suis jamais cru autorisé à prendre en note des propos confidentiels ou personnels que les circonstances m'ont donné d'entendre.

Ces entretiens sont tirés de l'expérience de quelqu'un que les hasards de la vie ont placé, pendant un long moment de notre Histoire, tout près du cœur de l'Etat. Ils ont pour ambition de tenter d'éclairer certains faits et certaines décisions, en expliquant leur pourquoi et leur comment : ainsi sera-t-il possible, je l'espère, de démanteler trop de critiques le plus souvent délibérément inexactes et systématiques, qui ont mis et mettent en cause la personne, la fonction ou les actes du Président François Mitterrand ou de ses collaborateurs.

Robert Schneider a bien voulu respecter ces principes et accepter mes exigences. Je lui en suis reconnaissant et je le remercie de m'avoir permis, à travers ses questions sans complaisance, de dire ce que je crois être la vérité.

Je n'ai pas la prétention de convaincre ceux qui n'ont jamais aimé François Mitterrand et qui, au fil du temps, et même après sa mort, l'ont combattu sans relâche.

Je souhaite seulement contribuer modestement à nourrir les recherches, les analyses et les conclusions de ceux qui feront, de bonne foi, comparaître cette riche période de notre vie nationale et son principal animateur devant le seul tribunal qui compte désormais : celui de l'Histoire.

Michel Charasse,

Paris - Rome - Puy-Guillaume
Septembre 1995-Mai 1996.

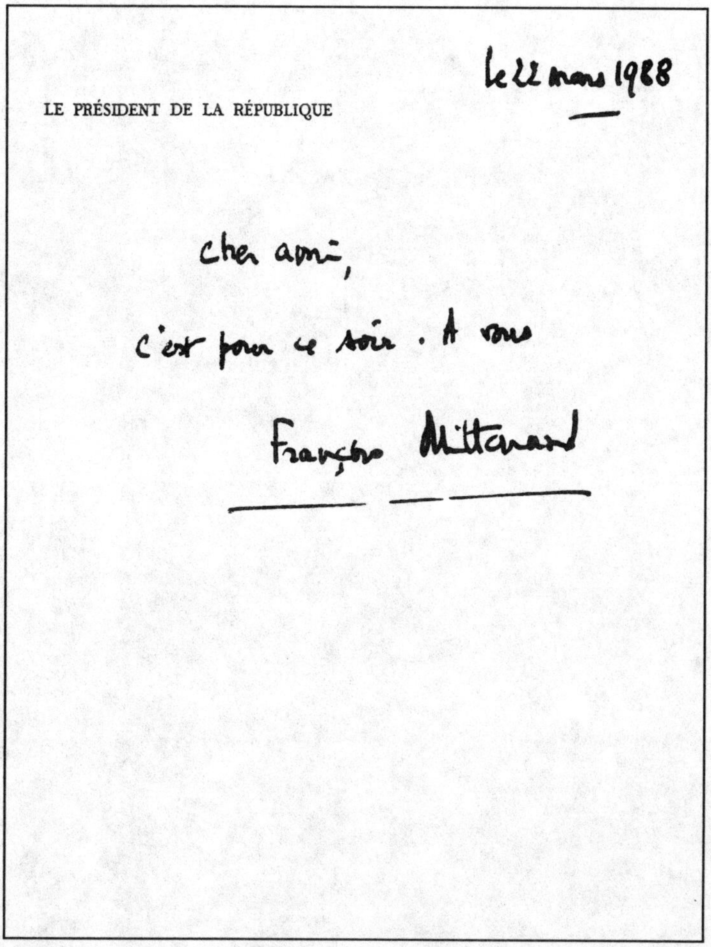

le 22 mars 1988

LE PRÉSIDENT DE LA RÉPUBLIQUE

Cher ami,

c'est pour ce soir. A vous

François Mitterrand

François Mitterrand a annoncé aux Français qu'il serait à nouveau candidat le 22 mars 1988 sur Antenne 2. Dans la journée, il a fait porter ce petit mot, écrit de sa main et en termes identiques, à sept ou huit amis très proches.

CHAPITRE 1

Robert Schneider : Vous êtes entré à l'Elysée en 1981 avec François Mitterrand. Vous êtes parti en 1995 avec lui. Vous ne l'avez jamais quitté, même lorsque vous étiez ministre. Vous êtes le seul aussi, pendant ces quatorze ans, à avoir disposé d'un appartement à l'Elysée. C'est dire à quel point vous étiez proche du Président. Qu'appréciait-il chez vous ?

Michel Charasse : Lui seul aurait pu répondre à cette question !

R.S. : Vous avez bien votre petite idée. Votre fidélité, par exemple ?

M.C. : C'est possible. Je suis fidèle, et c'est une qualité essentielle pour le Président, qu'il a pratiquée lui-même avec constance.

R.S. : Votre habileté ?

M.C. : Peut-être. Mais je ne suis pas le seul dans ce cas et je ne suis sans doute pas habile en tout.

R.S. : Votre bonne humeur ?

M.C. : Pourquoi pas ? C'est plus agréable de travailler avec des collaborateurs réjouis, surtout quand les choses et les situations sont compliquées, qu'avec des « chevaliers à la triste figure ». Ajoutons que les gens de bonne humeur sont généralement assez sérieux.

R.S. : Votre franc-parler ?

M.C. : Cette qualité a pu jouer : François Mitterrand exigeait par-dessus tout la sincérité.

R.S. : Vos coups de gueule ?

M.C. : Oh, ils sont parfois exagérés, car j'ai un tempérament bouillant ! Mais il est souvent arrivé au Président de partager mes indignations, bien qu'il les exprimât différemment.

R.S. : Vos provocations ?

M.C. : Allez savoir ! On ne peut pas dire que nous ayons eu le même comportement, mais certaines façons de grossir le trait ont pu lui plaire. Il avait aussi, à sa manière, le goût de la provocation : par exemple quand, en avril 1981, en pleine campagne présidentielle, il a confirmé, à contre-courant de l'opinion, qu'il supprimerait la peine de mort ; ou encore, en ne cessant d'affirmer qu'il souhaitait que les immigrés puissent voter aux élections locales, ce que refuse énergiquement la majorité des Français, sans parler des hésitations du PS.

R.S. : Votre discrétion ?

M.C. : Eventuellement. Tout ce qu'il m'a dit qui était confidentiel, tout ce que j'ai fait auprès de lui et qui touchait au cœur de l'Etat et de nos grands intérêts nationaux, tout ce qui lui était personnel, les très nombreuses conversations privées, les confidences multiples... n'ont jamais franchi le cadre de nos entretiens. J'ai fui les glaneurs de nouvelles et les journalistes en mal de confidences. Au début du premier septennat, François Mitterrand nous a dit : « Je pardonne toujours les erreurs, jamais les indiscrétions. » J'ai retenu la leçon. Aujourd'hui, je pense pouvoir témoigner et dire ma vérité, mais en respectant les limites étroites du devoir d'Etat. Le secret, lui, ne sera levé que quand les archives seront accessibles au public.

R.S. : On a dit tour à tour que, pour le Président, vous étiez l'homme des coups...

M.C. : Les coups, comme vous dites, sont rares, et pas

forcément tordus ! D'ailleurs, quand il fallait trouver une solution pour résoudre un problème difficile, le Président ne laissait à personne d'autre qu'à lui-même le soin d'imaginer et d'exécuter.

R.S. : ... Le bouffon du Roi ?

M.C. : Le bouffon était payé pour faire rire. Ce n'était pas mon cas puisque je n'ai jamais été rétribué pendant tout le temps où j'ai travaillé à l'Elysée : je recevais, selon la période, mon indemnité de sénateur ou mon traitement de ministre. Mais il m'arrivait souvent de voir François Mitterrand rire avec d'autres, Roger Hanin par exemple.

R.S. : ... Le chien de garde ?

M.C. : C'est vrai que je saute dès qu'on l'attaque injustement. Et c'est malheureusement trop souvent le cas.

R.S. : ... L'informateur ?

M.C. : François Mitterrand aimait collecter des informations ici et là pour disposer de la gamme la plus étendue d'éléments d'analyse ou de jugement. J'ai eu la chance de pouvoir compter sur bien des amis fidèles qui me tenaient au courant de pas mal de choses et j'en ai toujours fait le rapport au Président !

R.S. : On a beaucoup dit aussi que vous étiez la face noire du mitterrandisme, l'homme qui accomplissait les basses besognes...

M.C. : J'ai travaillé dans l'ombre sur la plupart des dossiers. Le Président m'a souvent demandé de traiter des affaires touchant à la sécurité publique, intérieure ou extérieure. Tout ce qui concerne l'Etat dans ses fonctions les plus sacrées ne peut pas être étalé sur la place publique. Mais je n'ai pas été le seul dans ce cas, loin de là ! Et je récuse le côté conspiration des poignards derrière de sombres rideaux. Ça, c'est du cinéma pour médias en panne de sensationnel ou pour nourrir les polémiques politiciennes et les fantasmes de l'opposition. En tout cas, il ne m'a jamais demandé quoi que ce soit et je n'ai jamais rien fait qui heurte la conscience ou l'honneur ou qui soit contraire aux intérêts de la France.

R.S. : On vous a aussi surnommé le Mamelouk du Président !

M.C. : Le Mamelouk, c'était le serviteur que Napoléon Ier avait ramené d'Egypte et qui couchait toutes les nuits devant la porte de sa chambre. C'était avant tout un guerrier, fidèle au point de se faire tuer pour son patron...

R.S. : C'est tout votre portrait !

M.C. : Sauf que ne n'ai jamais couché devant la porte de François Mitterrand et que je ne me promenais pas nuit et jour dans les couloirs de l'Elysée avec un grand sabre !

R.S. : Dans son dernier livre, *L'Année des adieux,* Laure Adler, qui a été conseillère du Président Mitterrand, a écrit : « Sans appui de Charasse à l'Elysée, on n'est pas grand-chose ! »

M.C. : Elle exagère ! Mais c'est vrai que pendant quatorze ans, le Président m'a demandé de m'occuper de la situation personnelle des gens de sa Maison. François Mitterrand nous avait dit, dès 1981 : « Mes collaborateurs ne resteront pas éternellement avec moi. Leur passage à l'Elysée ne doit pas nuire à leur carrière, au contraire : il doit la faire progresser. » J'ai donc eu à veiller au sort professionnel de certains d'entre eux. C'est peut-être le sens des propos de Laure Adler. Certains collaborateurs qui ont travaillé à l'Elysée pendant quatorze ans ont considéré qu'à un moment ou à un autre ils devaient m'expliquer leurs souhaits, pour qu'ensuite j'en parle au Président et que je fasse le nécessaire en plein accord avec lui : mais François Mitterrand a toujours arrêté lui-même la manière de régler chaque situation individuelle.

R.S. : Laure Adler voulait dire que vous aviez l'oreille du Président et que vous en jouiez !

M.C. : J'ai scrupuleusement évité, pendant quatorze ans, d'agir dans le domaine de compétence des autres collaborateurs. Quand le Président me demandait de traiter un dossier qui relevait manifestement des attributions d'un autre conseiller — ce qui est arrivé souvent ! — je prévenais aussitôt l'intéressé et lui disais : « Travaillons ensemble. » Dans le compte rendu que j'adressais au chef de l'Etat, j'ai toujours pris soin d'indiquer que les propositions étaient le résultat d'un travail à deux. Je crois sincèrement n'avoir jamais cherché à « doubler » qui que ce soit.

R.S. : Vous étiez pourtant en situation de le faire.

M.C. : Mais dans quel intérêt ? Je n'avais pas d'autre ambition que de servir au mieux le Président. Je n'ai jamais été candidat à quoi que ce soit, ni agi en fonction d'un « plan de carrière » à l'Elysée. Je n'avais besoin de rien. J'ai eu la chance d'être élu sénateur six mois après mai 1981 : alors pourquoi me hausser du col ?

R.S. : On a le sentiment que vous étiez toujours disponible, toujours joignable...

M.C. : Naturellement, et cela a parfois supposé de belles acrobaties téléphoniques. Au début du premier septennat, la technique était moins évoluée qu'aujourd'hui. A part les « bip », encore appelés « eurosignal », nous n'avions pas de téléphones portables. Quand l'eurosignal sonnait quelque part en pleine Auvergne profonde, je devais arrêter la voiture à la première cabine publique. Les cartes à puce n'existaient pas encore et les cabines étaient souvent détruites par des petits voleurs. J'entrais donc dans le premier bistrot venu. Je me souviens d'une étape obligée au bord d'une route enneigée près d'Ambert. L'unique téléphone était planté sur le comptoir d'une salle enfumée où une troupe de chasseurs rougeauds et excités prenait l'apéritif au retour d'une battue. Au milieu des hurlements et des rires, téléphone d'une main et écouteur de l'autre, j'essayais de comprendre les instructions du Président que je notais sur un bloc « Pernod » ou « Ricard », taché de graisse. Lorsque j'ai raccroché, les clients m'ont offert un verre. L'un d'eux m'a reconnu : « Quant'est-ce que vous m'invitez à l'Elysée pour voir Mitterrand ? J'aimerais bien lui serrer la main à c't'homme-là. » Alors que fusent les ricanements moqueurs et bruyants de ses compagnons, je réplique : « Mais je viens de l'avoir au téléphone. Il fallait me le dire plus tôt. » Mon chasseur ne m'a pas cru : car tout un chacun pense qu'on n'appelle pas le Président de la République depuis le comptoir d'un bistrot campagnard !

Je me souviens aussi d'une partie de chasse en baie de Somme. Le Président m'a appelé à la tombée de la nuit alors que j'étais sur une butte à la « passée de canards ». Il me demandait de venir aussitôt pour lui préparer un travail urgent. Pendant qu'il me donnait ses instructions, trois canards se sont posés à mes pieds dans un concert de « coin-coin ». Le Président m'a dit : « Qu'est-ce qui se passe ? J'entends un bébé qui pleure. » J'évitais de plus en plus de lui parler de mes escapades cynégétiques, car il s'ingéniait toujours malicieusement à trouver un prétexte pour me faire renoncer.

R.S. : Si le Président vous a demandé de garder votre bureau à l'Elysée, alors que vous étiez ministre, ce qu'il n'a fait pour aucun autre, ni Bérégovoy, ni Bianco, ni Vauzelle, ni Elisabeth Guigou, c'est bien que vous jouiez un rôle particulier ?

M.C. : Après mon entrée au Gouvernement, le Président a continué à me faire travailler sur certaines affaires — comme par exemple les institutions, le fonctionnement de l'Etat ou les nominations — qui relevaient de lui et auxquelles il accordait une importance ou une attention particulières. J'avais donc des dossiers à suivre et des avis à donner. Pour remplir correctement cette mission, je venais à l'Elysée plusieurs heures par semaine et j'avais besoin d'un bureau à la Présidence. Souvent je dormais sur place, quand je prolongeais au Palais ma longue journée de Bercy, ou lorsque je devais remettre au Président un dossier tôt le lendemain matin avant de retourner au ministère.

R.S. : Vous jouez les modestes. Je vais prendre trois exemples, parmi d'autres, qui montrent la confiance que François Mitterrand vous accordait.

Le premier : quatre mois avant l'élection de 1981, Mitterrand vous appelle chez vous, à Puy-Guillaume, en Auvergne. Vous êtes alors secrétaire général adjoint du groupe socialiste à l'Assemblée nationale, présidé par Gaston Defferre.

Il vous demande d'établir, en quelques heures, un catalogue de propositions pour sa campagne !

M.C. : C'était un dimanche, je crois bien le 8 janvier 1981, en fin d'après-midi. Je rentrais en Auvergne, après une tournée politique dans l'Isère pendant le week-end. François Mitterrand m'appelle : « Vous avez vu ce qu'a fait Georges Marchais ? Il a présenté son programme de manière claire, précise, facile à comprendre. Qu'en pensez-vous ? » Je lui réponds qu'en effet la forme, c'est-à-dire un catalogue de mesures présentées logiquement, me paraissait bonne, et qu'il pourrait s'en inspirer. « C'est pour cela que je vous appelle », poursuit François Mitterrand. « Je n'ai que quelques jours avant le congrès du Parti qui va ratifier ma candidature. Essayez donc de me bâtir quelque chose à partir de notre programme, du programme commun actualisé, et des divers travaux de nos conventions. N'ayez pas peur de faire long : je couperai, car je ne veux pas dépasser une centaine de propositions. Apportez-moi le fruit de vos réflexions demain matin à neuf heures, à Lusigny, chez François de Grossouvre. »

R.S. : Vous vous êtes donc mis au travail en début de soirée !

M.C. : J'ai mis quelques minutes pour réunir toute la bibliographie nécessaire qu'heureusement j'avais sur place à Puy-Guillaume. J'ai dressé des listes par thèmes, en reprenant, point par point, chaque document, et j'ai fini mon recensement vers minuit. Puis je me suis mis à la machine à écrire et j'ai tapé à toute allure jusqu'à cinq heures du matin. Mon premier adjoint à la mairie de Puy-Guillaume, à l'époque secrétaire de la section socialiste locale, Bernard Jaillot, m'a aidé, sans que je lui dise ce que je faisais ni pour qui. Le temps de me raser, de prendre une douche, un thé, et j'ai filé à Lusigny dans l'Allier, à une bonne centaine de kilomètres de Puy-Guillaume. J'ai pu remettre un peu avant neuf heures du matin à François Mitterrand une longue note dactylographiée et complète, comportant plus de trois cents « propositions ».

Nous avons travaillé pendant deux heures, puis il a

emporté à Paris mon document déjà bien gribouillé. Le lendemain matin, avec Pierre Bérégovoy et quelques autres, nous avons beaucoup coupé, regroupé, classé. François Mitterrand a mis la touche finale pour aboutir aux 110 propositions du candidat !

R.S. : Pourquoi vous a-t-il demandé ça à vous ? Logiquement, il aurait dû s'adresser à Laurent Fabius qui était alors son directeur de cabinet, ou à Jacques Attali qui était sa boîte à idées !

M.C. : Pas parce que je suis le plus intelligent ou le plus compétent, mais sans doute pour de banales raisons pratiques. Tout d'abord, il savait que je n'allais pas arriver, le lundi matin, en lui disant : « Je n'ai pas eu le temps, c'est trop court, trop difficile, etc. » Donc il s'est peut-être dit : « De toute façon, il se débrouillera pour me sortir un projet de texte qui me servira de base de travail. » Ensuite, parce que j'ai la chance d'avoir un peu de mémoire et une très bonne documentation, en double exemplaire, en province et à Paris. Je peux donc répondre en quelques minutes à la plupart des questions, qui de ce fait ne me semblent pas d'un abord insurmontable. Mais pour autant rien n'est simple. Je me suis souvent retrouvé tout seul pour traiter des dossiers délicats, sans avoir le droit d'en parler à qui que ce soit et en songeant : « Est-ce que je ne vais pas me tromper ? Et surtout, est-ce que je ne vais pas le tromper, lui faire commettre une erreur ? »

R.S. : Mon deuxième exemple est plus étonnant encore. En novembre 1984, François Mitterrand vous convie à un mystérieux voyage qui va faire beaucoup de bruit...

M.C. : Le 14 novembre, vers dix-sept heures, Paulette Decraene, une de ses secrétaires, m'appelle : « Le Président veut te voir. » Je descends aussitôt et il me reçoit debout dans son bureau, marchant de long en large :

— Qu'est-ce que vous faites demain ? Pouvez-vous libérer votre journée ?

— Oui, naturellement !

— Tenez-vous à ma disposition ; je vous emmène avec moi.

— Bien, mais où allons-nous ?

— Vous le saurez demain !

Il a conclu ainsi, et avec un étrange sourire, cette brève conversation. J'ai dû attendre le soir à vingt-deux heures, alors que je dînais au Cercle militaire avec quelques amis, pour en savoir à peine plus par un coup de téléphone de son aide de camp :

— Rendez-vous demain matin à sept heures dans le hall de l'Elysée.

— C'est entendu. Mais, mon colonel, je n'ai aucun élément : pouvez-vous me dire où nous allons ? Au moins, comment il faut s'habiller et s'il faut un passeport.

— Habillez-vous comme si vous restiez à Paris. Prenez votre passeport. Pour le reste, vous saurez demain matin. Je ne peux rien vous dire. Bonsoir !

J'arrive le lendemain comme prévu dans le hall du Palais encore envahi par le service du ménage. Quelques instants après surgit Roland Dumas, tout étonné de me voir :

— Qu'est-ce que tu fais là ?

— J'accompagne le Président, mais sans savoir où !

Roland éclate de rire :

— Tu le sauras bien assez tôt !

Peu après, le Président est là, s'engouffre avec Roland Dumas dans une voiture. Je les suis, seul, dans un autre véhicule, un peu énervé par tous ces mystères !

A Villacoublay, le Président prend rapidement congé de son ministre et monte, sans un mot, dans l'avion. Nous nous installons et après de longues minutes, il m'interroge :

— Alors, vous savez où on va ?

— Non, Monsieur le Président, personne ne m'a rien dit.

Mon air bougon et ahuri le fait rire et il me glisse très amusé :

— En Crète, rencontrer le colonel Kadhafi !

On ne pose pas de questions au Président de la République. Donc, je me tais. Mais je suis interloqué par ce voyage bizarre qui ne ressemble en rien à un déplacement officiel du chef de l'Etat. Nous ne sommes en effet qu'une très petite équipe : un aide de camp, l'interprète d'arabe du Quai d'Orsay, deux agents du Groupe de Sécurité de la Présidence de la République (GSPR). Six en tout et pour tout ! Je n'ai jamais vu ça !

Pendant le vol, je m'inquiète : si le Président me demande quoi que ce soit, je n'ai rien, pas la moindre documentation et je connais très peu le dossier de nos rapports avec la Libye. Quel soulagement quand j'ai compris qu'il avait surtout besoin d'un compagnon de voyage discret assurant, sur place, le « tout-venant » et les liaisons avec Paris.

En Crète, nouvelle angoisse. Après trois quarts d'heure d'hélicoptère, nous débarquons tous les six dans une résidence hôtelière estivale rouverte pour la circonstance et bourrée de soldats libyens crispés sur des « kalachnikovs » prêtes à parler ! Il y en avait partout : dehors, dedans, dessous, dessus, avec en tout et pour tout une quarantaine de gendarmes grecs, plutôt débonnaires et nonchalants. J'ai dit au Président :

— Nous voilà bien ! La voie est libre et Kadhafi peut faire un coup : nous embarquer et nous faire coucher ce soir à Tripoli ! Tout cela n'est guère prudent !

— Raison de plus pour rester ! réplique le Président malicieusement. Cette situation l'amusait beaucoup, mais infiniment moins son aide de camp et ses deux agents de sécurité.

J'ai d'abord eu à faire le service téléphonique : à Paris tout le monde était survolté et l'Elysée appelait sans cesse. J'ai cependant pu bavarder assez longuement avec l'unique collaborateur civil qui accompagnait le colonel Kadhafi. Vif, cultivé et intelligent, il parlait un français remarquable et connaissait parfaitement le dossier de nos relations. Sa petite taille, son air jovial, rondouillard et rusé, un peu à la Bourvil, le rendaient sympathique. Je me suis enhardi à lui dire, en termes choisis, que le déploiement de forces des Libyens était si disproportionné que la presse internationale le relèverait sûrement et soulignerait peut-être son caractère outrancier. Mon aimable interlocuteur a vite admis que cela faisait beaucoup : une heure plus tard, la moitié de la troupe avait disparu ! Mais il restait l'autre moitié : armée jusqu'aux dents, elle avait encore tout pouvoir ! Cette troupe comportait principalement plusieurs dizaines de jeunes femmes, à l'allure d'amazones moulées dans des treillis, splendides, aux yeux de braise brillants de fureur et de férocité. Le doigt sur la détente de leur mitraillette, elles nous observaient sans cesse : au premier ordre, elles auraient tiré. L'ensemble était commandé par un général moustachu, l'air énigmatique, faisant les cent pas dans le hall de l'hôtel, et auquel aucun détail n'échappait : badine sous le bras, aux aguets, il veillait, sans se laisser distraire, sur la vie de son patron ! Le colonel Kadhafi était cerné en permanence par ces jolies militaires à la taille et au port de mannequins. Elles ne le quittaient pas d'une semelle et constituaient sa garde rapprochée. Au premier étage, dans l'aile de l'hôtel qui lui était réservée, Kadhafi disposait de deux chambres face à face. Il passait sans cesse de l'une à l'autre en traversant le couloir à grandes enjambées. J'ai demandé à son collaborateur le pourquoi de ce va-et-vient : « C'est comme dans le désert. Le Colonel a toujours deux “ tentes ”, l'une pour la prière et la méditation et l'autre pour l'action. » La tente de l'action était remplie de ses suffragettes !

La rencontre du Président avec le colonel Kadhafi s'est déroulée en présence du Premier ministre grec Andréas Papandréou. Ils ont déjeuné seuls tous les trois en continuant leurs entretiens. J'étais avec notre petite équipe dans une salle voisine, d'où nous pouvions tout voir sans rien entendre. Le repas avait l'air plutôt détendu quoique, par moments, les conversations aient été un peu vives, voire plus « raides ». Vers dix-huit heures, les deux chefs d'Etat se sont séparés dans une cohue indescriptible de journalistes de la presse internationale, et nous avons rejoint l'aéroport par la route, sous une pluie battante dans la nuit noire. Dans l'avion du retour, François Mitterrand m'a dit : « Prenez un papier et écrivez : je veux conserver un souvenir précis de tout ce qui s'est dit. » Il m'a dicté un compte rendu très détaillé. J'ai ensuite recopié mes feuillets pour qu'ils soient lisibles et je les ai remis au Président en arrivant à Villacoublay. Je n'ai rien conservé car j'ai déchiré les brouillons. Le Président a glissé mes papiers dans sa poche et j'ai considéré qu'à partir de ce moment je devais oublier. J'ai donc oublié, vraiment tout oublié. Sauf un détail amusant qui me revient et qui ne figure pas dans le compte rendu puisque le Président me l'a raconté en riant dans la voiture qui nous ramenait à l'Elysée : pendant leur tête-à-tête, le colonel Kadhafi lui avait brusquement parlé de... l'indépendance de la Corse ! Stupeur du Président qui l'arrête net : « Brisons là, sinon l'entretien est terminé. Je ne suis pas venu pour parler du démantèlement de la France. » Kadhafi n'a pas insisté. Mais le Président s'est demandé si cette étrange intervention n'était pas la confirmation de la rumeur de vagues contacts signalés par nos services spéciaux entre certaines minorités corses et les Libyens.

On a beaucoup reproché à François Mitterrand d'avoir rencontré ce chef d'Etat dont la réputation sentait le soufre. Plus tard, quelques heures avant le déclenchement de la guerre du Golfe, il m'a dit, ironique : « Au fond, j'ai déjà remporté une victoire militaire : quand je suis arrivé au pouvoir, Kadhafi était installé au sud du 16e parallèle. Aujourd'hui, il est rentré au nord, dans ses frontières naturelles, ce que mon prédécesseur n'a jamais pu obtenir ! »

R.S. : François Mitterrand savait que sa rencontre avec Kadhafi allait provoquer une vive polémique. Alors, même question que pour les 110 propositions : pourquoi vous ?

M.C. : Je me le demande encore. Je ne suivais pas le dossier, ni d'ailleurs la politique extérieure, et je n'étais pas spécialement compétent. Je ne l'ai évidemment jamais interrogé à ce sujet, mais j'ai fini par arriver à une explication très simple : il a dû avoir des difficultés pour choisir celui qu'il emmènerait, parmi les quatre ou cinq collaborateurs qualifiés pour cela. Il s'est peut-être dit : « Si j'emmène Untel, tel autre va bouder, si je choisis celui-ci, j'aurai un drame avec celui-là. » Et il a pu conclure : « Finalement, avec Charasse, personne ne dira rien, il n'y aura pas de jaloux puisqu'il ne “ joue ” pas dans la même cour que les autres. » Ajoutez bien sûr, comme c'était une expédition un peu délicate, que j'étais sans doute un de ceux auxquels il pouvait dire : « Soyez prêt à sept heures du matin et vous verrez bien », qui ne poseraient pas de questions, qui ne téléphoneraient pas aux rédactions le soir pour confier d'un air mystérieux : « Demain, le Président va faire quelque chose d'étonnant. » François Mitterrand savait aussi que je ne raconterais jamais rien de ce qui allait se passer là-bas, qui soit important et secret.

R.S. : Troisième exemple, à l'automne 1994, à la fin du second septennat : François Mitterrand est malade. Il va mal et souffre. Vous avez souvent couché dans la petite chambre de l'Elysée pour rester près de lui...

M.C. : J'y dormais toutes les nuits ou presque depuis 1981.

R.S. : Sur votre table de chevet, un téléphone directement relié au Président.

M.C. : Il lui arrivait de m'appeler tard le soir ou très tôt le matin. Il savait que j'étais là, ou pas loin. Mais il ne m'a jamais réveillé en pleine nuit, sauf une fois pendant le premier septennat, alors que nous traversions une forte tension sur l'Afrique. Le Président était à son bureau avec plusieurs collaborateurs civils et militaires et la conversation tournait en rond depuis une heure sur les obligations exactes de la France, que personne ne connaissait. Le Président a dit : « Il faudrait consulter les textes des accords militaires conclus après les indépendances. Je vais appeler Charasse : à cette heure-ci, il n'y a que lui qui puisse nous dépanner. » Il était quatre heures du matin. J'ai bondi hors de mon lit, me suis habillé en vitesse et j'ai foncé à mon bureau. Moins de vingt minutes après son appel, François Mitterrand avait sous les yeux les fameux accords militaires et a pu conclure rapidement sa réunion en donnant des instructions conformes à nos engagements. Mais cela n'avait rien à voir avec la maladie.

R.S. : De quoi parliez-vous en soirée et au petit matin ?

M.C. : Ce qui comptait, c'était son envie ou son besoin de parler. Quand on souffre, parler soulage parce qu'on ne rumine pas son mal tout seul. Ça me gêne de vous dire tout cela car ce fut pour lui une période terrible pendant laquelle il a vraiment beaucoup souffert. Il avait sans doute besoin de sentir des présences affectueuses et désintéressées auprès de lui.

R.S. : Laure Adler a une belle expression, elle écrit que

vous étiez alors « l'auditeur de nuit » de François Mitterrand...

M.C. : Dans la journée le Président voyait ou appelait d'autres amis, ses médecins, son infirmière, certains collaborateurs, comme Anne Lauvergeon ou Maurice Benassayag. Nous étions une petite équipe soudée et disponible. C'était très pénible pour nous de le voir souffrir sans pouvoir rien faire d'autre que parler, parler, parler... Nous ne pouvions ni l'empêcher d'avoir mal, ni le soigner, ni le guérir : mais s'il avait envie de parler, nous étions là !

R.S. : Au cours de ces quatorze ans, comment avez-vous conçu votre rôle auprès de lui ?

M.C. : Il m'avait appelé dans son équipe pour servir à ses côtés. Il commandait, j'exécutais. Il s'agissait pour moi de faire les choses le mieux et le plus vite possible, sans lui faire commettre d'erreur, en lui disant toujours la vérité et en lui donnant tous les éléments de chaque dossier. Bref, il ne fallait pas jouer un jeu personnel ni chercher à l'influencer : les collaborateurs des chefs d'Etat et de Gouvernement, ou des ministres, profitent parfois de leur position pour peser sur les grandes et les petites décisions. Je n'ai jamais conçu mon rôle ainsi, et j'ai trouvé dérisoires certains commentaires de presse qui soulignaient que tel ou tel collaborateur de l'Elysée avait plus ou moins « tenu la main » du Président pour prendre certaines décisions. Je peux affirmer que tout ce qui relève de la compétence du Président de la République a toujours été décidé et signé par lui pendant les deux septennats : d'ailleurs, contrairement au Premier ministre et aux ministres, le Président de la République ne délègue pas sa signature. François Mitterrand paraphait donc tout lui-même, y compris lorsqu'il était à l'étranger. Il n'a jamais utilisé de « machine à signer », mais il a beaucoup pratiqué la signature par « fax ».

R.S. : François Mitterrand décidait beaucoup lui-même ?

M.C. : Oui, beaucoup, et parfois sur des questions qu'on peut considérer comme mineures, mais qui pour lui n'étaient pas des détails. Ainsi, par exemple, le choix des cadeaux faits aux chefs d'Etat étrangers. Avant son arrivée, cette décision relevait le plus souvent du Protocole. Cette incursion du Président dans ce domaine nous a valu, à Christian Sautter et à moi, quelques moments d'angoisse lors du premier voyage officiel en Côte-d'Ivoire.

Le traditionnel échange de cadeaux devait avoir lieu en début de matinée le lendemain de notre arrivée à Abidjan. La salle de présentation des objets avait été soigneusement préparée la veille et dûment inspectée par les deux chefs du Protocole. Après le dîner, on alerte Christian Sautter, alors secrétaire général adjoint : on avait perdu le cadeau que devait offrir François Mitterrand ! Une enquête rapide nous rassure. Tout le matériel qui suit le chef de l'Etat a été embarqué à Niamey dans un Transall qui doit arriver vers minuit.

Au terme de tractations compliquées avec nos amis africains, on nous livre, vers une heure du matin, une énorme caisse en bois : c'est le cadeau de notre Président, qu'il faut installer dans le salon prévu pour l'échange des présents.

Première difficulté : trouver en pleine nuit, dans la résidence du Président ivoirien, des outils pour déclouer la caisse. Tout le monde était couché et après avoir parcouru des salons déserts, nous avons fini par dénicher quelques robustes ustensiles de cuisine. A coups de louche et d'écumoire, nous sommes parvenus à ouvrir la caisse, vers deux ou trois heures du matin.

Nous découvrons alors un ensemble de tubes à assembler. Après bien des hésitations, nous réussissons à mettre l'engin sur pied. C'était une sorte d'étendoir à linge, destiné à suspendre une tapisserie moderne, œuvre d'un jeune artiste dont nos services avaient convaincu le Président qu'il fallait faire la promotion.

Nous sommes accablés : de petite taille, la tapisserie était d'une laideur affligeante et ressemblait, à s'y méprendre, à une... serpillière. Il est tard et nous filons au lit. Après tout, le Président Houphouët-Boigny peut aimer l'art moderne !

Au réveil, Christian Sautter, pris de remords, m'appelle : « Crois-tu que le Président sait ce qu'il va offrir tout à l'heure ? Je n'en suis pas certain et il risque d'avoir un choc. »

Nous convenons de tout faire pour qu'il passe dans la

salle des cadeaux quelques minutes avant la cérémonie officielle. Bien nous en a pris !

Côté ivoirien, plusieurs tables étaient couvertes d'objets destinés au Président, à son épouse et à notre délégation. C'était exagérément somptueux, le « clou » étant constitué par un petit éléphant en or massif — emblème de la Côte-d'Ivoire — pesant... douze kilos.

Côté français, il y avait certes quelques belles pièces, symboles de nos industries de luxe. Mais, trônant à l'avant-scène, la « serpillière » gâchait tout.

Dire que François Mitterrand a sursauté serait tronquer la vérité :

— Mais qu'est-ce que c'est que ça ?

— Votre cadeau au Président Houphouët.

— Ce n'est pas possible...

J'éclate de rire. Pendant quatorze ans j'ai essayé de lutter contre une certaine manie de chercher systématiquement à caser des horreurs au prétexte qu'elles témoignaient des tendances profondes de l'art français contemporain. Cette fois-ci j'ai pu prendre ma revanche : « C'est de l'art moderne, Monsieur le Président. Ça surprend, mais on s'y fait... »

Le Président me fusille du regard. Pas question de céder à mon obscurantisme sur le chapitre artistique. Mais pas question non plus de remettre cette « chose » à notre hôte.

— Contrairement à ce que vous pensez, je la trouve belle, mais pas du tout en rapport avec le luxe des cadeaux qui nous sont destinés. Remballez-moi tout ça. J'enverrai autre chose depuis Paris.

Nous avons eu juste le temps de replier notre matériel. Le Président Houphouët-Boigny était au bout du couloir. Au moment crucial, le Président a feint l'étonnement : « Monsieur le Président, je suis vraiment désolé. Le cadeau que je vous destinais s'est perdu à l'escale de Niamey. Je vous le ferai parvenir dès qu'il sera retrouvé. »

Quelques jours plus tard, le Président ivoirien a reçu un magnifique service de Sèvres. Classique, mais sans surprise !

R.S. : Est-ce que François Mitterrand décidait aussi lui-même de la destination des objets qu'il recevait ?

M.C. : Bien sûr. Tout parvenait à l'Elysée et le Président donnait les instructions à son secrétariat : « Au musée de Château-Chinon » ou « Au musée de Clamecy » ou plus tard « Pour Jarnac ». Les livres allaient, pour la plupart, à la bibliothèque de Nevers. Certains cadeaux, très personnels, étaient installés dans une vitrine près de la bibliothèque du rez-de-chaussée du Palais de l'Elysée, dans son bureau ou dans sa chambre.

R.S. : Vous avez des exemples ?

M.C. : Je n'ai pas de liste en tête. Il y avait aussi des cadeaux particuliers, par exemple les denrées « périssables », tels chocolats, foie gras, fruits frais, vins, etc. Tout cela était soit remis aux cuisines de l'Elysée soit transporté chez le Président.

Certains cadeaux, un peu spéciaux, ont connu un sort différent. A l'occasion de son voyage au Burkina Faso, le Président avait été convié à une petite fête de village à l'issue de laquelle le bouillant capitaine Sankara lui avait offert les deux symboles du pays et du chef : un coq blanc et nerveux et un magnifique bélier, ombrageux et l'œil noir.

François Mitterrand était ravi. Enfin deux animaux qu'il ne serait pas obligé de céder à un zoo. Nous repartions pour Paris le soir même.

Deux jours après notre retour, passant à son secrétariat particulier, je vois le Président entrouvrir la porte de son bureau et interroger sa secrétaire Marie-Claire Papegay, l'air inquiet :

— Alors, du nouveau ?

— Oui, Monsieur le Président. On lui a administré des antibiotiques et la tension remonte un peu. Mais il faut encore attendre. Impossible de se prononcer pour l'instant.

Pensant à la santé de l'un de ses proches, j'interroge Marie-Claire qui me répond mi-figue mi-raisin : « En rentrant de Ouagadougou, il y a un c... qui a mis un coq et un bélier dans la soute de l'avion où il fait moins quarante degrés. A l'arrivée ils avaient, l'un et l'autre, une congestion pulmonaire. Ils sont dans l'unité de soins intensifs de l'Ecole vétérinaire de Maisons-Alfort. Le bélier va mieux, mais pour le coq c'est toujours tangent. »

Après la sévère volée de bois vert qu'il avait passée au capitaine Sankara lors du banquet officiel, le Président ne tenait pas à le froisser un peu plus en maltraitant deux symboles remis aussi solennellement.

J'ai appris plus tard que le coq et le bélier auraient été expédiés à Latche où ils se seraient conduits un peu violemment avec les poules et les brebis. Leur comportement était peut-être à l'image de celui de leur ancien maître...

Un autre cadeau a subi un triste sort. Pendant la guerre du Golfe, à la veille de Noël, le Président s'est rendu à Djibouti pour inspecter le *Clemenceau.* Les autorités locales avaient naturellement prévu quelques inévitables réceptions et nous sommes donc allés visiter, en fin de matinée, la résidence du célèbre gouverneur Léonce Lagarde, à Tadjoura. Une foule sympathique et colorée nous attendait depuis de longues heures et les pêcheurs avaient préparé une surprise pour François Mitterrand : avant le lever du jour, ils avaient tiré des profondeurs de la mer bleue de magnifiques huîtres de palétuvier. Elles étaient là, sous un soleil de plomb, offertes à nos yeux admiratifs. Le Président remercie : « Je les ferai servir tout à l'heure au déjeuner. »

Nous rejoignons nos hélicoptères et filons vers le *Clemenceau.* En survolant le magnifique golfe de Djibouti, une épouvantable odeur de pourriture envahit la cabine du Puma de l'Armée de Terre. N'y tenant plus, Gérard Colé tire de sous les sièges plusieurs sacs de jute dégoulinants d'eau de mer : les fameuses huîtres jetées dans l'appareil à la hâte à notre départ. Avec la chaleur, l'odeur était devenue insupportable. Gérard ouvre alors la porte coulissante de l'hélicoptère et, d'un coup de pied vigoureux, expédie les bourriches à la mer.

Les militaires présents dans les autres hélicoptères de la délégation étaient déjà prêts à utiliser les gilets de sauvetage et à sauter à l'eau. La radio de bord grésillait : « Est-ce un homme à la mer ? Des valises ? Des colis ? »

— Non, les huîtres de Tadjoura.

Nous avons ensuite expliqué au Président qu'il serait privé de son plat favori. Il a dû trouver lui-même une explication plausible pour le Président Hassan Gouled. Il n'est pas impossible que le savoir-faire de ses collaborateurs ait été mis en cause !

Je me souviens aussi des homards du Canada. Le Président recevait des Acadiens émus, sous un vaste hangar de l'aéroport de la capitale du Nouveau-Brunswick ; il écoutait leurs compliments et leurs chants traditionnels. Pendant ce temps-là, trois ou quatre petits malins de la suite technique ont fait un saut en ville pour acheter des cartons de homards vivants.

Un officiel local ayant repéré leur manège a donné des ordres. Quelques minutes avant le décollage du Concorde, nous avons vu arriver sur la piste un chariot suivi de trois wagonnets chargés de dizaines de cartons de homards, cadeau du gouvernement de la Province. On a aussitôt fait la distribution, mais le commandant de bord du Concorde s'est interposé : « Pas question de surcharger l'avion, interdiction de monter avec les cartons. » Rassurez-vous, l'équipage de l'avion s'était servi le premier et avait embarqué son lot. Deux ou trois passagers avaient cependant réussi à s'infiltrer dans la cabine avec leurs homards : le docteur Gubler, l'aide de camp, le chef des voyages officiels et moi. Le reste nous a suivis dans un Transall. En vol, on raconte l'histoire au Président qui sursaute : « Où sont les miens ? Je les mangerais bien en arrivant à Paris. » Nous nous sommes donc dévoués. L'aide de camp a récupéré les homards embarqués en fraude et les a remis au Président qui les a dégustés le jour même à l'Elysée.

Notre « banc » de homards est arrivé le lendemain en fin de matinée. Le Transall n'est pas le Concorde. Chaque voyageur a alors été invité à retirer « son » carton dans la cour de l'Hôtel Marigny où tous ces paquets étaient empilés. Mais le Transall n'étant pas climatisé, une partie de la cargaison était passée de vie à trépas. Il en restait cependant assez pour tout le monde et le surplus a été remis aux cuisines de l'Elysée. Pendant une bonne huitaine de jours, les menus comportaient une mention devenue rituelle : « Homards du Canada ».

R.S. : Revenons à vos rapports avec le Président. Il vous demandait souvent votre opinion ?

M.C. : Oui, et je la lui donnais, parfois même spontanément ! Je lui disais : « Vous avez plusieurs solutions. Je préfère celle-ci plutôt que celle-là et voilà pourquoi. Mais elles ont toutes des avantages, même si l'une en a plus que les autres. » Sans imaginer une seule fois que j'altérais son esprit d'analyse !

Naturellement, il n'a pas toujours pris les décisions que j'aurais souhaitées. Il m'est arrivé d'être en désaccord avec quelques-uns de ses choix. Je pense, par exemple, à certaines des modalités de la construction européenne, à plusieurs réformes pénales, à l'audiovisuel, à la culture, à l'Education nationale, à des mesures de grâce, à quelques nominations, à deux ou trois dispositions de la révision constitutionnelle de mars 1992. Je n'étais pas « béni-oui-oui » et je lui faisais part de mes réserves. Mais ses choix intégraient évidemment une foule de paramètres dont ses collaborateurs ne disposaient pas toujours : une vision globale ou à long terme, des données secrètes fournies par les services de renseignement, les conséquences de conversations avec des visiteurs ou de son dialogue permanent avec les chefs d'Etat ou de gouvernement européens. Quelquefois nous ignorions ce qui s'était dit au téléphone ou en tête-à-tête dans son bureau... Quelles qu'aient été les décisions de François Mitterrand, mon devoir a toujours été, hier comme aujourd'hui, de les appliquer, de les expliquer et de les défendre. En France, le suffrage universel est la seule source du pouvoir : si on n'entend pas obéir au Président de la République, élu par le peuple, ni exécuter ses décisions, il faut choisir un autre métier, et si on est trop fragile et qu'on vit en permanence des états d'âme, il faut s'en aller... Aucun responsable public, surtout au niveau le plus élevé, ne peut être entouré de collaborateurs torturés qui contestent en dévoilant au public les décisions du chef de l'Etat : ce serait la chienlit.

R.S. : Il supportait quand c'était désagréable ?

M.C. : Encore une fois, je n'attendais rien. J'ai toujours dit à mes proches : « S'il me révoque demain, je pars sans communiqué ni conférence de presse. » Matériellement, je ne dépendais pas de lui. Et j'aurais considéré comme une grave faute de ne pas être sincère. Nous nous sommes parfois opposés et il a pu en être froissé. Cela n'a jamais duré très longtemps.

R.S. : On a beaucoup parlé d'un phénomène de cour autour de François Mitterrand. Comment, à votre avis, l'a-t-il vécu ?

M.C. : Tous les pouvoirs génèrent ce phénomène qu'on rencontre autour des chefs d'Etat et de gouvernement, des ministres, des présidents des grandes sociétés, des responsables des partis politiques, des vedettes du show-biz, des stars de la presse. Il a forcément existé aussi sous François Mitterrand, mais plutôt moins qu'ailleurs. Car l'équipe des collaborateurs de l'Elysée était formée de gens venus, sans ambitions personnelles, uniquement pour le servir, pour servir l'Etat, avec le sentiment de participer à un grand moment de l'Histoire de France, celui où ils pouvaient enfin mettre leurs convictions et leurs passions au service de la République et de leur idéal. Il n'y avait donc pas un très grand phénomène de cour à l'Elysée, d'autant plus que le Président s'est toujours méfié de ce travers : aussi, ceux qui se croyaient bien « en cour » ne l'étaient-ils pas toujours ! François Mitterrand, quoi qu'on ait dit ou écrit, n'aimait pas les flagorneurs et les débusquait vite.

R.S. : Cela ne doit quand même pas être désagréable d'avoir des gens qui vous disent que vous êtes le meilleur, le plus intelligent...

M.C. : Si François Mitterrand n'était pas très à l'aise, par exemple dans un discours ou une émission de télévision, il s'en rendait compte lui-même très vite. Que pouvait-il penser de ceux qui défilaient sous son nez quelques minutes plus tard pour lui dire : « Vous avez été génial ! » ?

Mais il fallait aussi préserver le « moral du chef ». Nous ne pouvions donc pas lui dire : « Vous avez été mauvais ! » Le chef de l'Etat n'est pas un copain à qui on tape sur le ventre ! Il fallait quelquefois lui présenter les choses pour qu'il sache la vérité, si difficile ou cruelle qu'elle fût. Je me souviens de sa déclaration après le coup d'Etat qui a renversé M. Gorbatchev, quand il a donné connaissance du message des putschistes de Moscou. Sur le moment, il ne pouvait rien dire d'autre : nous ne savions rien, nous ignorions comment évoluerait la situation, nous étions sans nouvelles de Gorbatchev. Personne alors n'aurait parié sur la déconfiture rapide de l'opération putschiste. Le Président a estimé que la France ne pouvait rester silencieuse. Certains lui avaient déconseillé de parler, mais il a insisté. Finalement, ce qu'il a dit n'était pas très différent de ce qu'on avait entendu du côté de Londres, de Washington ou de Bonn. Il n'empêche : cette intervention précipitée n'a pas été comprise par l'opinion et le Président s'en est tout de suite rendu compte malgré les compliments habituels. Cela dit, les phénomènes de cour ont été plutôt rares à l'Elysée, mais plus fréquents à l'extérieur.

R.S. : De qui venaient-ils ?

M.C. : Des gens extérieurs à la présidence, membres du Gouvernement ou amis, avec lesquels le Président ne travaillait pas mais qu'il voyait souvent et qui savaient forcer sa porte.

R.S. : On a dit que c'était la lutte entre les gens de l'Elysée pour préparer les discours du Président.

M.C. : Ce fut vrai au début de son mandat. Mais cela n'a pas duré, d'abord parce que le Président était très exigeant et donc la préparation de ses discours est vite devenue une vraie corvée. Le rédacteur, quel qu'il soit, s'attirait généralement les plus vives critiques. D'autre part, même lorsque le texte finissait par être agréé, après de nombreuses corrections émanant du Président, il s'en écartait très vite en le prononçant. En fait, il adorait improviser : sauf pour les discours techniques, ou lorsque les règles diplomatiques exigeaient de suivre un discours écrit, il reprenait sa liberté, sitôt lues les premières lignes. Il lui arrivait aussi, à partir de nos projets, de tout réécrire et de passer de longues heures sur sa copie. Je pense par exemple à ses vœux annuels, ou à ses messages au Parlement qu'il retenait jusqu'à la dernière minute. Contrairement à ce que pensaient alors ses détracteurs, il ne s'agissait pas de désinvolture à l'égard des assemblées qui attendaient parfois cinq ou dix minutes l'arrivée du texte. C'était simplement la recherche infinie du beau style.

Le phénomène de cour autour des discours a donc très vite cessé. Même les meilleurs écrivains de l'Elysée se cassaient les dents sur l'épreuve... Alors vous imaginez les autres...

Un jour que nous le félicitions pour une belle prestation devant un public averti et sévère, il nous répondit en riant : « Et pourtant j'ai dû improviser à partir des débris de Boublil et des ruines de Charasse ! »

Quand on entend ça, on ne va pas ensuite se vanter à l'extérieur et la « cour » est ramenée à sa juste valeur.

R.S. : On a pourtant parlé d'un déjeuner « des marquis ».

M.C. : C'est une formule facile qui recouvre une réalité bien simple. Chaque mercredi, l'équipe de l'Elysée, mobilisée par le Conseil des ministres, finissait son travail assez tard et j'avais pris l'habitude, dès 1981, de faire servir des plateaux dans la petite salle à manger de mon appartement. Ce n'était pas un déjeuner de « cour » et nous n'y faisions pas la pluie et le beau temps, contrairement à ce qui a été dit. C'était un moment amical et chaleureux, qui permettait de maintenir la cohésion de notre équipe. La parole était libre, l'expression souvent osée, sans parler des « rosseries » sur tel ou tel. Mais rien d'important n'a jamais été décidé pendant ces déjeuners. Certains, qui ne participaient pas habituellement à ces modestes « agapes », venaient nous rejoindre au café. Ainsi Pierre Bérégovoy, friand de ces rencontres hebdomadaires insolentes qui le sortaient de ses hauts fonctionnaires et de ses banquiers. Pierre adorait les histoires « osées ». N'en racontant jamais, il aimait les entendre et ces déjeuners n'en manquaient pas. Parfois, je rapportais quelques solides fabrications auvergnates, cochonnailles traditionnelles, saucissons cuits dans le moût de l'alambic des paysans, fromages de la ferme, etc. Vous voyez que tout cela n'a vraiment rien à voir avec les fantasmes qu'on a pu lire ici et là.

R.S. : Brièvement, qu'est-ce qui vous a le plus séduit chez François Mitterrand ?

M.C. : D'abord, évidemment, outre son immense culture littéraire et historique ses idées et ses positions politiques : elles ont presque toujours correspondu à ce que j'espérais. C'est exaltant d'être à ce point en communion d'esprit avec quelqu'un ! Ensuite, son extraordinaire constance. François Mitterrand n'était pas une girouette, il ne cédait pas aux modes, ni aux pressions, il avait un très grand courage moral et physique et une carapace à toute épreuve. Vraiment l'ensemble de qualités qu'on attend d'un grand chef d'Etat. Souvenez-vous comment il a résisté à ceux qui le pressaient d'engager toute l'armée française en Bosnie : « Je ne servirai pas la cause de la paix ni la position de la France si je dois dire tous les soirs à nos compatriotes : “ Nos soldats comptent encore aujourd'hui plusieurs centaines de morts. ” La France ne comprendrait pas et exigerait vite notre retrait. » Quand la presse se déchaînait à propos de nos otages au Liban, il sortait moralement éprouvé de ses rencontres avec les familles — je pense à Joëlle Kauffmann — qui venaient en larmes lui demander de négocier. Il disait : « Je les comprends. Mais la France ne peut pas céder au chantage. » Je me souvenais alors de ce qu'il avait dit à quelques-uns d'entre nous dès 1981 à propos du terrorisme : « Si on m'enlève, ne cédez pas ! Si on vous enlève, je ne céderai pas. » Et il ajoutait en riant : « Vous êtes prévenus ! Mais personne n'est obligé de rester avec moi. » Rappelez-vous aussi lorsqu'il a tenu à présenter lui-même, lors d'une conférence de presse, le plan concernant la sidérurgie qui entraînait tout de même des milliers de suppressions d'emploi.

Ce ne sont pas là ses seules qualités. Il en avait bien d'autres qui m'ont séduit : il était très soucieux, sourcilleux même, de la liberté, la sienne comme celle des autres ; profondément tolérant et démocrate aussi, quelles que soient les difficultés que l'exercice de la démocratie peut causer à celui qui gouverne. Sans oublier sa fidélité à ce qu'il croyait et à ceux qu'il aimait. J'ajoute — et c'est très symbolique pour moi — qu'il n'a jamais cédé à la tentation de capter l'opinion par de médiocres manœuvres : par exemple, une fois élu Président, il ne s'est pas cru obligé de se montrer à la messe tous les dimanches...

R.S. : Ces années Mitterrand ont été marquées aussi par des déceptions, des regrets, des drames. Elles ne vous ont pas laissé parfois un goût amer ?

M.C. : Celui qui se présente à une élection, pour être maire, conseiller général, député ou président de la République, sait bien qu'il n'arrivera pas à faire tout ce qu'il ambitionne. Parce qu'il y a quelque chose qu'on peut plus ou moins orienter, mais jamais dominer : c'est la vie ! La vie est la plus forte et les événements sont imprévisibles : pourquoi brutalement cent mille étudiants dans la rue ? Pourquoi une grève qui tourne mal ? Pourquoi la mort de Malik Oussekine ? Pourquoi la presse déchaînée, pourquoi la crise économique, pourquoi la banlieue qui flambe ? Vos plans sont toujours bouleversés. François Mitterrand a constamment tenté de recadrer son action pour ne pas se laisser dominer par le quotidien ou l'écume des jours. Souvent il a réussi ; pas toujours !

R.S. : Vous a-t-il personnellement déçu ?

M.C. : Non. J'ai parfois regretté quelques-uns de ses choix, ou bien qu'il reprenne certains slogans simplistes chers à quelques fractions de la gauche, qui ne paraissaient pas vraiment conformes à l'idée que je me fais de l'intérêt du pays. Par exemple : « vivre et travailler au pays ! » que je jugeais utopique ou « 80% d'une classe d'âge au niveau du baccalauréat » que j'estimais dangereux ! Sans oublier la défense parfois un peu trop poussée des droits des « minorités », qui finissait par mettre en doute la légitimité de la majorité et du verdict populaire. Mais ce ne sont que des détails.

J'ai cependant vraiment déploré qu'il ne s'implique pas plus, très en amont, lors du Congrès de Rennes, pour éviter les déchirements du Parti socialiste. Je souhaitais que François Mitterrand, six ou huit mois avant le Congrès, convoque les dirigeants du Parti et leur dise : « Voilà ce qu'il faut faire. Je vous le demande. » Après tout, même en n'étant plus responsable du Parti, il était celui qui l'avait forgé et qui lui avait apporté la gloire ! Il a refusé. Et, à Rennes, personne n'a pu empêcher la catastrophe. A plusieurs reprises, je l'ai relancé pour qu'il s'en mêle — je n'étais pas le seul — et chaque fois il m'a renvoyé en me disant : « Ne m'embêtez plus avec ça, je ne veux pas m'en occuper, laissez-les faire, tant pis pour eux. »

R.S. : On a l'impression qu'une fois élu, le Président n'a plus voulu donner d'ordres aux responsables de son parti.

M.C. : Pendant des années, ses avis ont été suivis. Après sa réélection en 1988, ils l'ont été de moins en moins : quand il lui aurait fallu manifester un peu d'autorité, il a renoncé. Je crois qu'il a voulu voir ce que tout cela donnerait sans lui.

R.S. : C'est votre principal regret ?

M.C. : Oui, parce que les socialistes ont détruit l'outil. Ils sont aujourd'hui en train d'essayer de le rafistoler. Mais le mal est fait et ce sera long pour retrouver le niveau de 1981.

CHAPITRE 2

R.S. : Bavard mais secret, convivial mais solitaire, voyant mais discret, vous restez mystérieux pour les Français. Ils se souviennent d'images : de vos bretelles chamarrées, de vos gros cigares, de vos écarts de langage, mais ils vous connaissent mal parce que vous avez, le plus souvent, agi dans l'ombre. Au fond, qui êtes-vous ? Votre ami Coluche aurait pu dire peut-être : « Charasse, c'est l'histoire d'un mec né à Chamalières dans le Puy-de-Dôme, d'origine modeste et qui, pendant quatorze ans, a eu sa piaule à l'Elysée ! »

M.C. : Coluche aurait été sûrement plus caustique et plus drôle. Songez qu'il a conclu un jour une lettre adressée au Président par « Salut ma poule ! ». Oui, je suis né à Chamalières dans le Puy-de-Dôme, le 8 juillet 1941. L'imprimerie de la Banque de France y était installée, mon grand-père y travaillait, mon père et ma mère aussi. Mon père a commencé comme ouvrier imprimeur, puis il est devenu contremaître et enfin chef de la fabrication des billets.

R.S. : Vos parents sont auvergnats ?

M.C. : Mon père, né à Thiers, oui, mais ma mère est née à Corte, en Corse. Elle a réussi un concours de la Banque de France et a été nommée à Chamalières où elle a connu mon père. Au départ, mes parents étaient de petits salariés qui ont fini par se situer dans le milieu de la classe moyenne.

R.S. : Ils s'intéressaient à la politique ?

M.C. : Mon grand-père était plutôt radical, c'est-à-dire « rouge » au début du siècle. Mes parents étaient militants syndicaux. Ils n'ont jamais adhéré à un parti. Ils étaient républicains et laïcs.

R.S. : Vous avez été un élève chahuteur ?

M.C. : Non, pas du tout. Je n'aimais pas les punitions : je les trouvais humiliantes. Donc, je me tenais tranquille. D'une famille modeste, je devais travailler pour réussir. J'ai obtenu mes diplômes sans être toujours un très bon élève. A l'école communale des Salins, à Clermont-Ferrand, j'étais parmi les meilleurs et au lycée Blaise-Pascal, aussi. J'ai fait Math-Elem et j'ai eu mon bac avec mention. Puis une bourse d'Etat m'a permis d'aller faire mes études à Paris : Sciences Po et Droit. J'ai passé le concours de l'ENA, je me suis fait coller à l'oral et je n'ai pas insisté.

R.S. : C'est à Sciences Po, dans ce milieu bon chic bon genre, qu'est née votre détestation de l'establishment et du parisianisme ?

M.C. : Je venais de la France profonde. Très minoritaires à l'époque rue Saint-Guillaume, les provinciaux se sentaient rejetés par ce milieu plutôt bourgeois. Cette vie parisienne m'est vite apparue très superficielle. Je me suis toujours méfié des paillettes. Je pensais : « Si j'échoue, c'est fichu ! Eux s'en sortiront toujours. »

R.S. : C'est à Sciences Po aussi que vous avez pris le virus de la politique !

M.C. : A l'époque, nous étions en pleine guerre d'Algérie et je me battais contre ! J'ai milité à l'UNEF, participé à diverses de ses instances avec des compagnons comme Etienne Mougeotte, Michel Mousel et Dominique Wallon. C'était la grande époque du syndicalisme étudiant. En novembre 1962, mon département a élu trois députés socialistes. L'un d'eux, Fernand Sauzedde, maire de Thiers, était ami de ma famille et il m'a embauché. Je suis vite devenu leur secrétaire commun et c'est ainsi que je suis entré à l'Assemblée nationale, fin 1962, tout en poursuivant mes études.

R.S. : 1962, c'est aussi l'année où vous avez voté pour la première fois, à l'occasion du référendum proposé par de Gaulle, c'est-à-dire l'élection du Président au suffrage universel...

M.C. : J'ai voté non. Je considérais qu'on ne pouvait pas utiliser l'article 11 pour réviser la Constitution. J'ai même envoyé une longue et sévère lettre au général de Gaulle pour lui dire qu'il violait la Constitution !

R.S. : François Mitterrand évoque vos trois patrons de l'époque, vos trois députés du Puy-de-Dôme, dans *La Paille et le Grain.* Il écrivait alors : « Ils sont rouges, tout couperosés, ils mangent, ils boivent, ils sont gais, ce sont mes amis. » Ils sont vite devenus les vôtres !

M.C. : J'étais toujours avec eux. La semaine à Paris et le week-end en Auvergne. Dignes, droits, simples, généreux, issus de milieux modestes, ils avaient été courageux pendant la guerre et s'étaient formés sur le tas, dans les épreuves et dans l'effort. Ces trois hommes m'ont appris la vie parlementaire, militante et politique.

R.S. : A l'époque, on vous décrit comme un stakhanoviste. Vous n'arrêtiez pas de taper sur votre vieille machine à écrire !

M.C. : A partir de décembre 1965, j'étais fonctionnaire au ministère des Finances et ma journée finissait à dix-huit heures. J'allais alors à l'Assemblée nationale pour en commencer une deuxième. Je tapais à la machine jusqu'à deux heures du matin tous les soirs et tous les week-ends. Je faisais tout le courrier de mes trois Auvergnats, celui d'un de leurs amis, Léopold Heder, député de Guyane, ainsi que celui de Jean Zuccarelli, député-maire de Bastia et père d'Emile, dont ma mère est une lointaine parente. Ça faisait cinq ! A l'époque les députés n'avaient pas de bureau, pas de secrétaire. J'ai réussi à leur trouver un petit local dans le Palais-Bourbon, où nous étions entassés tous ensemble.

R.S. : Répondre à des centaines de lettres, pour un jeune

homme actif comme vous, ça ne devait pas être très passionnant !

M.C. : Détrompez-vous : cela m'a beaucoup appris. Je rédigeais tous leurs écrits : courrier, discours, questions, etc.

R.S. : On dit même qu'il vous est arrivé de rédiger des questions pour des députés de droite !

M.C. : Effectivement, j'ai parfois donné un coup de main à un député de la majorité de l'époque qui me disait : « Je n'arrive pas à mettre ma question en forme. » Je finissais par avoir de l'entraînement !

R.S. : En 1964, vous entrez à la SFIO. Ce n'est pas courant à l'époque. Les jeunes gens de gauche étaient plus attirés par le PC ou par le PSU...

M.C. : Et ceux qui adhéraient alors à la SFIO entraient généralement dans le sillage de Jean-Pierre Chevènement. Pas moi ! J'étais defferriste.

R.S. : C'est au groupe parlementaire socialiste que vous avez connu Gaston Defferre ?

M.C. : Oui, je l'avais connu en travaillant pour mes amis du Puy-de-Dôme. Puis, François Mitterrand a fondé la Fédération de la gauche, qui regroupait socialistes, conventionnels et radicaux, et aux élections de 1967, notre groupe parlementaire est passé d'un coup d'une soixantaine de députés à cent vingt. Gaston Defferre, qui le présidait, m'a demandé d'intégrer son équipe. J'ai accepté, tout en continuant à m'occuper de « mes » Auvergnats et à être fonctionnaire.

R.S. : Defferre aura été votre premier patron ?

M.C. : Après les Auvergnats, oui, et nous sommes devenus de vrais amis. Très proche de lui, j'aimais la force de ses convictions et son courage. Avec François Mitterrand, c'est l'homme politique qui m'a le plus marqué.

R.S. : Comment avez-vous vécu Mai 1968 ?

M.C. : Je passais mes nuits et mes jours à l'Assemblée, qui siégeait presque en permanence comme sous la Révolution ! Nous harcelions sans relâche le Gouvernement en déposant et en votant motion de censure sur motion de censure. Les débats étaient violents, houleux : l'Assemblée ressemblait à une sorte de bateau ivre. Les discours de François Mitterrand résonnaient, hachés par les hurlements d'une majorité qu'il dominait par son talent et son intelligence. Je l'entends encore : « Je vois parmi vous quelques gaullistes de légende, mais plus encore de gaullistes de brocante ! » ou ironiser, au retour de Georges Pompidou d'Afghanistan : « Non, Monsieur le Premier ministre, vous ne serez pas le miraculé de Kaboul ! » sans oublier le jour où il a comparé le chef du Gouvernement au célèbre M. Silhouette qui cherchait ses ministres avec une lanterne ! Je me souviens des insultes volant d'un banc à l'autre et de Gaston Defferre traitant le député Ribière de « con », ce qui lui a valu un duel qu'il a gagné ! Toute la police parisienne était sur les dents pour surprendre les deux bretteurs en pleine action et leur appliquer, sur-le-champ, les rigueurs de l'ordonnance par laquelle Louis XIII avait interdit les duels !

Pendant ces événements, le Palais-Bourbon était encerclé par les gendarmes mobiles. Ceux qui en sortaient n'étaient pas sûrs de pouvoir revenir : nous dormions donc sur place, dans les fauteuils de la salle des conférences ou sur les banquettes des couloirs. Les bruits les plus fous circulaient. Par exemple, on racontait que le président Chaban-Delmas était parti une nuit avec un falot pour rouvrir le passage souterrain — encombré de gravats et plein de vermine, de toiles d'araignées et de rats — aménagé au XVIIe siècle par la duchesse de Bourbon pour gagner discrètement les bords de la Seine : ainsi les députés auraient pu s'enfuir si la foule avait envahi leur Palais ! Un après-midi, le général Marquant, commandant la garde du Palais, qui avait enfilé ses croquenots et ses bandes molletières de la campagne de 1939, passe les troupes en revue dans la Cour d'Honneur tandis que la grande porte tremblait sous la poussée de milliers de manifestants. Devant les députés médusés, le général interpelle le jeune officier commandant le détachement :

— Mon lieutenant, vous avez le devoir de protéger les délibérations de la représentation nationale. Puis-je compter sur vous ?

— Oui, mon général !

— Par tous les moyens ?

— Oui, mon général !

— Et si je dois vous donner l'ordre de tirer sur la foule, obéirez-vous ?

— Oui, mon général. Mais c'est un ordre très grave et si vous devez le donner, je souhaite qu'il soit confirmé par écrit !

Et le vieux général sort alors son portefeuille, l'entrouvre et exhibe un papier dûment estampillé : « J'avais prévu votre réaction ! L'ordre écrit de tirer sur la foule, le voilà ! » Et il a aussitôt fait distribuer des balles réelles. Quelques-uns exultaient, mais la majorité des députés n'en menait pas large, craignant qu'on les rende responsables de faire couler le sang du peuple. Finalement, la manifestation s'est éloignée : les étudiants avaient subitement compris que la prise du Parlement ne présentait aucun intérêt. L'Assemblée en a ressenti une vive humiliation ! La Chambre vivait sur elle-même, marginalisée et en autarcie. Quand on a annoncé, le 29 mai vers midi, que le général de Gaulle avait disparu, tout le monde s'est massé dans les anciennes écuries de la duchesse de Bourbon, où était installé le restaurant. Au même moment, l'électricité a été coupée : nous étions plongés dans le noir et ce fut la débandade. Mais vingt-quatre heures plus tard, les gaullistes, requinqués par le retour de leur chef et par son discours musclé à la radio, ont redressé la tête, enfilé leurs écharpes et remonté les Champs-Elysées. J'assistais à ce spectacle depuis la terrasse de la buvette face à la Concorde : l'Assemblée avait été dissoute quelques quarts d'heure auparavant, la France n'avait plus de députés et personne n'avait le droit de porter les insignes de représentant du peuple. Même là, c'était le désordre ! Tout cela était hallucinant !

R.S. : Est-ce que vous avez cru à la réussite du mouvement ?

M.C. : J'ai vite senti qu'il était condamné. J'étais encore assez jeune — vingt-sept ans — mais sans doute politiquement un peu trop mûr pour y croire. Les étudiants étaient naïfs, allaient au hasard sans savoir exactement ce qu'ils voulaient et avaient une idée plus que vague des réalités de la société dans laquelle ils évoluaient. Ils n'étaient d'accord sur rien ! Leur mouvement trempait dans l'utopie et le rêve et traduisait seulement un besoin, d'ailleurs confus, de réformes. Mais les travailleurs, que les étudiants étaient allés démarcher, se sont méfiés de ces constructions intellectuelles fumeuses : ils ont fait dans le classique le plus pur, en exigeant surtout, et exclusivement, des augmentations de salaires. Au début, l'opinion a trouvé tout cela sympathique. C'était la liberté, le refus de l'autorité, la pagaille bon enfant sous le doux soleil de mai ! L'anarchie, c'est toujours beau les premiers jours. Et puis, quand il n'y a plus eu ni carburant, ni électricité, ni gaz, ni courrier, ni transports, ni téléphone, la même opinion a dit : « Ça suffit ! » Georges Pompidou a su siffler habilement la fin de la partie avec la dissolution de l'Assemblée et les accords de Grenelle, et tout est très vite retombé. Ce qu'il avait fallu accorder en juin a été repris, sous forme d'augmentations d'impôts, en novembre, sans le moindre mouvement de rue !

R.S. : Avez-vous manifesté en 1968 ?

M.C. : Une seule fois, le 13 mai, parce que tous les partis de gauche étaient dans la rue et donc les élus de la Fédération avec les permanents de leur groupe parlementaire. Ce jour-là, en voyant tous ces étudiants qui s'agitaient sur les boulevards, j'ai senti : « Tout ça va foirer très vite ! »

R.S. : Vous avez visiblement peu de sympathie pour Mai 1968 !

M.C. : Avant d'être socialiste, je suis républicain « pur sucre » et je trouve qu'on oublie trop facilement les grands principes de la République, même parfois chez mes amis. Nous vivons dans une vraie démocratie. La démocratie, c'est d'abord le bulletin de vote, et en France le suffrage est libre et les partis aussi. On peut toujours discuter à l'infini sur le rôle des médias, de la télévision, sur la disparité des moyens financiers des uns et des autres : quand les Français sont dans l'isoloir, ils décident librement. A chaque réforme de la loi électorale — proportionnelle en 1985 avec Laurent

Fabius ou scrutin d'arrondissement en 1986 avec Jacques Chirac — François Mitterrand a toujours dit : « On peut faire ce qu'on veut dans la loi électorale : lorsqu'il y a une vraie poussée dans l'opinion, aucun système ne peut l'empêcher de se traduire en victoire. » Il est vrai que nous avons gagné les législatives de 1981 malgré un découpage électoral établi en 1958 pour une France rurale qui avait beaucoup changé en vingt-trois ans ! Donc, chez nous, la démocratie fonctionne. Mais il n'est pas de démocratie sans ordre ni autorité dont les responsables ne doivent, le moment venu, se soumettre au verdict des urnes. Or, ce mouvement de mai 1968 voulait tout démolir et ne me semblait pas très républicain. Et puis, je déteste les manifestations où l'on brûle et saccage bêtement. La violence se justifie dans les pays où on a faim, où la liberté est menacée, voire inexistante. Elle exprime alors le désespoir : c'est l'ultime recours. C'est même peut-être un devoir, comme l'affirmait la Constitution de l'An III. Mais en 1968, la violence n'était pas nécessaire pour créer ou rétablir les libertés. Si nous avions vécu en dictature, la répression aurait été terrible et on aurait compté les morts par milliers. Je sais bien que le rôle du préfet de police Maurice Grimaud a été prépondérant dans la manière dont les forces de l'ordre ont agi : mais si tout cela n'avait pas baigné dans un peu d'esprit républicain, les choses auraient pu tourner au drame.

R.S. : Après Mai 1968, il y a eu juin, le raz-de-marée gaulliste aux législatives.

M.C. : Oui, le peuple a parlé et son jugement a été sans appel, clair et net : nous nous sommes retrouvés avec moins de soixante députés — dont les trois du Puy-de-Dôme, formidable performance ! — au lieu de 121 ! Un peu la situation d'aujourd'hui : et tout cela parce que les Français ont été persuadés que nous avions soutenu et encouragé ceux qui cassaient tout ! Alors que tout s'est fait en dehors des partis, et que l'opposition de gauche était à la remorque des cortèges ! Et je ne parle pas de la prudence de François Mitterrand qui a soigneusement évité de se produire à Charléty.

R.S. : L'élection présidentielle qui a suivi, celle de 1969, a été calamiteuse : votre ami Gaston Defferre, candidat socialiste, a été étrillé au premier tour avec moins de 6% des voix.

M.C. : La gauche éliminée au soir du premier tour, un second tour Pompidou-Poher : c'est un souvenir pénible. Dans la foulée, le groupe de la Fédération s'est dissous et le groupe socialiste reconstitué a commencé par exclure François Mitterrand. Gaston Defferre a tout fait pour s'opposer à cette humiliation, mais il a été mis en minorité par le parti. François Mitterrand a dû aller siéger chez les non-inscrits. C'est à partir de cette époque que j'ai commencé à suivre son action politique de plus près. Je l'avais peu approché jusqu'alors bien qu'ayant fait campagne pour lui en 1965, mais à un poste très modeste. Certes je l'avais côtoyé au groupe FGDS, mais sans vraiment travailler directement avec lui. J'ai compris, après l'échec de Gaston Defferre, qu'il était le seul capable de reconstruire une vraie formation politique de gauche. Encore fallait-il qu'il en devienne le patron !

R.S. : Avez-vous été associé à la conspiration d'Epinay qui l'a porté à la tête du PS en 1971 ?

M.C. : Oui, par Gaston Defferre. Parce que la marche vers le Congrès d'Epinay était trop lente, j'avais organisé une sorte de grève des cotisations parlementaires. La majorité du groupe était pour le changement. J'ai alors dit à mes amis députés : « Si vous voulez que ça aille vite, il faut asphyxier financièrement le parti. Il vit exclusivement de vos cotisations puisque nous n'avons pratiquement plus de militants. » Les trois du Puy-de-Dôme et quelques autres ont suivi. Nous avons ouvert un compte à la Caisse des dépôts pour y verser les contributions des parlementaires.

R.S. : Quel a été votre rôle dans le Congrès lui-même ?

M.C. : Mineur. Gaston Defferre m'avait chargé de vérifier que les gens qui nous étaient acquis tenaient bon, qu'ils ne se laissaient pas retourner par Alain Savary, Guy Mollet ou leurs « chevau-légers ».

R.S. : Vous êtes devenu un collaborateur de François Mitterrand après 1971 ?

M.C. : Oui, mais pas au Parti. J'étais toujours collaborateur du groupe, avec lequel il prit l'habitude de travailler. S'il avait besoin d'éléments pour une intervention à la tribune, une émission de radio, de télévision, il m'appelait. Il savait qu'il y avait là, dans un minuscule bureau du Palais-Bourbon, un « grouillot » qui répondait aussitôt qu'il appuyait sur le bouton. Disait-il : « Apportez-moi dans deux heures un résumé complet des œuvres de Karl Marx », ou « une note sur l'impôt sur la fortune dans les divers Etats européens », que je m'y plongeais aussitôt. A partir de 1973, je me suis fait détacher à plein temps à l'Assemblée nationale : même en travaillant seize heures par jour, je n'arrivais plus à faire deux métiers à la fois. Et j'ai donc été en rapport de plus en plus régulièrement avec François Mitterrand. En 1974, je faisais partie de son équipe de campagne et je lui ai envoyé des dizaines de notes. Il m'a même expédié dans le territoire des Comores avec André Chandernagor puis Raymond Forni pour contrôler le scrutin.

R.S. : Quelle était l'ambiance à l'époque, à l'Assemblée nationale ?

M.C. : Très différente de celle d'aujourd'hui. La plupart des élus, à droite comme à gauche, venaient de la IVe République et avaient commencé leur carrière pendant ou au lendemain de la guerre. Beaucoup avaient partagé les mêmes combats, parfois dans le même réseau de résistance. Il existait donc une espèce de complicité entre eux. Ils se fréquentaient et se respectaient, mais se combattaient durement. Les clivages politiques étaient très tranchés : aujourd'hui ils sont plus flous et les affrontements ne sont plus les mêmes. Les parlementaires se respectent politiquement mais ils n'ont pas eu de vie commune dans le malheur avant d'arriver à l'Assemblée nationale.

R.S. : C'est à l'Assemblée nationale que vous avez appris à bien connaître le personnel politique ?

M.C. : J'y suis resté dix-huit ans et je m'y suis fait beaucoup d'amis. A gauche bien sûr, mais aussi à droite, ce qui étonne certains : quand j'étais ministre, je suis allé au vu et au su de tout le monde enterrer un ancien député UNR de Lyon, gaulliste de gauche, René Caille. C'était un ami très cher que je voyais souvent après 1981. A ses obsèques, beaucoup me regardaient interloqués !

R.S. : A l'Assemblée, vous aviez la réputation d'être un procédurier.

M.C. : Quand on est minoritaire, le combat au Parlement, c'est la procédure : j'en ai donc fait ! J'ai utilisé contre le Gouvernement toute la mécanique subtile et complexe de la Constitution, des lois organiques et du règlement. J'échafaudais en permanence de vraies chausse-trappes : à droite, ils étaient gris de rage ! Par exemple, je crois avoir inauguré la vérification du quorum, qui oblige à suspendre la séance pour s'assurer que la majorité absolue des députés est bien présente dans l'enceinte du Palais-Bourbon. Il faut visiter tous les bureaux, aller jusqu'à taper — on le faisait à l'époque — aux portes des toilettes ! Un jour, j'ai dit à Gaston Defferre : « Désormais, tu devrais systématiquement demander le quorum avant chaque vote important. » Il l'a fait.

Je me souviens aussi d'une manœuvre alambiquée sur un projet de loi relatif à la Nouvelle-Calédonie. Ce texte malhonnête risquait de provoquer des drames et nous avions sciemment fait traîner les débats, si bien que le 30 juin au milieu de l'après-midi la discussion était loin d'être achevée. La session ordinaire était close le soir même à minuit et j'ai proposé aux députés socialistes de se réunir. Je leur ai dit : « Il faut faire traîner jusqu'à minuit, mais surtout ne rien dire. » Nous avons joué la montre en discutaillant à l'infini une batterie d'amendements et de motions de procédure. A 0 heure, le 1er juillet, Raymond Forni, député de Belfort, demande la parole : « Messieurs, il est minuit passé, la session est terminée. Vous n'avez pas de décret de convocation d'une session extraordinaire et nous n'avons pas le droit de continuer à délibérer. » Panique au banc du Gouvernement, représenté par Olivier Stirn, à l'époque ministre des DOM-TOM, qui tenait à sa loi. Roland Nungesser, président de séance et gaulliste de la première heure, n'est troublé qu'un instant et propose, comme aux pires moments de la Ve République : « On va arrêter la pendule. On continue. » Nous obtenons alors une suspension de séance, le groupe se réunit et demande à Gaston Defferre, qui dînait en ville, de nous rejoindre. La séance reprend et Roland Nungesser s'entête : « On continue. » Gaston Defferre exige une nouvelle suspension de séance pour rencontrer Edgar Faure, président de l'Assemblée nationale. Tiré brutalement du sommeil à deux heures du matin et encore tout endormi, il nous reçoit en robe de chambre et pantoufles, l'air aussi engourdi que Marat dans sa baignoire au moment du coup fatal. Gaston Defferre ne lui laisse pas le temps de reprendre ses esprits : « Vous êtes en train de voter une loi scélérate et il va y avoir du sang en Nouvelle-Calédonie : Edgar, à partir de maintenant, tu l'auras sur les mains si tu laisses faire ça alors que nous n'avons plus le droit de siéger ! » Edgar Faure, réveillé pour de bon par cette sortie qui le plaçait en première ligne, n'a réfléchi qu'un instant et a appelé Roland Nungesser pour lui dire : « Cer âmi, ze crois que Gazeton a raizon et qu'il faut tout arrêter. » L'habile Defferre avait su le circonvenir ! Je me souviens aussi de tous nos recours au Conseil constitutionnel, qui ont permis d'annuler des lois très importantes, comme celle sur la fouille des véhicules ou surtout le budget de 1980. Vous rendez-vous compte de ce que représente, pour un Gouvernement, l'absence de tout budget le soir de Noël ? Il a fallu convoquer le Parlement entre les fêtes pour pouvoir continuer à percevoir les impôts et dégager les crédits urgents afin de faire tourner la Nation. Les assemblées ont dû ensuite siéger en janvier et février 1980 pour re-voter le budget dans les normes !

R.S. : En 1981, la droite vous a rendu la monnaie de votre pièce !

M.C. : C'est vrai. Ceux qu'on a appelés les « jeunes loups de la droite » — Toubon, Madelin, Longuet, Léotard, etc. — ont repris ma méthode pour tenter de bloquer les réformes de la gauche. Ils se sont dit : « On va faire du Charasse. » Sur les nationalisations, ce fut épouvantable !

R.S. : Electoralement, vous avez toujours cherché la difficulté. En 1967, vous vous présentez à Corte, la ville où votre mère est née !

M.C. : C'était ma première élection. Nous étions un groupe de copains et nous voulions régler son compte au maire que nous ne jugions pas convenable et dont l'élection venait d'être annulée. Nous avions constitué une liste d'union locale, moitié gauche, moitié droite. Mais la délégation spéciale, qui gérait provisoirement la commune, n'a pu éviter des fraudes qui nous ont permis d'être élus, ce qu'évidemment j'ignorais sur le moment.

R.S. : Votre liste, qui s'était présentée contre la fraude, a donc été élue grâce à la fraude !

M.C. : Notre élection a fait l'objet d'un recours. Et au fur et à mesure de son développement devant le Tribunal administratif, je me suis rendu compte qu'effectivement il y avait eu des irrégularités graves. J'ai toujours été contre les magouilles : j'ai donc démissionné avant même l'annulation de notre élection.

R.S. : En 1968, vous êtes candidat suppléant de la fédération de la gauche contre Giscard...

M.C. : Oui, pour un jeune militant de vingt-sept ans, c'était quand même quelqu'un, Valéry Giscard d'Estaing ! Les candidats socialistes ne se bousculaient pas au portillon : je me suis donc dévoué sans illusions. La campagne a été très dure et notre échec ne m'a ni surpris ni affecté.

R.S. : En 1973, vous vous présentez dans la première circonscription de la Haute-Loire, contre Jacques Barrot, toujours élu au premier tour. On se doute du résultat !

M.C. : Même situation que les précédentes, les candidats socialistes étaient plutôt rares. Mais par rapport à 1968, j'ai quand même gagné plus de dix points.

R.S. : Il vous faudra attendre 1977 pour être élu. Vous

enlevez la mairie de Puy-Guillaume, un bourg auvergnat de 2 700 habitants.

M.C. : Oui et c'est encore le cas. Désigné au Conseil régional en 1979, j'ai été élu sénateur en 1981, Roger Quilliot dont j'étais le suppléant étant resté au Gouvernement. Je lui ai remis, sans qu'il l'ait sollicitée, une lettre de démission en blanc pour le cas où il aurait souhaité reprendre son siège. Quand je suis entré au Gouvernement, mon suppléant, Gilbert Belin, a fait de même sans que j'aie besoin de le lui demander. En 1983, j'ai été réélu maire, puis sénateur, et en 1988 je suis devenu conseiller général du canton de Châteldon. Nouvelles réélections au premier tour en 1989 et 1995 aux municipales, en 1992 aux sénatoriales et en 1994 au Conseil général. En 1987, j'ai volontairement démissionné du Conseil régional.

R.S. : C'est dans votre commune, à Puy-Guillaume, que vous avez connu votre femme ?

M.C. : Oui, elle y est née et elle continue à y vivre. Elle était institutrice dans un village voisin : Mons. Aujourd'hui, elle travaille avec moi. Quand j'étais ministre, je l'avais fait affecter à mon cabinet où elle suivait les dossiers concernant l'Auvergne. A mon retour au Sénat, en 1992, elle est restée détachée comme assistante parlementaire. Elle perçoit donc du Sénat l'équivalent de son traitement d'enseignante. Elle aime ce qu'elle fait et le fait bien.

R.S. : Vous êtes très présent à Puy-Guillaume ?

M.C. : Tous les week-ends au sens large, c'est-à-dire du vendredi matin au lundi soir, soit quatre jours par semaine. Pour une commune de 2 700 habitants, c'est honnête. Et depuis Paris, je suis en relation téléphonique permanente avec mes adjoints et mon secrétariat : les affaires avancent sans retard.

R.S. : Vous êtes un maire atypique. On dit que vous mettez des contraventions vous-même quand les gens se garent mal !

M.C. : Quand quelqu'un se gare contre la porte de sortie des pompiers ou des ambulances ou gêne les autres usagers de la route, oui. Il faut faire respecter la loi et la sécurité publique. La rue appartient à tout le monde, et je déteste l'égoïsme et le sans-gêne ! Dans toutes les fonctions que j'ai exercées, j'ai toujours pris mes responsabilités. Même si c'est impopulaire, il faut le faire. On l'a bien vu avec Edouard Balladur et avec certains de ses amis : quand vous vous occupez trop de votre élection pendant que vous êtes en fonctions, vous êtes cuit ! Il faut faire ce qui correspond à vos engagements et à l'idée que vous vous faites du bien public et de l'intérêt général. Sans s'occuper des criailleries ni des effets pervers des sondages. Et puis, un jour, on se représente devant l'électeur et il juge. Le citoyen n'est pas aussi naïf ou sot qu'on voudrait le faire croire. Il est subtil et dresse le bilan lui-même. Je suis bien conscient que dans ma commune, où j'ai eu 76% des voix aux élections municipales dernières, il n'y a pas autant d'électeurs de gauche. Mais je sais que ces 76% pensent que je ne suis pas un mauvais maire. Et pourtant, je dis souvent non : je ne fais pas de démagogie. Quand on me demande des facilités impossibles ou qui vont contre l'intérêt général, je refuse, parfois violemment. Tout a un prix et je veille à être équitable. Et quand il faut décider, je décide. Récemment, les jeunes de ma commune ont organisé un festival de rock. Ils attendaient cet événement impatiemment. Trois heures avant le début du concert, la commission de sécurité passe et dit : « Monsieur le Maire, nous ne pouvons pas donner un avis favorable car plusieurs prescriptions de sécurité ne sont pas respectées. » J'ai convoqué les jeunes et je leur ai dit : « Je ne peux pas autoriser... sauf si d'ici dix-neuf heures vous faites tout ce qu'il faut. » Ils l'ont fait, parce qu'ils savaient que s'il restait un seul défaut, et quels que soient l'intensité de leur attente, la sympathie qu'ils avaient peut-être pour moi, et leurs efforts depuis des semaines pour organiser ce spectacle, j'interdirais sans faiblesse.

R.S. : On dit aussi souvent que vous relevez les noms des chômeurs pour voir si ce sont de vrais chômeurs !

M.C. : Je vérifie la situation des citoyens qui reçoivent des aides dans le cadre de la solidarité nationale ou locale pour savoir s'il y a fraude : il n'y a pas assez d'argent public aujourd'hui et les contribuables ont trop de mal à payer leurs impôts pour qu'on distribue à ceux qui ne sont pas les plus malheureux.

R.S. : Est-il exact que vous surveillez aussi les offres et les demandes d'emploi ?

M.C. : Je surveille tout. Je n'hésite pas à appeler l'ANPE lorsque je reçois la liste mensuelle des chômeurs immatriculés. Je réponds : « Celui-ci a trouvé du travail et n'a plus rien à faire sur votre liste. Celui-là n'habite plus la commune, etc. » Je contrôle tout. Quand ma femme ou mes adjoints me disent que des gens dans la commune râlent pour une raison valable, ça me touche beaucoup plus qu'un article gratuitement méchant dans une feuille parisienne. Ça, ça n'a vraiment aucune importance.

R.S. : Si vous découvrez une fraude, le dites-vous ?

M.C. : Oui. Il n'y a pas longtemps j'ai encore découvert qu'une vieille femme qui demandait l'aide sociale pour partir dans un établissement spécialisé, possédait 140 000 francs d'économies sur son livret de Caisse d'Epargne. Huit jours avant, elle avait donné son livret à son fils que j'ai aussitôt convoqué. Je lui ai fait lire la loi et je lui ai dit : « C'est la correctionnelle. » Il m'a affirmé qu'il ne connaissait pas les règles et je pense d'ailleurs qu'il était de bonne foi, ce qui n'est pas toujours le cas. Je lui ai dit : « Remettez les sous demain sur le compte de votre mère. » Il s'est exécuté. Quelqu'un qui gagne 5 000 ou 6 000 francs par mois ou moins et qui supporte ses impôts locaux n'a pas à payer pour cette dame tant qu'elle a de l'argent. Dans notre société, trop de gens considèrent que la collectivité doit tout prendre en charge et qu'ils sont exonérés de tout effort personnel. Pas chez moi. Je suis ferme sur les règles et les principes, je l'ai toujours été et je ne m'en suis pas plus mal porté électoralement, au contraire ! Et je ne m'occupe pas seulement des petits fraudeurs : les gros en savent quelque chose !

R.S. : Vos concitoyens le comprennent-ils ?

M.C. : Je suis un vrai socialiste, partisan de la vraie justice. Les gens doivent recevoir leurs droits, mais pas de privilèges. Qu'on soit riche ou pauvre, la loi doit être appliquée strictement et avec rigueur à tout le monde.

R.S. : Votre ami Jean Carmet disait de vous que vous aviez l'esprit villageois. C'est vrai, vous paraissez heureux, chez vous, à Puy-Guillaume !

M.C. : C'est une vie très différente de celle de Paris. Tout d'abord, il n'y a pas de superficialité. Dans une petite commune, les gens sont naturels, ils ont des rapports sincères. Ceux qui se détestent se retrouvent rarement dans des dîners fabriqués, où ils s'obligent à se faire des grâces. Dans les communes de la France profonde, les gens ont du bon sens et ne se laissent pas prendre par l'apparat.

R.S. : Avez-vous un quartier difficile dans votre ville ?

M.C. : Non, j'ai cette chance. Mais quand je lis que la police ne peut pas pénétrer dans tel ou tel quartier, je trouve ça ahurissant ! Si j'avais été ministre de l'Intérieur, la police aurait fini par aller partout, non pour sévir mais pour apaiser et exercer sa fonction naturelle, c'est-à-dire garantir la liberté qui n'existe jamais dans le désordre ou la peur. Si j'avais un quartier difficile à Puy-Guillaume, j'aurais fait ce qu'il fallait pour que la loi républicaine soit respectée.

R.S. : Est-ce exact que vous ayez dit : « Ce qu'on pense de moi à Paris, je m'en fous. Ce qui importe c'est ce qu'on pense, ce qu'on dit de moi à Puy-Guillaume ! »

M.C. : A peu près ! A Paris, on me connaît mal et on me juge sur les apparences. Quand je suis passé à la télévision avec des bretelles, on a dit : « Tiens, il a des bretelles. » Quand on m'a vu fumer un gros cigare, on a dit : « Tiens, il fume des cigares. » Si je dis « merde » à quelqu'un en direct, on dit : « Il est grossier. » Ce sont des clichés. Chez moi, en province, on me voit vivre et agir. On sait que depuis que je suis maire, j'ai installé partout l'eau potable, l'assainissement, refait la voirie, restauré entièrement l'église, construit un foyer de personnes âgées, des logements sociaux, une nouvelle salle des fêtes, des tennis, un gymnase, une gendarmerie, un troisième stade pour le rugby ; le collège a été totalement rénové, la mairie aussi, tous les ponts de la commune ont été reconstruits, l'éclairage public a été généralisé, un carrefour important, une zone industrielle ont été aménagés et des entreprises sont venues. L'inventaire complet serait rébarbatif. Comparé à d'immenses villes, Puy-Guillaume c'est grand comme un mouchoir de poche et tout le monde voit tout.

Aux élections politiques, la gauche, dans ma commune, obtient entre 52 et 54%. Lionel Jospin a eu 54% à la présidentielle et moi j'ai obtenu 76% en juin dernier. Il y a pourtant trois ans que je ne suis plus ministre... A Paris, on peut toujours dire : « Charasse, c'est un drôle de type, un tireur de ficelles, c'est le cabinet noir de François Mitterrand », chez moi, on sait que ce n'est pas vrai. La commune, le conseil municipal fonctionnent dans la transparence. Les élus ont accès à tous les dossiers et sont au courant de tout. La Chambre régionale des Comptes vérifie nos finances : jusqu'à présent, j'ai toujours reçu quitus sans observation. Tout se fait avec une régularité scrupuleuse. Je ne passe pas par des bureaux d'études suspects et n'ai jamais « fricoté » avec les entreprises. Dans les petites communes rurales, à la fin des travaux, l'entreprise offre traditionnellement un casse-croûte, tripes ou pieds de cochon : je n'y vais pas. Je ne préside presque jamais la commission d'adjudication et ne donne aucune directive à mes adjoints quant aux choix à faire. Naturellement, je me bats pied à pied pour trouver de l'argent auprès de l'Etat, de la Région, du Département, et pour réaliser nos opérations d'investissement aux meilleures conditions financières. J'utilise toutes les ressources de la législation, pour le bien de mes administrés : quelquefois, c'est *border line,* mais ça passe !

R.S. : Pourtant, vous avez, comme dirait Brassens, mauvaise réputation. On vous soupçonne d'être dans tous les mauvais coups. On vous a beaucoup reproché vos amitiés sulfureuses.

M.C. : De qui parlez-vous ?

R.S. : De Botton, par exemple.

M.C. : Parlons-en ! Botton n'a jamais été un ami, ni même une relation. Je n'ai jamais déjeuné ou dîné avec lui, ni accepté une seule de ses invitations. D'ailleurs, devant le tribunal de Lyon, Botton a fini par le reconnaître, après avoir soutenu le contraire pendant des mois.

R.S. : Pourtant, au mur de son bureau, il avait accroché une grande photo où on vous voyait ensemble, décontractés, souriants !

M.C. : Nous nous sommes rencontrés par hasard un jour sur le circuit automobile de Monaco au printemps 1989. Son beau-père, Michel Noir, que je connais, l'accompagnait et me l'a présenté. Un photographe les suivait et Botton m'a demandé la permission de faire une photo souvenir. J'ai accepté : quelques jours plus tard, ce cliché agrandi était placardé au mur de son bureau ! Il pouvait ainsi impressionner ses visiteurs en leur faisant croire que nous étions intimes et qu'il avait le droit de me demander n'importe quoi !

R.S. : Vous l'avez quand même reçu dans votre bureau au ministère !

M.C. : Il m'a téléphoné début 1990 pour me dire qu'une de ses sociétés faisait l'objet d'un contrôle fiscal. Il m'a expliqué qu'il s'agissait en fait de la « pompe à fric » (sic) de son beau-père et que cette vérification était une vengeance politique. Puis il est venu me voir une seconde fois au ministère, avec Martin Bouygues qui voulait me parler de TF1. Botton était le gendre d'une personnalité importante de l'opposition et il n'y avait rien d'anormal à ce que je le reçoive. Je ne voulais certainement pas qu'on puisse soupçonner l'administration d'agir avec des arrière-pensées politiques. Je lui ai dit : « Si, comme vous l'affirmez, il ne s'agit que de financements politiques, et si les faits sont antérieurs au 15 juin 1989, tout est amnistié et il n'y a pas lieu de transmettre au Parquet. Vous aurez un redressement fiscal mais je veillerai à ce que les procédures soient équitables et les pénalités normales. » Peu après, on m'a confirmé que ce contrôle avait une origine purement locale et que l'Administration n'était pas spécialement animée par une volonté de nuire à Botton. Mais j'ai très vite relevé que ce dernier « rinçait » le Tout-Paris, que beaucoup de personnalités du show-biz, des médias avaient profité de ses largesses : nous étions dans une banale affaire financière d'abus de bien social et de recel à but politique. Botton est venu plusieurs fois au ministère en discuter avec mes collaborateurs. Le 25 novembre 1991, j'ai bouclé son dossier et fixé le montant des redressements : Botton m'a alors menacé de « mouiller » tout le monde et a saisi la commission des impôts compétente qui a confirmé mes décisions. Je lui ai fait dire : « Je m'en tiens à ce que j'ai arrêté. Pas de saisine du tribunal : payez ce que vous devez à l'Etat, avec l'intérêt de retard mais sans autres pénalités puisque les financements politiques sont amnistiés. »

R.S. : On pourrait vous reprocher de n'avoir pas saisi la justice...

M.C. : Michel Noir et Patrick Poivre d'Arvor étaient impliqués : je n'ai pas voulu faire le moindre geste qui aurait pu être interprété comme une hostilité personnelle ou politique. Car les médias auraient dit aussitôt : « Un ministre socialiste proche de François Mitterrand se venge du RPR, de Patrick Poivre d'Arvor et de TF1. » Je n'ai même pas demandé qu'on applique un redressement à M. Poivre d'Arvor alors qu'il aurait dû être imposé sur les avantages en nature que Botton lui avait accordés sur la caisse de ses sociétés.

R.S. : Il vous a pourtant mis en cause par la suite !

M.C. : Son intérêt était de faire croire qu'il était victime d'une sordide vengeance du pouvoir socialiste. Sans cette explication, son cas devenait limpide, ce qui ne l'arrangeait pas !

R.S. : Botton a quand même fini par aller devant le tribunal !

M.C. : Oui, mais parce qu'un de ses associés a porté plainte contre lui début 1992. Cet associé a signalé au juge qu'un contrôle fiscal était en cours sur une de ses sociétés et le procureur de la République m'a demandé le dossier !

Je l'ai transmis comme je le devais. Depuis lors, Botton m'a poursuivi de sa hargne et a expliqué à la France entière et à la justice que j'étais responsable de tous ses ennuis parce qu'il était un bon chiraquien et que j'exerçais une vengeance politique. Le juge Courroye m'a entendu comme témoin, je me suis expliqué et j'ai fait condamner Botton en diffamation. Il prétendait me faire convoquer à l'audience presque avec des menottes mais les magistrats de Lyon n'ont pas cédé à ses pressions. L'opinion a compris aujourd'hui que son affaire n'est que du droit commun très ordinaire, et qui est réellement le personnage : du reste, ses démêlés récurrents avec la justice se poursuivent alors que je ne suis plus en cause depuis longtemps ! Et ses amis « tombent » les uns après les autres...

R.S. : Dans cette affaire, vous êtes l'ami d'un autre inculpé, Michel Mouillot, le maire de Cannes...

M.C. : C'est effectivement un ami dont j'ai toujours apprécié le combat courageux contre le Front national. J'ignore tout de ses derniers avatars judiciaires. Mais, pour la précédente affaire, je savais qu'il avait été salarié de Botton pendant six mois. Quand les choses ont mal tourné, j'ai demandé à l'Administration de vérifier s'il avait bien déclaré les sommes perçues. Réponse : oui ! Il avait reçu environ 600 000 francs et payé presque 300 000 francs d'impôts : son cas ne concernait donc pas mes services. Je note au passage que si la justice confirme l'inéligibilité de Michel Mouillot et si ses ennuis les plus récents le conduisent à de nouvelles condamnations infamantes — en dépit de ce qu'en pensent ses électeurs puisque la gestion de sa ville n'est pas concernée — la porte de la mairie de Cannes ne serait pas fermée à PPDA si l'envie le prenait de se présenter à sa place : car pour un délit analogue, lui n'est pas inéligible !

R.S. : Autre copain compromettant, Gérard Colé, un ancien collaborateur de l'Elysée qui a mal tourné.

M.C. : Il faut attendre que la justice se prononce pour conclure. Copains à l'Elysée ? Oui, nous étions ensemble dans l'équipe du Président, une équipe amicale et chaleureuse. Mais nous n'étions pas intimes : il ne faisait pas partie de mon cercle d'amis proches et je ne le fréquentais pas en dehors du travail.

Un jour, Gérard Colé a fait savoir que la présidence du Loto, qui se libérait, l'intéressait. Je lui ai suggéré d'en parler à Pierre Bérégovoy qui lui a dit : « Si le Président est d'accord, je n'y vois pas d'inconvénient. » Je me souviens vaguement que le Président m'en a dit un mot :

— Si vous pensez qu'il fait l'affaire...

— Il n'y a pas de raison qu'il ne convienne pas : son métier, c'est la publicité et cette activité en est.

Nous l'avons donc nommé à la présidence du Loto, mais, si j'étais son « tuteur », je n'ai jamais géré cette société en direct ni avant, ni après sa nomination.

Ce que je sais, c'est qu'en trois ans le chiffre d'affaires et les bénéfices ont doublé ou triplé, que Gérard Colé m'a tenu informé des jeux qu'il souhaitait lancer, et que je lui ai presque toujours donné mon accord.

Comme tous les ministres de tutelle des sociétés nationales, j'ai dû parfois lui faire des observations. Ainsi, je me suis fâché tout rouge quand il a voulu créer une association regroupant l'ensemble du sponsoring du Loto sans solliciter préalablement l'accord de son conseil d'administration, qui le lui a d'ailleurs aussitôt donné. Pour le reste, la société est soumise au contrôle d'Etat, qui relève du seul ministère de l'Economie, donc à l'époque de Pierre Bérégovoy puis de Michel Sapin. Gérard Colé a fait l'objet de plusieurs interventions du ministère de l'Economie dans des domaines qui ne me concernaient pas, en particulier pour ses filiales à l'étranger. Il s'est régulièrement plaint à moi des observations ou des oppositions de la Direction du Trésor et m'a souvent demandé d'intervenir auprès de Pierre Bérégovoy. Je lui ai toujours répondu : « Tu le connais aussi bien que moi : tu n'as qu'à aller le voir. » Le contrôleur d'Etat ne m'a jamais alerté et quand il s'est brutalement réveillé, en janvier 1993, j'avais quitté mes fonctions depuis plus de quatre mois. Mon successeur, M. Malvy, a reçu un rapport très sévère : comme je l'aurais fait moi-même, il a aussitôt saisi l'Inspection générale des Finances qui a remis à M. Sarkozy, à la fin du printemps 1993, une autre enquête, elle aussi très sévère. Pendant tout ce temps où j'ai exercé mes fonctions au ministère, je n'ai jamais reçu aucun document me disant : « M. Colé a commis telle ou telle irrégularité, Monsieur le Ministre, que faut-il faire ? » Jamais ! On m'a soupçonné d'avoir protégé Gérard Colé, parce qu'on pensait : « Colé et Charasse, c'est l'Elysée. L'Elysée c'est le Président. Attaquons François Mitterrand à travers Colé et Charasse. » C'était toujours François Mitterrand que l'on visait ! Pour le reste, la justice tranchera. S'il n'a rien fait, j'espère que ses calomniateurs seront sévèrement punis. S'il a commis des délits, je ne lui pardonnerai pas d'avoir trahi le Président.

R.S. : *Le Monde* avait même laissé entendre que vous protégiez Colé...

M.C. : Oui. Et qu'en remerciement, en quelque sorte, il avait installé dans ma commune, une usine du Loto. En fait, il s'agit d'une imprimerie qui travaillait pour le Loto bien avant qu'il n'y ait pris ses fonctions. Voilà comment les choses se sont passées. L'Etat était propriétaire, à Clermont-Ferrand, de l'ancienne imprimerie de Pierre Laval, « Montlouis », confisquée à la Libération et appartenant à la SNEP (Société nationale des entreprises de presse). Elle était dans une situation très difficile et l'Etat voulait s'en débarrasser. La SNEP relevait de Pierre Bérégovoy qui me téléphone un jour et me dit : « L'imprimerie Oberthur est intéressée par le rachat de Montlouis. Il faut absolument que l'Etat s'en débarrasse. Insiste pour qu'elle l'achète. Elle est en pourparlers avec le Loto pour le renouvellement de son contrat d'impression de billets. Tu as peut-être un moyen d'agir. » Finalement, Oberthur a repris Montlouis, sans aucune pression car son activité (les carnets de chèques) intéressait le groupe. Là-dessus le patron d'Oberthur vient me voir et me dit : « Je suis allé sur place. Cette imprimerie est pourrie, il faut donc que je déménage. Pouvez-vous me trouver une implantation intéressante dans l'agglomération clermontoise ? » Je l'ai mis en rapport avec deux ou trois personnes à Clermont et on lui a fait des propositions qui ne lui convenaient pas. Alors je lui ai dit : « Venez à Puy-Guillaume ! » et il est venu. Cette imprimerie a aujourd'hui 240 emplois, et c'est autant de personnes qui ne pointent pas à l'ANPE ! Mais Gérard Colé n'y est vraiment pour rien. C'est Pierre Bérégovoy qui fut, sans le savoir, à l'origine de cette belle opération industrielle.

R.S. : On vous a surtout reproché d'avoir protégé Bernard Tapie !

M.C. : On m'a d'abord reproché d'être son ami. Là aussi, il faut s'entendre sur les mots. C'était un ami politique, puisqu'il avait rejoint notre camp, mais nous n'avons pas eu de relations personnelles intimes. Lui non plus ne fait pas partie de ma vie : je ne suis jamais allé en vacances avec lui et n'ai pas fréquenté sa famille. Il faisait partie de mes relations. Si j'ai commis une erreur de jugement sur le personnage, qu'on ne compte pas sur moi pour l'accabler maintenant qu'il est à terre !

R.S. : C'est un aventurier, un gagneur, ce qui ne devait pas être pour vous déplaire.

M.C. : C'est aussi pour ça qu'il a séduit le Président. C'est un battant. Il a tout de même été le seul à confondre Le Pen et à lui faire perdre la face !

R.S. : Ce qu'on vous reproche est plus précis : c'est de l'avoir protégé fiscalement.

M.C. : C'est parfaitement faux. Pendant quatre ans et trois mois au Budget, je n'ai pas eu l'occasion d'avoir en main un seul dossier concernant sa situation fiscale et sur lequel j'aurais eu à trancher. Quand je suis arrivé au Louvre, en juin 1988, personne ne m'a parlé de Bernard Tapie. Quelques mois plus tard, il m'a appelé :

— Je voulais simplement te dire que mon contrôle fiscal s'est bien passé et qu'il est terminé.

— Tu as eu un contrôle ? Je ne le savais pas !

— Il a été engagé avant que tu n'arrives. Je n'ai pas jugé utile de t'en parler puisqu'il s'est bien passé.

— Alors, c'est réglé ?

— Oui, c'est réglé. J'ai un redressement normal.

Je n'ai donc pas traité ce dossier et comme le ministère des Finances conserve tout, si je l'avais fait, on retrouverait facilement la trace de mes décisions.

Plus tard, lorsque le président de la Fédération française de football et celui de la Ligue sont venus me demander de contrôler tous les clubs de première division, tout le monde a été vérifié, y compris l'OM et de la même façon. Donc, je n'ai fait aucune « fleur » particulière à Bernard Tapie.

R.S. : Claude Bez, le patron des Girondins de Bordeaux, a fait l'objet d'un redressement fiscal, mais pas Tapie, le patron de l'OM. C'est quand même étrange, non ?

M.C. : A mon arrivée au Budget, le contrôle de Claude Bez était en cours : je ne l'ai donc pas décidé moi-même. Les présidents Fournet-Fayard et Sadoul sont venus me demander de vérifier les clubs professionnels, je leur ai dit : « D'accord, on les contrôle tous, mais je ne vous donnerai pas les conclusions club par club — Nantes a fait ceci, l'OM a fait cela, etc. — parce que le secret fiscal me l'interdit. Je vous communiquerai une synthèse de l'ensemble de nos constatations. » La comptabilité de tous les clubs a donc été passée au peigne fin, avec l'accord du ministre de la Jeunesse et des Sports, Roger Bambuck. L'OM comme les autres. Bernard Tapie ne m'en a jamais parlé.

R.S. : Y a-t-il eu des redressements fiscaux ?

M.C. : Oui et pour tous les clubs, pour la Fédération et pour la Ligue. Le problème s'est ensuite posé de savoir si on renvoyait ou pas leurs responsables en correctionnelle.

R.S. : Le procureur de Marseille vous a accusé de protéger Tapie !

M.C. : Il voulait absolument « s'offrir » Bernard Tapie. Avec l'accord du Garde des Sceaux, Henri Nallet, j'ai reçu le procureur général et le procureur de Marseille. Je leur ai dit : « Je ne peux pas accepter que l'Administration fasse une dénonciation au Parquet pour un seul club, l'OM. Tous les clubs ont fraudé, certains même davantage que l'OM. Par conséquent, c'est tout le monde ou personne. » Le procureur m'a dit : « Je suis procureur de Marseille, les autres ne m'intéressent pas. » Je lui ai répondu : « Moi je suis en charge de l'ensemble du dossier. Il ne peut pas y avoir deux poids deux mesures. Si des poursuites sont engagées, c'est pour tout le monde et nous risquons de tuer le football professionnel. L'autorité judiciaire doit être consciente de ses responsabilités : l'opinion réagira très mal. » Mes deux procureurs n'étaient pas très à l'aise, se voyant à la une des journaux, accusés de la mise à mort de nos plus grandes équipes.

Finalement, le ministère de la Justice a dit, comme moi : « Tout le monde ou personne. » Et j'ai quitté le ministère. Mes successeurs, M. Malvy puis M. Sarkozy, savent que je n'ai jamais eu en main aucun dossier de Bernard Tapie.

R.S. : N'êtes-vous pas intervenu dans d'autres dossiers Tapie, ceux de l'homme d'affaires ?

M.C. : Quelques semaines avant de quitter le ministère, donc en août ou septembre 1992, l'Administration m'a soumis une série de fiches sur la situation fiscale de Bernard Tapie et m'a demandé d'autoriser plusieurs vérifications. J'ai donné mon accord en demandant de me rendre compte du déroulement des procédures. Quand j'ai quitté Bercy, le 2 octobre, rien n'avait encore été fait. Les résultats des contrôles ont dû arriver plus tard sur le bureau de mes successeurs et certaines opérations sont peut-être encore en cours.

R.S. : Pour en finir avec Tapie, on vous a même reproché d'avoir imaginé le faux témoignage de Mellick...

M.C. : C'est extraordinaire ! J'aurais eu un dîner au domicile parisien de Mellick — je ne sais même pas où il habite ! — en présence de Jack Lang, dîner au cours duquel j'aurais fabriqué le faux témoignage. Le lendemain, les mêmes se seraient discrètement réunis à l'Elysée, dans le bureau du secrétaire général, Hubert Védrine, pour mettre les détails au point. C'est invraisemblable ! Qui répand de tels bruits ? Là encore, c'est François Mitterrand qui était visé : il aurait soi-disant tout fait pour sauver Bernard Tapie. Avec Hubert Védrine, nous avons décidé de porter plainte contre X avec constitution de partie civile. Je compte bien trouver l'origine de ces ignobles calomnies.

R.S. : Vous attaquez souvent en justice !

M.C. : J'ai déposé plusieurs plaintes en diffamation contre Botton ou contre les journaux et les journalistes qui ont écrit des choses inexactes. Je l'ai fait systématiquement et j'ai gagné tout ce qui a été jugé définitivement. Je ne supporte pas le mensonge. Je ne mens plus depuis l'âge de treize ans. Gamin, je mentais beaucoup, mais très mal : je ne me souvenais pas de mes mensonges et un jour, je me suis coupé. Mon père m'a flanqué une correction sévère. A treize ans, la douleur physique passe vite mais la douleur morale dure longtemps. Tout ça s'est déroulé dans le cercle de famille, devant mes frères et un copain. J'ai été tellement humilié que ce jour-là j'ai décidé que je ne mentirais plus jamais. Et je ne mens pas. Certes, je ne dis pas toujours tout, mais je préfère me taire que mentir.

R.S. : C'est ce que les catholiques appellent le mensonge par omission.

M.C. : Peut-être, quoique chez eux la confession arrange tout ! En tout cas, je ne mens pas. Je n'ai jamais rien fait de douteux ou de malhonnête. J'ai pu me tromper et on peut sans doute me reprocher quelques erreurs plus ou moins fâcheuses. Mais pas une seule malhonnêteté. Contrairement à ce qu'on a écrit, je n'ai pas couvert Bernard Tapie, ni Gérard Colé et je n'ai pas été associé à ce qui leur est reproché.

R.S. : Comment expliquez-vous qu'on vous accuse d'être dans tous les coups fourrés ?

M.C. : D'abord, parce que j'étais un homme politique d'un pouvoir qui a été victime de la haine de beaucoup de grands médias et qui l'a été de plus en plus. Ensuite, parce que je n'ai jamais caché ce que je pensais, alors que nous vivons aujourd'hui dans une société du non-dit. Parfois, même s'ils me donnent raison, les gens pensent : « Il n'aurait pas dû le dire ! » Quand un journaliste me fait la morale, je réponds : « Moi, je suis élu et la seule sanction qui vaille vient de mon électorat. »

R.S. : Il est vrai que vous êtes souvent provocant !

M.C. : Sans doute. Et peu m'importe qu'on le dise. Mais qu'on affirme, sans la moindre preuve, que j'ai couvert des ignominies, non ! Je pense à ma mère qui va lire ça, à mon père qui est mort en juin 1994, je pense aux gens qui m'aiment, ça m'insupporte.

L'Express, un jour, a écrit : « Il a protégé Tapie fiscalement. » J'étais furieux. J'ai appelé le directeur du journal et je lui ai demandé : « Pouvez-vous prouver ce que vous affirmez ? » Réponse : « Non, mais vous savez bien que tout le monde le pense ! » De tels procédés peuvent conduire des gens au suicide, comme ce malheureux Pierre Bérégovoy. Cette espèce de folie médiatique, qui n'est que du commerce, pousse les journalistes à s'affranchir de la seule contrainte qui justifie leur liberté : la vérification de leurs assertions. Je n'accepte pas car je suis de ceux qui se battent pour toutes les libertés et j'estime qu'elles se méritent !

R.S. : Vous êtes un laïc pur et dur : vous refusez d'entrer dans les églises !

M.C. : C'est un principe. Je ne vais jamais dans un lieu de culte quand il fonctionne, ou s'il faut prendre une attitude qui me conduit à m'intégrer, ne serait-ce qu'un instant, à une communauté religieuse. J'ai toujours pensé que ma présence pouvait être une sorte d'outrage à l'égard de ceux qui croient et dont je ne partage pas les convictions. C'est par respect pour les croyants que je n'entre pas, pas par sectarisme. Je ne suis pas antireligieux et je défends la liberté de croire pourvu que ceux qui pratiquent soient pacifiques et ne cèdent pas à l'intolérance ou à la violence pour imposer leur dogme à tout prix. Finalement, c'est un peu l'attitude de Voltaire. Un jour qu'un cortège funèbre défilait devant lui, il s'est découvert au passage de la croix. Son voisin, qui connaissait bien ses positions, s'étonne et Voltaire rétorque : « Nous nous saluons, mais nous ne nous fréquentons pas ! » Dans ma petite commune, on ne pratique que le culte catholique : j'entretiens d'excellents rapports avec ses responsables et je suis sans doute le seul mécréant qui, chaque année, verse au « denier du culte ». Dans une petite ville, la religion est un élément de la vie, de la convivialité, des rapports humains, sans doute aussi un élément de stabilité. C'est pour ça que je cotise, comme je participe aussi à la vie d'autres sociétés locales laïques.

R.S. : Etes-vous franc-maçon ?

M.C. : Non, aucune chapelle. Ni celle-là, ni les autres : je suis un homme libre ! Mais je compte beaucoup d'amis parmi les francs-maçons et je ne suis pas hostile à certaines de leurs conceptions ou de leurs analyses de la société. On me dit parfois « maçon sans tablier » : cela ne me gêne pas !

R.S. : Laïc, républicain : vous avez le profil d'un radical de la IIIe République.

M.C. : Ils étaient des ancêtres de la gauche...

R.S. : Vous êtes tout de même socialiste ?

M.C. : Certainement ! Je revendique hautement mon appartenance à ce courant de pensée. J'ai aimé les radicaux des débuts de la IIIe République parce qu'ils ont su, dans la lignée des Révolutionnaires de 1789, asseoir solidement les grands principes et les libertés fondamentales : c'est en cela qu'ils étaient « rouges », puisqu'ils voulaient libérer l'homme et donner sa dignité au citoyen contre tous les interdits, les tabous, l'obscurantisme religieux ! Certains avaient des idées « sociales » mais ils restaient largement dans la tradition de 1789 : la Révolution a été « bourgeoise » et il lui a manqué d'être sociale ! Peut-on le lui reprocher ? Le peuple ne pouvait alors rien faire d'autre que de suivre les bourgeois saturés d'être dominés par deux castes : la noblesse et la hiérarchie catholique, dépassées par les temps modernes et s'accrochant à des privilèges d'un autre âge ! Leur combat n'était pas si facile et il n'a vraiment réussi qu'après 1870 avec la IIIe République.

Ce préalable était indispensable : il n'y a pas de socialisme sans liberté. Mais celle-ci n'apporte pas automatiquement celui-là : à la fin du siècle dernier et jusqu'au Front populaire, la classe ouvrière était terriblement misérable, exploitée, dominée et n'avançait qu'à petits pas ! Les travailleurs, aujourd'hui encore, n'ont fait qu'une partie du chemin : le socialisme est donc plus que jamais d'actualité !

Je n'ai pas eu besoin de me plonger pendant des heures dans les œuvres complètes de Karl Marx ou de quelques joyeux auteurs dans son genre pour ressentir le besoin d'évolution de la société : je viens d'un milieu ouvrier, de petits salariés, et les miens se sont battus pour obtenir un mieux-être.

Mon socialisme est pragmatique : il faut donner à chacun la même chance dans la vie, que l'effort de tous soit partagé, que la France et ses bienfaits appartiennent à tout le monde, non pas à quelques privilégiés, et que la solidarité nationale s'exprime réellement. Trop de gens souffrent encore aujourd'hui, plus peut-être dans certains cas qu'au début du siècle parce qu'il existait alors entre les plus pauvres une chaleur qui a disparu. Le monde est devenu égoïste : je ne tolère pas l'exclusion, la vraie, celle qui fabrique des sans-travail et des sans-logis. Je suis socialiste parce que je ne supporte pas que, dans la quatrième puissance du monde, on mendie dans les rues et on meure de froid en hiver ! Je suis socialiste aussi parce que je déteste les combinards, les profiteurs et les exploiteurs ! Je suis socialiste enfin parce que j'espère que l'Europe nous préservera de la société américaine, la plus simpliste et la plus inique qui soit !

Je ne rêve pas : je sais bien que l'égalité absolue n'existera jamais. La société serait d'ailleurs invivable puisqu'il lui manquerait le moteur de l'ambition ! Mais l'intelligence n'est le privilège d'aucun milieu social et l'égalité des chances doit être une réalité : nous en sommes loin !

R.S. : Quelles sont les grandes figures de l'Histoire de France que vous admirez le plus ?

M.C. : En dehors de François Mitterrand, Georges Clemenceau !

R.S. : Parce qu'il est laïc et républicain ?

M.C. : Oui, et aussi parce qu'il a été formidablement courageux et déterminé. C'était un homme d'Etat. Et en même temps, il avait une telle intelligence, un tel génie de la formule ! C'est tout de même lui qui a osé dire, après l'affaire Dreyfus, et à la lumière de son expérience du pouvoir : « Il n'y a pas en France de magistrat indépendant, sauf peut-être le premier président de la Cour de cassation, à la condition toutefois qu'il soit grand-croix de la Légion d'Honneur. » Lui aussi qui, observant des agents du ministère de l'Intérieur qui arrivaient tellement en retard qu'ils croisaient certains de leurs collègues partant en avance, a pondu une circulaire féroce disant : « Les fonctionnaires sont priés de ne pas partir avant d'être arrivés ! » Imaginez-vous aujourd'hui ce genre d'observation ? Les syndicats s'étrangleraient de rage !

R.S. : D'un socialiste, on attendrait plutôt qu'il réponde : Jaurès ou Blum !

M.C. : Je ne les récuse pas, au contraire, et je sais ce qu'on leur doit ! Mais ils n'ont pas eu à affronter au pouvoir les mêmes épreuves que Clemenceau, alors que la France était presque au fond du gouffre. En moins d'un an, il a fait passer le pays de l'abaissement à la liberté retrouvée. Au siècle précédent, je retiens Napoléon Ier pour ses talents d'organisateur, car il a bâti les structures de la France d'aujourd'hui. C'était une espèce de visionnaire, avec une grande puissance de travail, mais je n'omets pas ses tristes penchants pour la dictature. Au XVIIIe siècle, l'homme que j'admire le plus est sans doute le Régent, Philippe d'Orléans. Après le long règne de Louis XIV, c'est à partir de sa régence qu'a commencé à naître le mouvement des idées qui a progressivement conduit à Montesquieu, Voltaire, Rousseau, Diderot... puis à la Révolution. Au XVIIe siècle, Mazarin, cet immigré qui a mis au service de la France une intelligence hors du commun et qui a sauvé l'Etat. Et puis, en remontant plus loin encore, Henri IV dont la tolérance a refait l'unité française. Louis XI, qu'on critique en oubliant qu'il avait le sens de l'Etat et qu'il a assis l'autorité de la monarchie.

Enfin, peut-être mon compatriote auvergnat le légiste Michel de L'Hospital. Voilà. Quand on se livre à ce genre d'exercice, on est forcément injuste. Il y a aussi le de Gaulle de la guerre, Jean Moulin, tant d'autres...

R.S. : François Mitterrand n'a pas eu la chance, comme Clemenceau ou de Gaulle, de vivre à la tête du pays une période historique...

M.C. : La chance, c'est vite dit quand la guerre est là et que la liberté du pays est menacée ou a disparu ! Mais François Mitterrand compense par bien d'autres qualités, quand ce ne serait que la durée de deux septennats « paisibles ». Clemenceau a illuminé son temps par un éclair : il n'a exercé le pouvoir que pendant à peine deux ans. Il restera le père de la Victoire. De François Mitterrand, on dira sans doute plus de choses : l'accession de la gauche au pouvoir, les avancées sociales, l'épanouissement de toutes les libertés, l'Europe, les grands travaux et surtout la place éminente qu'il a donnée à la France dans le monde. Ce qui m'a beaucoup frappé pendant ces quatorze ans, c'est son exceptionnelle présence sur la scène internationale, et le respect qu'il suscitait partout de la part des chefs d'Etat, mais aussi des peuples de tous les pays. Ses voyages à l'étranger, ses interventions à l'ONU, à la Knesset, au Bundestag, au Kremlin, son voyage à Beyrouth après l'effondrement du Drakkar ou à Sarajevo sous les bombes, c'était une puissance et un panache dont les Français n'ont pas toujours pris la mesure. La France et son Président étaient vénérés. Les Français jugeront vite quand ils verront à quelle vitesse notre image peut se dégrader à la suite de décisions malencontreuses, comme ce fut le cas, par exemple, au moment de la reprise pourtant brève des essais nucléaires.

CHAPITRE 3

R.S. : Vous avez beaucoup d'amis. On cite toujours les mêmes : Coluche, Ligier, Carmet, Jean-Pierre Rives, Jacques Mailhot...

M.C. : J'ai de solides amis dans tous les milieux, sauf au Front national. J'ai rencontré Coluche vers la fin de sa vie, quand il a lancé les Restaurants du Cœur et qu'il travaillait sur sa fameuse loi : nous n'avons malheureusement pas eu le temps d'être vraiment amis comme je l'aurais souhaité. J'ai connu Guy Ligier en Auvergne dans les années 60, par l'intermédiaire d'un de mes trois députés « mousquetaires », Joseph Planeix. C'est Jean-Marc Thibault, fidèle militant socialiste et ami chaleureux, qui m'a présenté Jean Carmet — dont un autre ami et compatriote disparu lui aussi, Georges Conchon, m'avait beaucoup parlé. En fait, nous avions des amis communs mais sans le savoir ! Maurice Arnald, dit « Naillou », Auvergnat fou de rugby, m'a fait rencontrer Jean-Pierre Rives, en même temps d'ailleurs que Raphaël Géminiani. Quant au chansonnier Jacques Mailhot, c'est encore un Auvergnat. Mais je pourrais en citer bien d'autres...

R.S. : En Auvergne, dans d'autres milieux ?

M.C. : En Auvergne, mes amis et moi formons une petite bande très soudée, unie et chaleureuse. On ne se quitte pas et toutes les occasions sont bonnes pour se retrouver : la chasse, la pêche, la gastronomie tiennent une grande place dans notre cercle !

Comment les citer tous ? En politique, c'est plus délicat : les vrais amis sont rares et je ne confonds pas bonne camaraderie ou bonnes relations avec l'amitié. Mais j'ai aussi de solides et vieux amis dans le monde politique, ainsi que dans l'Administration, l'industrie, etc.

R.S. : Parmi les Auvergnats, il y a ceux du lac Chauvet ?

M.C. : Bien entendu. C'est une amicale atypique créée en 1979, un peu par hasard, au moment du Congrès de Metz, lorsque François Mitterrand était attaqué et menacé dans le Parti. Notre petit groupe pensait que la stratégie du Premier secrétaire était la seule possible et qu'aucun autre n'avait la carrure pour gagner la présidentielle et donner le pouvoir à la gauche. Nous l'avons convié, à ce moment-là, à une rencontre, devenue ensuite annuelle, en juillet-août, au lac Chauvet, magnifique réserve naturelle dans un cratère volcanique entre Superbesse et Montboudif. Joseph Planeix, qui avait longtemps siégé avec François Mitterrand à l'Assemblée nationale, a pris l'initiative de nous réunir. Au départ, il y avait deux anciens députés du Puy-de-Dôme — Arsène Boulay et Fernand Sauzedde — et un de la Haute-Loire — Louis Eyraud —, notre secrétaire fédéral du PS, André Girard, le fidèle Guy Ligier, le député-maire d'Issoire Jacques Lavédrine, le sénateur Gilbert Belin et le docteur Jean-Paul Bacquet, gendre de Louis Eyraud et mitterrandiste forcené. Nos épouses nous accompagnaient.

R.S. : Depuis une bonne quinzaine d'années, vous vous retrouvez ainsi régulièrement en plein été...

M.C. : ... A l'exception de 1994 car le Président n'était pas encore rétabli de sa seconde opération. C'est un rendez-vous discret, presque intime : ce n'est pas Solutré ! Du reste, nous écartons impitoyablement la presse si une indiscrétion lui a permis de connaître la date de nos retrouvailles. La composition de ce petit groupe a ensuite un peu varié avec le temps. Gaston Defferre, décédé en 1986, nous avait rejoints en 1982. Joseph Planeix, Fernand Sauzedde et Louis Eyraud sont morts eux aussi. Jacques Lavédrine s'est éloigné du Parti et n'est plus convié. Roger Quilliot, qui n'était pas avec nous à Metz, est devenu des nôtres ainsi que l'ancien président du Conseil général Pierre Bouchaudy et le sénateur Marcel Bony. Nous avons aussi accueilli André Gay, maire de Besse-en-Chandesse, qui donne un coup de main au chef Lenègre, notre vieux et talentueux cuisinier, pour faire le menu traditionnel qui n'a jamais varié : charcuterie des paysans du coin, omble chevalier, chou farci, cantal et saint-nectaire, dessert, le tout accompagné de quelques grands bordeaux et de gnôle du pays. Pendant le repas, chacun s'exprimait, disait au Président sa manière de penser sur l'actualité ou les problèmes de fond, entendait ses explications, répondait à ses questions. Personne ne lui a jamais rien demandé pour lui-même, ni faveur, ni honneur : nous étions ses amis, un point c'est tout !

R.S. : Après le repas, vous faisiez le tour du lac...

M.C. : A un train d'enfer, derrière le Président qui expédiait la promenade — presque cinq kilomètres de sentiers plus ou moins boueux et caillouteux — en moins d'une heure ! Nous regagnions la maison du gardien — c'est notre auberge —, avalions un dernier verre et une part de tarte, échangions d'ultimes confidences, partagions la pêche du matin — les truites et les ombles pris par les lève-tôt — puis nous nous séparions.

Je me souviens de nos retrouvailles de l'été 1980, lorsque nous avons fait ensemble le « serment du lac Chauvet » : « Présentez-vous ! Nous jurons de tout faire ! C'est sûr : vous serez élu Président de la République ! »

Cette rencontre estivale était suivie d'une autre, dans la même formation, en plein hiver, pour la tuerie du cochon, parfois chez Jean-Paul Bacquet à Coudes, mais généralement à Puy-Guillaume où le Président aimait se retrouver. Il faut dire que par le plus pur des hasards, j'ai acheté en 1979 une masure que j'ai retapée au fil des ans, et que le Président connaissait bien puisqu'il s'y était plusieurs fois réfugié pendant la guerre lorsqu'il travaillait au commissariat aux prisonniers de guerre à Vichy. J'ignorais ce détail que François Mitterrand m'a appris lui-même lorsque je me suis installé dans ce qu'il a toujours appelé « La Maison de Terre-Dieu », nom du hameau, autre hasard pour moi qui fréquente si peu Dieu ! Pour cette rencontre hivernale, même ambiance, mêmes discussions sérieuses, mêmes fous rires, même affection réciproque et désintéressée. Début février 1988, quelques semaines avant de se déclarer candidat à sa propre succession, le Président était avec nous à Puy-Guillaume. Vous imaginez quel a été le sujet exclusif de la conversation ! François Mitterrand n'a évidemment rien révélé de ses intentions mais deux ou trois réflexions nous ont rassurés. A un moment, perdu dans ses pensées, alors que l'un d'entre nous détaillait avec véhémence toutes les raisons qu'il avait de se représenter sans risque, le Président a murmuré à l'oreille de ma femme : « Je n'aurais jamais pensé finir ma vie comme ça... » Et en partant, il m'a dit : « J'ai l'impression qu'ils veulent vraiment que j'y aille ! », comme pour justifier sa propre analyse et ses intentions. Ce que j'ai vu alors dans son regard m'a rassuré pour la suite.

R.S. : Beaucoup de vos amis travaillent dans le show-biz. Ça n'est apparemment pas votre genre...

M.C. : J'ai toujours été un fidèle des spectacles de Jane Birkin, d'Eddy Mitchell, de Johnny Hallyday, de Jean-Jacques Goldman, de Renaud. Mais je ne suis pas proche d'eux pour le plaisir de me montrer. Je ne veux pas qu'on dise : « Tiens, Eddy Mitchell, il est souvent avec Charasse, il doit être socialo ! » Je ne sais d'ailleurs pas ce qu'il est, pas plus que les autres et cela ne m'intéresse pas. Je n'ai pas cette curiosité. Nous nous retrouvons entre copains, nous dînons. Nous ne sommes pas ensemble pour être sur la photo : il s'agit simplement d'être heureux en passant un moment agréable.

R.S. : Vous aimiez beaucoup Coluche.

M.C. : Beaucoup... Malheureusement, comme je vous l'ai dit, je l'ai connu assez tard, lorsqu'il est venu à l'Elysée demander au Président de soutenir sa loi. Je ne l'ai vu que trois ou quatre fois pendant un an et demi à peine, pour discuter et écrire des textes pour cette loi et les Restaurants du Cœur. C'était toujours amical mais je n'étais pas de ses intimes, comme Jacques Attali, qui m'a d'ailleurs convié un soir à dîner avec lui. Disons que Coluche était plus qu'une relation, parce que nous étions en sympathie. Mais je ne faisais pas partie de sa vie et j'ai surtout été pour lui une espèce d'énigme montée sur pattes : « Mais d'abord, c'est quoi un sénateur ? »

R.S. : Vous lui avez cependant été fidèle en faisant voter sa fameuse loi...

M.C. : Aussitôt après mon installation au ministère, le Président m'a dit : « Il faut faire voter la loi Coluche dès le prochain budget. Je compte sur vous. » Il faut dire qu'après sa mort, Véronique Colucci et tous les artistes soutenant les Restaurants du Cœur avaient repris son combat avec une opiniâtreté de tous les instants. François Mitterrand leur avait très tôt donné son accord pour cette réforme dont MM. Chirac, Balladur et Juppé n'ont pas voulu pendant la première cohabitation. J'ai donc soumis au Parlement, à l'automne 1988, un article de la loi de finances pour 1989 instituant la déduction fiscale imaginée par Coluche, mais adaptée pour tenir compte de la création du RMI qui venait d'intervenir. L'administration des finances, toujours prudente, n'était pas très chaude : elle soutenait que cette mesure ruinerait l'Etat ! Je n'étais pas de cet avis, contrairement à mon prédécesseur Alain Juppé, et j'ai fait mes propres calculs : j'ai abouti à une centaine de millions de francs, chiffre dérisoire au regard des quelque 1 200 milliards de francs de dépenses de l'Etat ! Le texte a été voté à l'unanimité par les deux chambres et je l'ai ensuite fait étendre sans difficulté aux dons en faveur du logement des sans-abri. Cette déduction fiscale bénéficie depuis à toutes les grandes associations caritatives — les Restaurants du Cœur mais aussi le Secours populaire, la Croix-Rouge, les Compagnons d'Emmaüs, etc. — qui se battent pour aider ceux qui ont faim et froid.

En 1994, Nicolas Sarkozy a fait quasiment doubler le montant de la déduction, qui a été encore augmentée au printemps 1996, si bien qu'elle va maintenant au-delà de ce qu'avait souhaité Coluche. La position du ministère des Finances a bien changé : l'exposé des motifs du projet de loi de Nicolas Sarkozy précisait, sans rire, que « le coût de cette mesure (le doublement) est négligeable » ! J'ai bien des raisons de regretter que Coluche ne soit plus là car il nous aurait obligés à aller beaucoup plus loin. Le vrai problème aujourd'hui est celui du logement. On peut estimer qu'avec le RMI et l'action des grandes associations, les plus pauvres peuvent désormais se nourrir, mais ils sont encore 200 000 ou 300 000 qui couchent dehors par le froid ! C'est indigne de la quatrième puissance du monde et Coluche ne l'aurait pas supporté : il serait intervenu avec une efficacité redoutable et ce drame atroce serait peut-être réglé ou en bonne voie de l'être. J'ai tenté en vain, pendant mes quatre années de Gouvernement, d'agir efficacement : l'aide au logement, qui dépassait 150 milliards de francs par an à mon départ, comportait des crédits pour le logement social que j'avais augmentés de moitié entre 1988 et 1993. Qu'est devenu cet argent ? Je l'ignore ! Qui a-t-il servi à loger ? Je n'en sais rien. Ce dont je suis sûr, c'est qu'il était destiné à ceux qui dorment dehors dans le froid et ils y sont toujours : il est vrai que le mouvement HLM, que le Parlement regarde toujours avec les yeux de Chimène, ne cesse pas de rappeler qu'il n'est pas là pour loger les plus pauvres ! Alors qui ? J'ai essayé de réquisitionner des terrains publics dans Paris, pour construire des logements d'urgence, des chambres pour loger ceux qui sont sous les ponts : malgré l'aide de Georges Sarre, actuel député-maire du 11e arrondissement, je n'ai jamais trouvé de soutien réel au sein du Gouvernement. Il a manqué le « souffle » que seul Coluche aurait pu nous apporter, en nous faisant honte, comme il a si bien su le faire en lançant ses Restaurants du Cœur !

R.S. : Un autre de vos amis, le coureur automobile Jacques Laffite, vous décrit comme un boulimique de travail, de politique, de vie, de rire, d'amitiés, de bonne chère. Il vous a dit un jour : « Tu engloutis tout ! »

M.C. : Jacques a raison. Je suis un bon vivant, c'est-à-dire preneur de toutes les joies de la vie qui passent à ma portée et j'adore les partager : les plaisirs solitaires sont si tristes ! Mais j'aime aussi le travail : rien ne me plaît plus que ma table encombrée le matin et vide le soir ! Rue de Rivoli, je travaillais dans le bureau de Colbert et je me souvenais de notre vieux manuel d'histoire, le « Mallet et Isaac » du lycée, qui nous apprenait que le ministre de Louis XIV se frottait les mains de bonheur en voyant la tâche écrasante qui l'attendait en arrivant tôt le matin à son cabinet : j'ai ressenti cela moi aussi dans ce lieu chargé d'histoire.

R.S. : Vous préférez quand même les copains, la bonne vie, la bonne chère...

M.C. : J'aime les plaisirs autant que le travail. Je suis très gourmand mais difficile : je préfère ce qui est campagnard, canaille et traditionnel. Le contraire nous a conduits à la « vache folle » et cette affaire n'est pas encore finie ! Je déteste la « nouvelle cuisine » dont la mode semble heureusement avoir fait long feu. J'adore les plats moches mais qui ont du goût, pas les œuvres d'art insipides. Je goûte les préparations simples servies dans de vilaines casseroles ou des poêlons au cul bien noir : une fricassée de cèpes ou de girolles, des cochonnailles — pieds, oreilles, queues ou petit salé —, une omelette aux œufs encore tièdes du ventre de la poule, des volailles qui se tiennent, élevées au grain et qui courent librement, du pain ferme et qui sent bon, un faisan au chou, un canard, des côtelettes de chevreuil grillées. Je n'ai aucune sympathie pour les plats en sauce lourds, indigestes, qui éclaboussent souvent la cravate ! Je suis d'accord avec Edouard Herriot qui disait : « Une bonne andouillette doit toujours sentir un peu la merde. »

R.S. : Vous aimez la pêche et la chasse, mais vos amis disent que vous n'êtes ni un grand pêcheur ni un grand chasseur.

M.C. : Les bons amis sont nécessairement mauvaises langues ! A la pêche, je me débrouille. Je suis patient mais maladroit et quand le fil s'embrouille c'est la catastrophe. J'évite aussi de me déplacer, même pour quitter un coin où rien ne mord : je regarde l'eau jusqu'à l'infini et je réfléchis. Mes prises sont donc parfois plus modestes que celles de mes amis. J'ai malgré tout le second record au Chauvet avec une truite de presque trois kilos !

A la chasse, des difficultés de vue m'ont obligé à utiliser l'œil gauche pour viser et à me faire fabriquer spécialement une crosse tordue car j'épaule à droite : exactement comme Renaud Denoix de Saint-Marc, aujourd'hui vice-président du Conseil d'Etat, excellent fusil. Il m'a fallu une longue période d'adaptation pendant laquelle je n'ai pas été brillant. Maintenant, je rencontre quelques succès. Mais vous savez, tuer ne m'intéresse pas vraiment et la chasse me procure bien d'autres plaisirs : la promenade, le bruit et les odeurs de la nature, le calme, la réflexion, le soleil de l'automne. Et ma mauvaise vue peut parfois faire le bonheur de jolies bêtes ! Au demeurant je n'aime pas tuer les cervidés, sauf en battue de régulation.

R.S. : Vous êtes plutôt un bagarreur en politique. Et pourtant vous avez beaucoup d'amis ou de relations à droite. Vous vous entendez bien, par exemple, avec Charles Pasqua...

M.C. : Nous avons une racine commune : la Corse. Et nous nous sommes beaucoup fréquentés à l'Assemblée avant 1981, ensuite au Sénat, et puis pendant les deux cohabitations. On peut dire que nous sommes devenus amis.

R.S. : Cette amitié a beaucoup fait jaser vos amis politiques. Pasqua, vu de gauche, c'est l'homme des mauvais coups, l'homme du vrai-faux passeport de Chalier, celui qui a couvert les bavures policières, le diable quoi !

M.C. : Michel Rocard est bien l'ami de Jacques Chirac, qui tutoie Pierre Joxe. Beaucoup de socialistes ont des amis dans l'autre camp. Gaston Defferre tutoyait la moitié du Palais-Bourbon, notamment à droite, ceux qu'il avait connus dans la Résistance et dont il était resté très proche. Où est le scandale ? Les relations personnelles sont une chose et la politique en est une autre. Je n'ai jamais fait de concessions à Charles Pasqua en matière politique. Mais quand nous nous rencontrons, nous parlons franchement d'affaires publiques ou plus personnelles, de la Corse, de nos attaches locales. Tout cela fait partie de la vie. Charles Pasqua a des convictions ou des conceptions qui ne sont pas les miennes, mais j'ai du respect pour lui parce qu'il a été actif et courageux dans la Résistance à une époque où on ne s'y bousculait pas. Il fait partie de ceux, de droite comme de gauche, à qui nous devons une part de notre liberté.

R.S. : Vous êtes d'accord avec ceux qui disent : « Pasqua, c'est un républicain ! »

M.C. : C'est un républicain de droite, mais c'est un républicain ! Il aime la France, c'est un patriote. Sans doute est-il un peu trop nationaliste à mon goût. Un jour, Charles Pasqua m'a dit : « Au fond, le RPR et le PS ont une base électorale commune, elle est populaire. C'est quand même dommage qu'on n'arrive pas à faire quelque chose ensemble. Vous, vous n'avez rien à voir avec les communistes qui ne sont pas des démocrates. Nous, nous n'avons rien à voir avec bien des libéraux. Si vous étiez venus avec nous au moment du retour du général de Gaulle, les choses auraient changé. Et on aurait éliminé cette droite libérale de riches qui n'est pas vraiment notre monde. » Il y a plus de rêve que de cynisme dans tout cela ! Car le bonapartisme et le socialisme auraient du mal à faire bon ménage !

R.S. : Le fait que vous soyez amis vous a-t-il permis, à l'un et à l'autre, à certains moments, de faire passer des messages ?

M.C. : Bien sûr. Pendant les deux cohabitations, cela nous a même permis de régler bien des problèmes. Dans les prérogatives du Président de la République, il y a la sécurité nationale, et dans celles du ministre de l'Intérieur, il y a la police, les Renseignements généraux et la DST. Pour que l'Etat fonctionne en période de cohabitation, il faut que chacun joue le jeu. Charles Pasqua, ministre de l'Intérieur, a toujours été d'une grande loyauté institutionnelle à l'égard du Président de la République. Quand il avait des informations qui intéressaient la sécurité nationale, il les donnait au Président. Souvent, il les faisait passer par moi, parce qu'il ne voulait pas le déranger. Mais à plusieurs reprises, lorsqu'il s'agissait d'un sujet trop délicat, je l'ai arrêté : « Ne m'en dis pas davantage, car s'il y a une fuite, je ne veux pas qu'on pense que... Il vaut mieux que tu en parles toi-même au Président. » Et je suggérais à François Mitterrand de voir très vite le ministre de l'Intérieur. Ils se connaissaient depuis longtemps, ils avaient des amis communs de l'époque de la Résistance et j'ai entendu le Président dire qu'il s'est trouvé un jour dans le même réseau que le père de Charles Pasqua : ils y fabriquaient ensemble de faux papiers que Charles Pasqua, alors très jeune, était chargé de livrer à vélo ! Lorsque le ministre de l'Intérieur a présenté au Conseil des ministres les textes instituant la carte d'identité informatisée infalsifiable, le Président s'est tourné vers lui et lui a dit en souriant : « Si je comprends bien, nous ne pourrons plus nous livrer ensemble à certaines activités coupables comme autrefois. » Selon les témoins, il y avait une lueur de connivence dans leurs yeux...

R.S. : François Mitterrand aimait les personnages atypiques. Pasqua devait l'intéresser. Il plaisantait souvent avec lui à la sortie du Conseil...

M.C. : Je me souviens d'une histoire très drôle. Un visiteur du Président s'assoit un jour sur quelque chose blotti au fond du fauteuil et découvre qu'il s'agit d'un portefeuille. Il le tend à François Mitterrand, qui l'ouvre et constate que c'est celui de Charles Pasqua qui se trouvait dans ce même fauteuil quelques minutes plus tôt. C'était le 18 juin 1994. En fin d'après-midi, le Tout-Etat se retrouve au Mont Valérien. Le Président entre dans la crypte, dépose sa gerbe, se recueille, sort, passe les troupes en revue, bref accomplit le cérémonial habituel dans le silence et le respect de l'hommage aux morts. Avant de partir, il salue les membres du Gouvernement et fait signe à Charles Pasqua de l'accompagner jusqu'à sa voiture. Il s'assoit dans le véhicule et on voit le ministre de l'Intérieur lui parler, penché à la portière. Tout le Gouvernement au garde-à-vous s'interroge : « Que peuvent-ils bien se raconter ? »

François Mitterrand :

— Alors, Monsieur le Ministre de l'Intérieur, il ne vous manque rien ?

— Euh non, Monsieur le Président.

— Et ça, ce n'est pas à vous ?

Et il lui tend son portefeuille. Ils plaisantent quelques instants tous les deux devant les ministres raidis par le respect et de plus en plus intrigués. Charles Pasqua m'a raconté qu'à son retour dans le rang, ses collègues l'avaient assailli de questions mais qu'il n'avait répondu qu'à Edouard Balladur :

— Alors, Charles, un problème ?

— Non, le Président m'a simplement rendu mon portefeuille que j'avais perdu ce matin dans son bureau.

Et Charles Pasqua, jovial, a ajouté : « Tu pourras lui dire que j'ai vérifié : il ne manquait rien ! »

J'ai encore un autre souvenir de l'étrange alchimie qui a toujours semblé lier le Président et le ministre de l'Intérieur. C'était pendant la première cohabitation, lors d'un voyage officiel du chef de l'Etat en Franche-Comté. Passant à pied dans les rues de Lons-le-Saunier, le Président remarque une plaque devant la maison natale de Rouget de Lisle, signalant qu'il était né un 10 mai. Le Président fait signe à Charles Pasqua : « Vous avez vu, Monsieur le Ministre de l'Intérieur, Rouget de Lisle, 10 mai... » Et Charles Pasqua souriant : « Effectivement, nous savons aujourd'hui grâce à lui et à vous que c'est une date ! »

R.S. : Vous n'avez jamais suspecté Charles Pasqua de monter des coups tordus contre François Mitterrand ?

M.C. : Au début de la première cohabitation, Charles Pasqua m'avait prévenu : « Je suis un républicain, François Mitterrand n'a pas été élu grâce à moi mais il est le Président de la République. J'ai à son égard le respect qu'imposent sa personne et sa fonction. Il ne faudra pas compter sur moi pour lui faire des coups tordus. S'il est candidat et à partir du moment où il sera en campagne, je ne le ménagerai pas. Mais, de toute façon, je n'attaquerai jamais le Président, seulement le candidat. » Je crois qu'il s'en est tenu à cette ligne de conduite ! D'ailleurs, pendant la campagne électorale de 1988, il n'a pas été excessif avec le Président. Charles Pasqua est de ceux qui ont évité beaucoup de drames pendant la première cohabitation.

R.S. : Vous avez aussi, dit-on, de bonnes relations avec Valéry Giscard d'Estaing.

M.C. : Courtoises mais pas régulières.

R.S. : Quand François Mitterrand était à l'Elysée, les contacts avec Giscard ne passaient-ils pas essentiellement par vous ?

M.C. : C'est arrivé. A diverses reprises, le Président Mitterrand m'a demandé d'appeler le Président Giscard d'Estaing. Je l'ai fait et personne n'en a jamais rien su.

R.S. : Quel type de relations avez-vous avec Giscard ?

M.C. : Quand j'ai eu à le voir, c'était en tête-à-tête, sans témoin, dans son bureau ou à son domicile. Je me comporte à son égard avec le respect qu'on doit à quelqu'un qui a exercé les plus hautes fonctions. Mais je ne mets pas mon drapeau dans ma poche et je lui parle comme à vous.

R.S. : Avez-vous d'autres amis dans la majorité ?

M.C. : Oui, je m'entends bien avec plusieurs personnalités de droite que je connais depuis longtemps et avec lesquelles il m'est arrivé de nouer des relations amicales qui n'influent cependant ni sur leurs votes, ni sur les miens.

R.S. : Vous aviez la réputation d'être l'homme de confiance de François Mitterrand. La droite a toujours détesté et combattu le Président. Et pourtant, vous paraissez plutôt avoir avec elle de bonnes relations. Comment l'expliquez-vous ?

M.C. : D'abord, beaucoup à droite ont respecté François Mitterrand, même s'ils l'ont combattu. Nombreux sont ceux qui n'ont pas de haine à son égard, et j'ai toujours été surpris par les témoignages de sympathie que plusieurs m'ont demandé de lui transmettre lorsque sa santé était en cause. Dans les derniers mois de sa vie, alors qu'on savait qu'il se battait contre un mal terrible, je rencontrais tous les jours des collègues sénateurs de droite qui me chargeaient de messages pour lui et qui soulignaient, respectueux et admiratifs : « Quel homme exceptionnel ! Quel courage ! »

Quant à votre question, pendant mes quatre ans et trois

mois de Gouvernement, je n'ai jamais eu aucun incident au Parlement. Pour ce qui est des députés et sénateurs de la majorité, cela va de soi, mais ceux de l'opposition de l'époque ont gardé, je crois, un bon souvenir des débats que nous avons conduits ensemble. Tout en étant ferme avec tout le monde, je crois ne jamais avoir été désagréable avec personne. Je répondais scrupuleusement à tous les parlementaires et acceptais leurs propositions si elles me semblaient bonnes, et ce quel que soit le groupe d'où elles émanaient. Je dois être le ministre du Budget qui a fait voter le plus d'amendements d'origine parlementaire au cours des vingt dernières années, y compris ceux suggérés par l'opposition. Celle-ci ne m'a jamais agressé ou tourmenté... Beaucoup de mes collègues ministres souffraient au Parlement où ils vivaient de véritables épreuves. Ils étaient terrorisés à la seule perspective d'aller devant les chambres. Moi pas. Pourquoi ? Peut-être parce que je connaissais beaucoup de monde, à droite comme à gauche, parce que dès qu'un député ou un sénateur me demandait rendez-vous, quel que soit son groupe, je le recevais aussitôt, par respect des élus du suffrage universel. Comme cela me semble normal, j'ai eu des débats difficiles, mais jamais de « pépins ». Je rencontre aujourd'hui des élus que j'ai affrontés dans les hémicycles et qui me disent avoir regretté mon départ.

Je n'oublie pas non plus qu'en 1989, alors que la France présidait la Communauté et que j'étais chargé de faire voter le budget européen devant le Parlement de Strasbourg, j'ai appliqué les mêmes méthodes. L'Assemblée européenne n'était pas vraiment habituée à un président du Conseil des ministres lui consacrant autant de temps et lui témoignant beaucoup de considération. J'ai réussi à faire voter le budget dans les délais et sans qu'il en coûte un sou de plus aux contribuables européens, ce qui dans le contexte de l'époque était une gageure !

R.S. : Avant la présidentielle de 1988, certains hommes du Président ont pris des contacts avec les centristes et même avec certains membres du RPR ou de l'UDF. Avez-vous joué un rôle dans cette tentative d'ouverture ?

M.C. : J'ai vu du monde moi aussi mais ce ne fut pas l'essentiel de mon action. J'avais en effet une tâche très particulière et un peu ingrate : j'étais le « mandataire » national du candidat. C'est un travail surtout administratif et très accessoirement politique : il s'agit d'assurer les relations du candidat avec le Conseil constitutionnel, la commission nationale de contrôle, la CNCL qui avait remplacé la Haute Autorité — Jean-Claude Colliard m'a beaucoup aidé pour l'audiovisuel —, de surveiller l'impression et la distribution des professions de foi, des bulletins de vote et des affiches, de faire la liaison avec les mandataires départementaux et ceux de l'outre-mer, de relever les anomalies, les manquements et les irrégularités, sans oublier le dépôt de candidature, la déclaration de patrimoine, le versement du cautionnement. Un travail paperassier un peu élémentaire mais nécessaire. C'était le mien.

R.S. : Vous avez eu des problèmes compliqués à résoudre ?

M.C. : Des centaines, petits et grands. Mais le plus drôle a été la mise au point de l'affiche officielle. Elle ne comportait que le portrait du candidat avec la mention « LA FRANCE UNIE ». C'était un mariage de bleu et de blanc : il fallait absolument éviter les trois couleurs « bleu-blanc-rouge » réservées à l'affichage officiel ou administratif. Lorsque j'ai présenté la maquette de l'affiche au vice-président du Conseil d'Etat, il a sursauté :

— Mais il y a du bleu-blanc-rouge.

— Comment cela ?

— Voyez vous-même.

Et l'aimable Marceau Long, l'air vraiment très ennuyé, me montre le petit point rouge constitué par le canapé de la grand-croix de la Légion d'Honneur au revers du veston de François Mitterrand !

— Mais je ne peux tout de même pas lui retirer le signe de sa fonction de grand-maître des ordres nationaux !

— Oui, mais comment faire. Oh, que c'est embêtant !

— A moins de remplacer la Légion d'Honneur par les

insignes d'un ordre étranger — vert ou mauve ou autre — je ne vois pas comment faire.

Après une longue réflexion et la consultation de son secrétaire général, M. Marceau Long a fini par m'annoncer triomphant : « La commission de contrôle considère que ce point rouge minuscule n'introduit pas vraiment le mariage des trois couleurs. Nous acceptons donc l'affiche du Président. »

Vous mesurez combien la tâche du mandataire national est captivante !

CHAPITRE 4

R.S. : Le 10 mai 1981, où étiez-vous ?

M.C. : Bien qu'appartenant à l'équipe de campagne du candidat, j'étais resté à Puy-Guillaume pour présider les bureaux de vote. En fin de soirée, je proclamais les résultats de la commune.

R.S. : Comment avez-vous appris la victoire ?

M.C. : J'ai appelé le PC de campagne du Président vers dix-huit heures quinze. On m'a répondu : « C'est fait. 51/49. » J'ai dit à ma femme et à deux ou trois proches : « Vous vous taisez, mais c'est bon, ça passe ! » J'ai gardé ce petit secret jusqu'à vingt heures, lorsque les résultats ont été annoncés par la télévision installée dans la salle des fêtes de l'hôtel de ville de Puy-Guillaume. Ce fut une explosion de joie et j'ai pleuré. Et puis nous avons fait la fête, c'est-à-dire cassé la croûte entre nous, militants, amis, proches, élus. Petit à petit se sont joints à nous ceux qui avaient fait campagne, des sympathisants, des inconnus aussi. Et puis également quelques adversaires finalement plutôt soulagés par la défaite du Président Giscard d'Estaing que beaucoup de ses amis avaient du mal à supporter. Je n'ai pas osé appeler le Président ce soir-là !

R.S. : Le 11, vous êtes dans votre petit bureau de l'Assemblée nationale, à Paris.

M.C. : Mon sort paraissait alors tout tracé. Je devais suivre Gaston Defferre au ministère de l'Intérieur. Il voulait faire la décentralisation et je l'aurais aidé car c'était une de mes spécialités. Plusieurs mois avant l'élection présidentielle, il m'avait dit :

— Si on gagne, jure-moi que tu resteras avec moi.

— Gaston, je te le jure.

Le mardi 12 mai, vers neuf heures du matin, François Mitterrand m'appelle :

— Comment allez-vous ?

— Très bien, Monsieur le Président, et toutes mes félicitations.

— Qu'est-ce que vous allez devenir ?

— Si vous nommez Gaston au Gouvernement, je crois que je vais diriger son cabinet.

— Ah ! Mais c'est très embêtant : j'aurais aimé que vous veniez avec moi à l'Elysée.

— Je suis très honoré, Monsieur le Président, mais aussi très gêné : j'ai juré à Gaston que je l'accompagnerais à l'Intérieur et lui seul peut me libérer de ce serment.

— Bon, je vais l'appeler. Où est-il ?

— Dans son bureau ici à l'Assemblée.

Quelques minutes plus tard surgit la secrétaire de Gaston Defferre : « Gaston veut vous voir. »

Je fonce, le cœur battant, et il m'annonce :

— Je viens d'avoir le Président. Tu sais ce qu'il m'a demandé : je ne peux pas le lui refuser. Mais j'aurais tellement aimé que nous restions ensemble !

— Je te remercie, Gaston, et je te promets de t'aider là où je serai.

Et je me suis retrouvé le 21 mai à l'Elysée sans l'avoir demandé, ni même imaginé !

A partir du 12 mai, j'ai travaillé discrètement mais en direct pour le Président depuis mon minuscule bureau du Palais-Bourbon. Il m'avait demandé de ne rien dire à personne et je répondais très évasivement à ceux qui m'interrogeaient sur la suite de ma vie : « Je n'ai encore rien décidé. »

J'ai remis en main propre des dizaines de notes au Président, que je rencontrais chez lui rue de Bièvre. Ainsi, j'ai participé à la mise sur pied d'une partie de la cérémonie de passation des pouvoirs, en particulier avec l'ambassadeur Jean-Bernard Mérimée, alors chef du Protocole. J'ai dû notamment traiter le « sac d'embrouilles » provoqué par la démission brutale du Grand Chancelier de la Légion d'Honneur, le général de Boissieu, gendre du général de Gaulle, qui refusait de présenter le grand collier à François Mitterrand. Le Président fut totalement indifférent à cette mesquinerie qui l'a plus amusé qu'étonné : beaucoup de vieux gaullistes l'avaient toujours haï et il ne les avait jamais beaucoup aimés ! « Allons, disait-il, tout va bien : ils n'ont pas changé ! » et il éclatait de rire. Mis à part François Mitterrand, Gaston Defferre et Alain Savary, qui avaient été ministres, aucun d'entre nous n'avait l'expérience du fonctionnement de l'Etat. Mais comme j'avais lu et relu tous les textes, j'ai pu être utile.

R.S. : Alors finalement, pour cette Légion d'Honneur...

M.C. : Nous avons d'abord fait appel au plus ancien membre du Conseil de l'Ordre, André Chamson, à l'époque secrétaire perpétuel de l'Académie française. Il n'avait pas d'états d'âme — je crois même qu'il avait de la sympathie pour le nouveau Président — mais sa santé l'obligeait à rester alité. Nous avons donc pris le suivant, le général Biard. Nommé ensuite Grand Chancelier, il a pris sa tâche à cœur, a été d'une droiture et d'une loyauté parfaites. Il ne pensait certainement pas accéder à cette prestigieuse fonction et il ne s'y était pas préparé. Il aura pourtant été l'un de ceux qui ont le plus réalisé, pendant son mandat : la réfection du Musée de l'Hôtel de Salm, l'informatisation de la Grande Chancellerie et surtout la gigantesque rénovation de la Maison d'éducation de Saint-Denis dont on ignore qu'elle fut le premier vrai « grand projet » du Président Mitterrand.

Le général Biard a donc présenté le grand collier à François Mitterrand le 21 mai. Pour la première fois dans l'histoire de la République, le nouveau Grand Maître a refusé de le passer autour du cou. Il l'a donc pris entre ses mains et l'a aussitôt rendu : le général de Boissieu aurait certainement considéré cette attitude comme un outrage ! En 1988, François Mitterrand a refait de même et je crois que le 17 mai 1995 Jacques Chirac a observé ces précédents. Ainsi s'est créé un usage : on n'enfile plus le grand collier, on le regarde, on le soupèse un instant et on le rend ! Ce fut la première réforme du nouveau Président en 1981.

R.S. : Comment s'est déroulée la passation des pouvoirs ?

M.C. : Elle fut surtout formelle. L'ancien et le nouveau Président se sont entretenus pendant une petite heure en tête-à-tête. Nous sommes arrivés dans un Elysée totalement désert. Les bureaux étaient vides : il n'y avait personne, plus rien, ni papier, ni gomme, ni crayon, ni trombone ! Un seul collaborateur de l'équipe du Président Giscard d'Estaing était encore là : son chef de cabinet, le préfet Michel Mosser. Il s'était fait un devoir de rester toute la journée. Discret, visiblement triste et intimidé, il a répondu patiemment à nos questions et nous a aidés à prendre possession du Palais. Vers dix-neuf heures, à notre retour du Panthéon, il nous a dit : « Je pense que vous n'avez plus besoin de moi : je me retire. »

Quelqu'un lui a demandé :

— Qu'allez-vous faire maintenant ?

— Je suis préfet et j'aimerais bien repartir dans un département. Mais avec l'alternance politique, je n'ai sans doute pas beaucoup de chances.

J'ai informé le Président qui m'a dit : « Il a été correct. Il s'est conduit en républicain. Il faudra lui donner un poste. » Peu après, il a été nommé dans le Gers.

Quand je dis que l'Elysée était totalement vide, ce n'est pas tout à fait exact : il restait une chemise verte que le Président Giscard d'Estaing avait laissée sur son bureau et qui contenait une lettre pour son successeur. Il y expliquait que, compte tenu des circonstances, il ne se sentait plus en mesure de statuer sur le sort de Philippe Maurice, condamné à mort et qui avait sollicité sa grâce. L'ancien Président, qui avait reçu les avocats de celui-ci quelques jours avant de quitter l'Elysée, informait son successeur de cette entrevue et de son avis. Cette lettre a traîné sur tous les bureaux pendant trois jours : quelqu'un l'a donnée à Jacques Fournier, secrétaire général adjoint, qui l'a passée à Pierre Bérégovoy qui la lui a rendue... jusqu'au jour où, excédé par cette désinvolture, je l'ai récupérée et remise aux secrétaires du Président en leur disant : « Ça suffit, mettez ça dans un coffre ! L'avis du Président Giscard d'Estaing ne regarde personne d'autre que son successeur ! » Quelques jours plus tard, Philippe Maurice a été gracié puisque François Mitterrand, comme ses lointains prédécesseurs, Emile Loubet et Armand Fallières, avait indiqué qu'aucune exécution capitale n'aurait lieu sous sa présidence. Philippe Maurice aura été, je crois, le dernier condamné à mort avant l'abrogation de la peine capitale en octobre 1981.

R.S. : Quels souvenirs gardez-vous de la cérémonie d'intronisation ?

M.C. : J'ai assisté à l'ensemble de la journée. C'était émouvant, bien sûr, mais aussi très solennel et je me sentais un peu intimidé. Entre les grands moments — la cérémonie à l'Elysée, l'Arc de Triomphe, le déjeuner, le Panthéon — nous avons eu un peu de temps libre. Aussitôt après « l'intronisation » dans la salle des fêtes — les constitutionnalistes ont raison de récuser la formule ! — le Président a réuni quelques proches dans la bibliothèque du rez-de-chaussée. Nous avons bavardé à bâtons rompus et subitement le Président s'est interrogé :

— Ce soir je vais déposer deux roses au Panthéon, l'une sur la tombe de Jaurès et l'autre sur celle de Jean Moulin. Mais je crois bien que tout à côté il y a aussi le tombeau de Victor Schoelcher, qui a aboli l'esclavage. Je ne peux pas passer près de lui sans l'honorer. Charasse, voyez cela. Je me suis rué sur le téléphone et j'ai fini par trouver les responsables du Panthéon qui m'ont bien confirmé la présence de la sépulture de Victor Schoelcher là où le Président la situait. Les consignes ont été passées aux organisateurs — Roger Hanin, Serge Moati et Jack Lang — pour que l'itinéraire du Président à l'intérieur du monument soit modifié en conséquence et qu'on n'oublie pas la troisième rose. Ma première mission à l'Elysée fut en quelque sorte « mortuaire » !

Ensuite, pour tuer le temps, nous nous sommes retrouvés une poignée à parcourir l'Elysée désert. Un militaire nous a montré les bureaux des collaborateurs de l'ancien Président. J'en ai visité trois ou quatre de plus près et j'ai choisi : « Tiens, celui-là m'ira bien ! » Il avait été occupé par Victor Chapot, homme de confiance de M. Giscard d'Estaing. Je m'y suis installé symboliquement en épinglant un petit carton sur la porte : « Charasse ». Les autres collaborateurs ont fait la même chose.

R.S. : Un des moments les plus conviviaux de cette journée historique aura été, selon plusieurs de ses acteurs, le déjeuner à l'Elysée.

M.C. : Assurément, mais je l'ai passé en coulisses et aux cuisines !

Les plans de table avaient été arrêtés la veille par le Protocole. Or, plus tard dans la soirée, le Président a nommé le général Saulnier chef de son état-major particulier. Le général n'avait donc pas de place à table. Je lui ai cédé la mienne : après tout, il était collaborateur officiel, ce qui n'était pas encore mon cas. J'ai donc mangé debout en coulisses en vérifiant ici et là, et spécialement aux cuisines, que tout allait bien et qu'il n'y aurait pas de loupé. J'avais très peur d'un cafouillage qu'on n'aurait pas manqué d'imputer à notre inexpérience : il fallait surtout éviter qu'on se moque de nous dès le premier jour !

Un souvenir me revient. A la fin de la cérémonie à l'Arc de Triomphe, je monte dans une voiture avec Jean Glavany et Michel Vauzelle pour regagner le Palais. Au moment de partir, la portière s'ouvre violemment et je suis écrasé par un individu qui venait de bousculer tout le monde pour s'engouffrer dans le véhicule. Il s'est carrément assis sur moi : c'était Jean-Edern Hallier ! Pendant le trajet jusqu'à l'Elysée, il n'a pas eu de mots assez forts pour encenser le nouveau Président, le parant de toutes les vertus, et son prédécesseur de tous les vices. En arrivant à l'Elysée, j'ai dit à Jean Glavany : « Ça, c'est ce qu'on appelle un lèche-cul ou un pique-assiette ! » De fait, il s'est arrangé pour participer au déjeuner. Quand on pense à ce qu'il a dit ou écrit ensuite sur François Mitterrand, on voit combien la gloire est fragile et les thuriféraires éphémères.

R.S. : La nomination de Pierre Mauroy à Matignon vous a-t-elle surpris ? Il s'était quand même opposé à François Mitterrand au Congrès de Metz !

M.C. : Gaston Defferre m'avait, le premier, prévenu. Avant l'élection de 1981, il avait dit à François Mitterrand : « Quand vous m'avez promis Matignon en 1974, je me sentais la capacité d'exercer la fonction. Mais aujourd'hui je suis trop vieux. Le bon choix, c'est Pierre Mauroy. Quant à moi j'aimerais entrer au Gouvernement pour faire la décentralisation. J'ai fait la décolonisation sous la IVe République, si je réussis la décentralisation sous la Ve, l'ensemble sera la grande œuvre de ma vie. » Gaston m'a dit que François Mitterrand lui avait répondu : « Ce n'est pas que vous êtes trop vieux, mais il est vrai qu'à nous deux, nous formerions un couple trop âgé ! »

Donc, le 22 mai, il a fallu former le Gouvernement. C'était surréaliste pour qui n'avait pas l'habitude : Pierre Mauroy est arrivé vers dix-neuf heures avec une liste de noms gribouillés dans tous les sens, suivi de Marceau Long, secrétaire général du Gouvernement, avec un modèle de décret de nomination. C'était vraiment improvisé : Pierre Mauroy, installé dans le bureau de Pierre Bérégovoy, a apporté d'ultimes modifications à sa liste, jusqu'à la dernière minute, au fur et à mesure qu'il appelait les ministrables et qu'il enregistrait leurs exigences et leurs réclamations. Et comme personne n'avait encore donné d'ordre à personne, toutes les secrétaires étaient parties ! J'ai donc dû taper le décret sur une Japy électronique à boule ! Pierre Mauroy et Pierre Bérégovoy étaient derrière chacune de mes épaules et me surveillaient tandis que Marceau Long, à genoux à côté de moi, me dictait en essayant de s'y retrouver dans les notes manuscrites du Premier ministre couvertes de ratures, de rajouts et de renvois. Dans l'après-midi du même jour, Gaston Defferre, qui n'était pas encore nommé, s'était déjà quasiment installé au ministère de l'Intérieur et m'avait convoqué pour que je revoie avec lui tous les textes préparés par Robert Pandraud, alors directeur général de l'Administration, pour organiser les élections législatives. Car le même jour, pendant que Pierre Mauroy planchait sur la liste de ses ministres, le Président avait dissous l'Assemblée nationale.

R.S. : Le lendemain, le samedi, François Mitterrand a tenu une réunion de cabinet. La première et la dernière...

M.C. : Oui, il a réuni son équipe pour lui dire... qu'elle n'existait pas, qu'il n'y avait pas de cabinet à l'Elysée, qu'il ne voulait pas s'embarrasser de structures et qu'il ne tiendrait plus jamais de nouvelle réunion avec l'ensemble de ses collaborateurs. Cette attitude explique pourquoi le Président n'a pas toujours respecté les attributions des uns et des autres, sollicitant tel ou tel sans se soucier toujours de savoir si ce qu'il demandait entrait bien dans les compétences de l'intéressé : ainsi lors d'un voyage au Québec, pendant le banquet officiel du soir, le Président m'a fait un petit signe. Je l'ai rejoint, du fond de la salle et il a dit au Premier ministre d'alors, Robert Bourassa :

— Je vous présente mon collaborateur Michel Charasse. C'est lui qui va répondre à votre question.

— Très heureux, Monsieur Charasse. Comme vous le savez, nous avons un très gros problème ici au Québec, avec la langue française. J'ai beaucoup de mal à obliger mes compatriotes à équilibrer strictement l'usage du français et de l'anglais. Je voudrais rendre le français obligatoire dans certains cas : par exemple, la signalisation routière, les pancartes, les affichettes dans les magasins devraient être écrites en français. Je sais qu'en France une loi oblige à utiliser le français : je souhaiterais l'avoir.

J'ignorais tout de cette loi : je ne m'étais jamais posé aucune question sur l'introduction officielle du français dans notre pays. Je bredouille : « Monsieur le Premier ministre, je suppose que c'est un texte assez ancien. Je le rechercherai en rentrant à Paris et le Président vous le communiquera très rapidement. »

Au retour, je me précipite à la bibliothèque du Sénat, après avoir vainement interrogé autour de moi. J'ai fini par découvrir ce texte, de fait assez « ancien » : l'ordonnance prise par François Ier à Villers-Cotterêts, le 5 août 1539 ! En 1992, les choses ont évolué puisque la langue française a été officiellement introduite dans notre Constitution.

R.S. : Quel souvenir personnel gardez-vous de cette unique réunion ?

M.C. : Aucun, car j'étais à Puy-Guillaume ! Je n'ai appris son existence et son contenu que le 25, en rentrant de week-end. J'ai su aussi que le Président m'avait cherché samedi en fin de matinée et qu'il avait ordonné à Pierre Bérégovoy de m'installer dans un petit bureau à l'entresol, très sombre et peu pratique, mais qui était le plus près de l'escalier conduisant au sien. Le soin que j'avais pris, dès le 21 mai, pour me réserver un bureau convenable n'avait donc servi à rien ! Finalement, le local précédemment occupé par Victor Chapot a été affecté à François de Grossouvre, sans doute attiré par le côté mystérieux du personnage que M. Giscard d'Estaing chargeait de missions délicates et discrètes et qui était, lui aussi, un grand chasseur.

Le mardi 26, *Le Matin de Paris* a publié ce qu'il croyait être la liste du futur cabinet. Heureusement, je n'y figurais pas ! Le Président était furieux, détestant les bavardages cherchant à lui forcer la main alors que ses choix n'étaient pas tous arrêtés. Il y avait donc eu des bavards et le Président a fait savoir que ceux dont les noms figuraient dans ce journal ne seraient pas nommés ou attendraient. Ce même mardi, dans la soirée, il n'a donc signé que les nominations d'André Rousselet, de Jean Glavany et la mienne. Les autres ont dû patienter jusqu'au 2 juin !

R.S. : Pourquoi votre titre de conseiller spécial auprès du secrétaire général ? En fait, vous l'étiez auprès du Président !

M.C. : Quand Jacques Attali a appris qu'il ne serait pas secrétaire général, il a exigé un titre particulier qui le distingue de la troupe : ce fut donc « conseiller spécial ». Pierre Bérégovoy a imaginé un autre titre pour moi, car François

Mitterrand avait souhaité m'accorder une place à part : « Conseiller auprès du secrétaire général ». En réalité, j'ai travaillé autant avec François Mitterrand qu'avec Pierre Bérégovoy.

R.S. : Vous étiez tous néophytes. Comment se sont passées les premières semaines ?

M.C. : Nous avons peu à peu, mais sans perdre de temps, découvert le fonctionnement de l'Etat. Puis nous avons suivi de près ce que faisait le Gouvernement pour s'assurer qu'il s'en tenait bien aux engagements électoraux du Président. Tout ceci dans un climat à la fois euphorique et incertain puisque nous étions en pleine campagne pour les législatives.

Je me suis trouvé par hasard le premier de l'équipe de l'Elysée à prendre la permanence le jeudi de l'Ascension. On m'avait expliqué qu'il fallait que je dorme dans un petit appartement spécial comportant une salle à manger pour recevoir quelques invités. J'arrive donc vers vingt heures à la permanence. Contenant difficilement une sorte de surprise face aux nouveaux arrivants, le maître d'hôtel m'interroge : « Vous n'avez pas d'invités ? » Il faut dire que nous pouvions recevoir jusqu'à huit personnes et je n'avais convié que Sylvie Pierre-Brossolette, une amie, alors journaliste à *L'Express.* Elle m'avait raconté qu'elle dînait souvent à la permanence lorsque son père était secrétaire général de l'Elysée et m'avait dit en riant : « J'espère que tu m'inviteras. » J'ai alors eu l'idée de faire signe à Gaston Defferre, qui était seul Place Beauvau de l'autre côté de la rue. Il s'est joint à nous avec plaisir et comme il était très curieux, il a tenu à visiter les lieux avant de passer à table. Quelques jours plus tard, Gaston et moi nous nous retrouvons avec le Président dans un avion pour un bref voyage à Montélimar. Le ministre de l'Intérieur commence à raconter au Président les détails de ses découvertes depuis la formation du Gouvernement et les compare avec ce qu'ils ont connu ensemble sous la IVe République. Puis soudain, il raconte que je l'ai invité à dîner à l'Elysée, insiste sur le caractère cossu et confortable du petit appartement de permanence et ajoute :

— Est-ce qu'on peut avoir des relations, disons « coupables » dans l'appartement de permanence ?

Le Président, plongé dans un livre ancien, fait semblant de ne pas entendre, mais Gaston insiste un peu lourdement :

— Est-ce qu'on peut faire l'amour, quoi ?

Le Président, bougon et dérangé dans sa lecture, laisse tomber froidement :

— L'Elysée n'est pas un établissement spécialisé !

Je sens une gêne et cherche une porte de sortie :

— On peut quand même emmener sa femme ?

Le Président, qui commence à être agacé :

— Naturellement, si c'est l'époux ou l'épouse.

Mais Gaston ne veut pas en rester là et l'air pétillant relance :

— Mais si ce n'est pas le conjoint ?

Le Président, franchement excédé, met un terme à ces échanges :

— Si on ne peut vraiment pas faire autrement...

Cela dit, l'expérience a montré qu'on n'était vraiment pas là pour s'amuser et j'ai passé, dans l'appartement de permanence, bien des nuits blanches pour des raisons totalement étrangères aux plaisirs de la chair...

R.S. : Vous avez gardé quelques souvenirs de vos permanences ?

M.C. : Beaucoup car elles ont parfois été longues et dramatiques. Je ne parle pas du détraqué qui appelle en pleine nuit d'une cabine téléphonique du fond d'une banlieue, qui se prétend suivi par le KGB et exige de parler sur-le-champ au Président en personne parce que sa vie est menacée et que la guerre va éclater. Il fallait beaucoup de patience parce qu'il arrivait à ces hurluberlus de rappeler plusieurs fois tout au long de la nuit. Ce genre de permanence peut être considéré comme normal. En revanche, il y en eut de plus difficiles : ainsi une nuit, un avion d'Air France a été détourné à Téhéran et les terroristes menaçaient d'exécuter un passager tous les quarts d'heure à partir de huit heures le lendemain matin. Tout le monde était sur le pied de guerre, à l'Intérieur, au Quai d'Orsay, à la Défense, à Matignon et il fallait tout coordonner par téléphone. J'avais dû réveiller le Président, ce qui est exceptionnel. Je n'oublierai jamais cette nuit terrible, non seulement parce que l'affaire de Téhéran prenait d'heure en heure un tour plus dramatique — le Président ne voulait céder sur rien puisque nos intérêts supérieurs étaient en jeu — mais parce que en plein milieu du drame, j'ai reçu un appel angoissé des DOM-TOM : un chercheur soviétique, détaché à la mission française des îles Kerguelen, qu'un bateau russe devait récupérer deux ou trois jours plus tard, refusait de rentrer dans son pays et nous demandait l'asile politique ! Après les vérifications d'usage, au milieu des appels incessants concernant Téhéran, j'ai fait savoir aux DOM-TOM, vers quatre heures du matin, que la requête était acceptée. Le ministère de la rue Oudinot est alors entré dans les détails :

— Mais comment faire pour empêcher les Soviétiques de l'embarquer de force ?

— Faites-le garder par les gendarmes.

— Impossible !

— Pourquoi ?

— Nous n'avons qu'un seul gendarme sur place !

— Alors faites venir un avion et emmenez-le à la Réunion.

— Impossible.

— Et pourquoi donc ?

— Il n'y a pas d'aéroport aux Kerguelen !

— Emmenez-le loin dans la forêt et cachez-le quelques jours.

— Impossible.

— C'est assez ! Et pourquoi donc, s'il vous plaît ?

— Il n'y a aucune végétation et aucun arbre aux Kerguelen !

En définitive, nous avons dû détourner un bateau de commerce français qui naviguait aux environs. Il a mis trois jours pour rejoindre notre mission et le Russe est monté à bord au milieu d'une tempête épouvantable qui avait empêché le navire soviétique d'approcher. Je crois bien qu'il y a eu, hélas, des pertes parmi les marins français.

Notez que ce dialogue surréaliste avait lieu pendant que nous bataillions ferme sur l'affaire de Téhéran, qui s'est heureusement conclue sans victimes. Les conversations entre Paris et les Kerguelen passaient par radio et le bateau russe écoutait tout : il connaissait donc minute par minute toutes nos manœuvres pour détourner du droit chemin un honorable citoyen de la Grande Union Soviétique.

L'Afrique m'a aussi donné des sueurs froides toute une nuit de permanence. Vers quatre heures du matin, le Quai d'Orsay m'annonce qu'une dépêche de l'AFP signale un coup d'Etat en Centrafrique et, toutes les communications étant coupées, promet de me tenir au courant au fur et à mesure de l'arrivée des nouvelles.

Jusqu'à la fin de la nuit, j'ai vainement tenté d'en savoir plus. Nos autorités militaires, que j'avais informées, étaient étonnées car rien ne laissait prévoir une tentative de renversement du pouvoir à Bangui.

Au petit matin, j'ai fini par réveiller Guy Penne, chargé des Affaires africaines :

— Viens rapidement au Palais pour annoncer au Président qu'il vient d'y avoir un coup d'Etat à Bangui. Je n'en sais pas plus.

— Qu'est-ce que c'est que cette histoire ? Rien ne le laissait prévoir. J'arrive.

Comme moi, Guy Penne s'agite, mais sans succès. A huit heures, lorsque nous informons le Président, nous ne savons toujours rien.

Vers neuf heures, le silence persistant, le Président commence à être excédé : « Voyez du côté de nos services spéciaux. Ils ont peut-être quelque chose. »

Guy Penne contacte l'un de leurs principaux responsables qui se réveille à peine, ne sait rien et promet de se renseigner. Une demi-heure plus tard, il rappelle triomphant : « J'ai vérifié. Il y a bien eu un coup d'Etat en Centrafrique. Je ne sais rien d'autre, mais je vous tiens au courant. »

Un peu interloqués, nous lui demandons comment il a pu nous confirmer la nouvelle aussi vite. Nous imaginons quelque liaison secrète avec l'un de ses agents sur place ou dans les parages du drame. Nous étions loin de la vérité : « J'ai appelé l'AFP qui m'a confirmé qu'un coup d'Etat avait bien eu lieu cette nuit, vers trois heures du matin, à Bangui. »

Le Président a failli perdre patience surtout lorsque nous avons appris, un peu plus tard, qu'en fait de coup d'Etat, il s'agissait d'une banale panne d'électricité qui avait isolé le pays pendant quelques heures.

François Mitterrand n'a plus cessé de dire par la suite qu'aucun de ces services spéciaux ne lui avait jamais appris quelque chose d'intéressant. Ce qui était injuste car de précieuses informations lui sont souvent parvenues par la DST. D'autre part les synthèses des RG ou de la DGSE sont parfois remarquables.

R.S. : Dès les premiers mois du septennat, vous avez joué un rôle important dans les nominations.

M.C. : Depuis dix-huit ans, pour bien connaître le fonctionnement de l'Etat, savoir qui était qui, qui faisait quoi, qui dirigeait quoi, j'avais suivi tous les mouvements de personnels dans la haute Fonction publique, en lisant quotidiennement le *Journal Officiel.* A ce moment-là, à gauche, on ne connaissait pas l'Etat de l'intérieur : la Préfectorale, la Police, la Justice, l'armée, les grandes directions, les grands établissements publics, etc. Le Président le savait et m'a dit : « Surveillez-moi tout ça de près. Je ne veux pas qu'on essaie de me faire avaler n'importe quoi ! »

La plupart des nominations soumises à sa signature passaient donc chez moi. Les ministres me demandaient : « Que penses-tu d'Untel ? » Je disais : « Il n'est pas des nôtres, mais il est loyal. C'est un serviteur de l'Etat et on peut y aller. » Ou encore : « Attention, méfiance : c'est un militant très engagé à droite et qui fera passer ses passions avant tout le reste », ou bien aussi « Prudence, il est réputé pour sa nullité », et il y avait des mauvais à gauche comme à droite.

R.S. : Vous avez donc participé à la mise en place de la nomenklatura rose !

M.C. : Ça ne s'est pas passé comme ça et il n'y a pas eu épuration ou système des « dépouilles » comme aux Etats-

Unis. Certes, il a fallu remplacer rapidement quelques préfets qui s'étaient comportés en militants politiques. Par exemple, celui du Loir-et-Cher, qui avait déclaré que si François Mitterrand était élu, il refuserait de le servir. Mais le Président, pas rancunier, a fini par le réintégrer plus tard après 1986 lorsqu'il a demandé à revenir. Il y eut la même sanction pour le préfet des Landes. Le Président avait aussi exigé d'assurer la promotion de ceux, méritants, qui avaient été brimés à cause de leur engagement politique à gauche. Mais François Mitterrand nous avait dit, peu après son installation : « Je préfère garder un homme intelligent, plutôt que de le remplacer, pour le principe, par un sot ! »

Contrairement à ce qu'on a affirmé, il n'y a pas eu de tentative de politiser la haute Fonction publique. Nous avons eu le souci, bien légitime, de collaborer avec des gens loyaux n'ayant pas de liens d'allégeance avec la précédente majorité. Il fallait débusquer tous les opportunistes, ceux qui retournaient leur veste, et repérer les modestes, compétents, et qui ne demandaient rien. Autant dire que je ne me suis pas fait que des amis !

R.S. : Nommer, c'est un des principaux attributs du pouvoir. Vous aviez donc une responsabilité importante !

M.C. : Ce sont des dossiers que j'ai traités pendant quatorze ans. Mais je ne m'occupais pas de tout. Pas des magistrats puisque le Conseil supérieur de la magistrature était là pour ça. Ni de l'armée qui relevait de l'état-major particulier. Ni du corps diplomatique, dépendant de la « cellule diplomatique ». Le Président m'a cependant demandé mon avis pour certains choix importants de chefs d'état-major ou de grands ambassadeurs. En revanche, je suivais de très près les nominations au Conseil supérieur de la magistrature et au Conseil constitutionnel. Pour le premier, je me souviens qu'un jour François Mitterrand m'appelle et me dit : « J'hésite entre deux noms. Robert Badinter soutient A, et moi, d'instinct, je préférerais B. Regardez ça et dites-moi ce que vous en pensez. » Je ne connaissais ni l'un ni l'autre. Je fais une enquête approfondie et je découvre que A est un magistrat plus ancien et plus titré que B, mais qu'il est aussi, disons pour être courtois, de qualité moyenne et pas très courageux. Quant à B, c'est un magistrat de grand talent et réputé, mais avec un caractère très difficile ! J'en ai rendu compte au Président. Il avait un papier sous les yeux avec les deux noms. Il a rayé A et m'a dit : « On ne pénalise pas le talent ! » B fut nommé et en est peut-être encore surpris !

Pour le Conseil constitutionnel, le Président m'a chargé, en février 1983, d'aller voir Daniel Mayer pour remplacer Roger Frey dont le mandat arrivait à expiration. François Mitterrand m'avait dit : « J'aimerais nommer Daniel Mayer, mais je veux être sûr qu'il accepte ! Allez lui faire la proposition. » Daniel, alors président de la Ligue des Droits de l'Homme, me reçoit chez lui, à Sèvres, et me dit : « Je suis très flatté. Mais il y a un problème : dois-je prêter serment à cette Constitution que j'ai toujours combattue ? Si oui, je n'accepterai pas. » Je lui ai expliqué qu'il serait chargé d'appliquer la Constitution mais que personne ne lui demanderait de l'approuver et qu'à ma connaissance, le serment ne portait que sur les conditions d'exercice de la fonction : impartialité, indépendance, secret des délibérations, etc. Mais j'avais oublié d'apporter la formule exacte, et sitôt rentré à l'Elysée, je l'ai appelé pour la lui lire et le rassurer : il n'aurait pas à faire « allégeance » en approuvant formellement le texte de 1958. Soulagé, il s'est encore inquiété de savoir s'il pouvait — il y tenait beaucoup ! — présider, comme prévu, le meeting organisé par la gauche locale pour les élections municipales de sa commune de Sèvres, qui devaient se dérouler juste après sa nomination, et peu avant son entrée en fonctions. Je lui ai répondu : « Tu peux présider, mais ton devoir de réserve impose désormais que tu ne parles plus. » Il a donc accepté. Fort heureusement les choses ont été moins compliquées avec ses deux successeurs, Robert Badinter et Roland Dumas qui n'ont pas posé de telles conditions.

R.S. : On a dit, à la fin du mandat de Badinter, que vous aviez espéré devenir président du Conseil constitutionnel...

M.C. : J'aurais beaucoup aimé et j'en avais discuté avec le Président. Mais le Parlement a voté fin 1994 une loi établissant une incompatibilité totale entre les fonctions de membre du Conseil et les mandats de maire et de conseiller général : j'ai alors indiqué au Président que je ne voulais pas me couper des réalités locales de la France profonde, et qu'âgé de cinquante-quatre ans à peine, je me trouvais trop jeune pour tout abandonner. Roland Dumas espérait beaucoup le poste et mon retrait l'a peut-être soulagé. Lorsque j'ai soumis au Président la décision de le nommer, que j'avais préparée dans le plus grand secret, il m'a dit en signant : « Vous auriez été très bien à ce poste, vous aussi ! »

R.S. : Est-il exact que vous vous êtes même occupé de la nomination des évêques ?

M.C. : Lorsque le Vatican veut nommer un évêque, il doit informer les autorités françaises. Le Quai d'Orsay reçoit la proposition, le dossier part au ministère de l'Intérieur où une enquête rapide est menée pour vérifier si l'intéressé n'a pas d'activités susceptibles de nuire aux intérêts de la France et s'il n'a pas eu dans le passé une attitude hostile à notre pays. Je préparais régulièrement la lettre de l'Elysée faisant savoir que la nomination envisagée n'appelait pas d'observation de la part du Président. J'ai bien connu pendant toute cette période la haute hiérarchie de l'Eglise, puisque les dossiers passaient entre mes mains, et j'ai entretenu de bonnes relations avec elle. Nous n'avons rencontré que deux difficultés en quatorze ans. La première : le Pape avait feint de croire que les départements d'outre-mer ne faisaient pas partie de la République française et y avait nommé un évêque en s'affranchissant de l'habituelle procédure de consultation préalable. Les choses sont vite rentrées dans l'ordre ! La seconde a eu lieu à propos de la nomination de l'évêque de Strasbourg. Depuis Napoléon Ier, l'Alsace-Lorraine vit en régime concordataire. C'est une lourde obligation pour la République française qui rémunère tous les officiants des trois cultes, catholique, protestant et israélite, soit près de deux mille personnes qui ont la qualité de fonctionnaires de l'Etat. En contrepartie, le Concordat prévoit que le Président de la République nomme les évêques, les autres fonctionnaires du culte étant nommés par le ministère de l'Intérieur. Un beau jour de 1984, le Président reçoit une lettre de Mgr Elchinger, évêque de Strasbourg : ayant atteint la limite d'âge — soixante-quinze ans —, il lui remettait sa démission. Le Président me renvoie sa lettre avec mention « A voir ». Je découvre avec surprise que la procédure de nomination concordataire n'avait pas fonctionné depuis 1807 : l'évêque de Strasbourg avait toujours eu un coadjuteur, nommé par l'Intérieur, avec droit de succession, et qui le remplaçait automatiquement. Mais celui de Mgr Elchinger était mort peu auparavant sans être remplacé. Il fallait donc initier la longue procédure napoléonienne : le Président choisit l'évêque et le nomme par un décret secret, transmis au Pape, lequel délivre la « bulle pontificale » par laquelle il confère à l'évêque sa mission épiscopale. L'ambassadeur de France près du Saint-Siège, en habit, se rend solennellement au Vatican pour « relever » la bulle calligraphiée en latin, et la transmet au Conseil d'Etat à Paris pour enregistrement. C'est alors seulement que le Président de la République prend un second décret par lequel il nomme effectivement l'évêque, désormais en état de remplir son ministère puisque titulaire de la bulle. Le tout est ensuite publié le même jour au *Journal Officiel* de la République française et dans *l'Osservatore Romano.* Il nous fallait donc nommer un évêque à Strasbourg, qui soit alsacien et qui parle allemand, ce qui restreignait beaucoup le choix ! Le Vatican a d'abord fait savoir qu'il n'appréciait pas cette procédure. Mais j'ai rétorqué que, pour lourde qu'elle soit, elle n'était que la contrepartie d'une charge budgétaire importante à laquelle le Pape pouvait renoncer par l'abrogation du Concordat : Jean-Paul II a aussitôt fait répondre qu'il se soumettrait aux règles concordataires ! Nous avons alors proposé avec Jean-Claude Colliard trois candidats dont le Vatican n'a pas voulu. La situation devenait tendue : nous traversions l'épisode de l'école privée et le Président ne voulait pas ouvrir un conflit supplémentaire avec le Vatican. Il était donc tenté de dire : « Qu'ils fassent ce qu'ils voudront. » Je lui ai rédigé une longue note : « Ces prérogatives historiques du chef de l'Etat sont la contrepartie des charges que le Concordat impose à la République. Vous ne pouvez pas renoncer ! » Le Président m'a renvoyé ma note avec cette formule mémorable : « J'exercerai mes prérogatives en retenant la personnalité que le Pape me recommandera. » En définitive, Jean-Paul II a proposé Mgr Brandt, alors évêque de Monaco, qui n'a pas goûté pleinement le plaisir de quitter le soleil de la Côte d'Azur pour les frimas de son Alsace...

Mais ce n'était pas la première fois que je découvrais les subtilités du gouvernement de l'Eglise !

R.S. : Pourquoi donc ?

M.C. : J'ai en effet un autre souvenir de l'époque où j'étais encore jeune secrétaire du groupe socialiste à l'Assemblée. Je recevais régulièrement la visite d'un ancien député socialiste, Etienne Weill-Raynal, très âgé et handicapé par une totale surdité, qui avait bataillé toute sa vie pour faire adopter par notre parti un système électoral révolutionnaire auquel je ne comprenais rien : il nous permettait d'avoir des sièges même là où nous n'avions pas de voix ! Ce vieux camarade, ancien élève de l'Ecole Normale Supérieure et très érudit, s'était mis, au soir de sa vie, à se passionner pour Jeanne d'Arc. Il avait fini par avoir, en épluchant d'innombrables documents de bibliothèques ou d'archives locales, un doute sérieux sur l'identité de celle qui fut brûlée sur le bûcher de Rouen. Il était certain qu'à l'ultime instant, Jeanne avait été remplacée par une inconnue. Mais pour conforter sa thèse, il devait procéder à une dernière vérification : consulter les archives de la reine Christine de Suède, déposées à la bibliothèque vaticane, et exclusivement accessibles aux personnes dûment autorisées. Etienne Weill-Raynal approchait du but et se désolait : jamais il ne pourrait accéder aux archives du Saint-Siège ! Et il me demandait régulièrement : « Tu ne connais pas un moyen ? » Nous avons tout essayé, en vain, y compris par l'intermédiaire de notre ambassadeur sur place. C'est alors que j'ai eu l'idée de contacter mon compatriote auvergnat, Mgr Villot, secrétaire d'Etat au Vatican, que j'avais rencontré deux ou trois fois. Se rappellerait-il de moi ? Et est-ce que lui téléphoner depuis le groupe socialiste n'allait pas faire vaciller son chapeau de cardinal ? Je m'enhardis, il me répond sympathiquement et invite Etienne Weill-Raynal à passer le voir à Rome. Quelques jours plus tard, Etienne revient, fatigué par son voyage et très déçu : il avait certes pu consulter les archives de la reine Christine mais sans la partie qui l'intéressait, soigneusement enfermée dans « l'enfer » de la bibliothèque vaticane. Car « l'enfer » n'est accessible que sur autorisation personnelle du Pape. Je fais donc, sans espoir, une nouvelle démarche auprès du cardinal Villot qui me répond, un peu ennuyé : « Que M. Weill-Raynal revienne me voir. » Il repart donc, et je le revois quelques jours après, effondré. Le Pape l'avait pourtant autorisé à pénétrer dans « l'enfer » et à consulter les archives secrètes de la reine Christine ! Hélas : les parties concernant Jeanne d'Arc, recelant peut-être la vérité, avaient été effacées par un produit spécial, les rendant indéchiffrables, sauf à disposer d'une alchimie contraire. Ce pauvre Etienne Weill-Raynal m'a dit :

— Qu'en penses-tu ? On ne peut plus rien faire ?

— Vois-tu, Etienne, les voies du Seigneur sont impénétrables et au Vatican, il est chez lui !

R.S. : L'évêque de Strasbourg n'est tout de même pas le seul dossier de nomination compliqué que vous ayez eu à traiter ?

M.C. : Non, mais je n'ai pas souvenir de nominations intervenues « dans la douleur », même pendant les périodes de cohabitation où les incidents ont été rares et vite réglés. En revanche, je me rappelle la difficile mise en œuvre de la décision du Président qui voulait transférer les restes de Jean Monnet et de Robert Schuman au Panthéon. Avec son directeur de cabinet, nous avons contacté les familles pour solliciter leur accord. Du côté de Jean Monnet, les enfants ne nous ont pas créé de problème particulier. En revanche, pour Robert Schuman, le Président a dû renoncer car la famille n'était pas unanime. Le président Schuman, qui n'avait pas de descendance directe, comptait cependant une bonne trentaine de cousins plus ou moins éloignés, certains habitant à l'étranger et étant peu sensibles aux préoccupations françaises. Il nous a fallu rechercher tous les ayants droit, ce qui n'a pas été facile. Finalement, vingt-sept cousins de Robert Schuman ont donné leur accord, flattés ou indifférents. Mais trois autres ont été irréductibles : l'un d'entre eux nous a envoyé une lettre « salée » où il soulignait que le transfert au Panthéon des cendres de Robert Schuman serait une insulte à sa mémoire : « Vous ne pouvez pas ensevelir un croyant très pieux dans une église désaffectée qui a l'allure d'un temple maçonnique. » Horresco referens ! Une lettre nous a cependant appris un détail essentiel : Robert Schuman, alors qu'il faisait sa retraite habituelle dans le petit village de Novel, en Haute-Savoie, avait arrêté lui-même, par testament, les détails de sa sépulture. Nous avons retrouvé cette pièce : Robert Schuman avait effectivement choisi de reposer dans une petite chapelle à Scy-Chazelles, près de Metz, et il avait placé sa tombe sous la garde de ses amis regroupés dans une association. Le Président serait passé outre s'il n'y avait eu que deux ou trois oppositions de principe parmi les cousins. Mais les dernières volontés de Robert Schuman l'ont convaincu de respecter son choix : voilà pourquoi seul Jean Monnet a été transféré au Panthéon. L'Association des Amis de Robert Schuman avait, elle aussi, protesté et elle était sans doute plus fondée à le faire que certains lointains parents : après tout, le défunt l'avait chargée d'une mission. Le Président a été frappé, à cette occasion, par l'humilité extraordinaire et la simplicité du testament de Robert Schuman. Je n'ai pas été étonné que les ultimes vœux de cette « belle âme » aient convaincu François Mitterrand de laisser l'ancien président du Conseil en paix là où il a choisi de reposer.

R.S. : Et les décorations ?

M.C. : Le Président leur a toujours accordé une grande importance. Dès son arrivée à l'Elysée, en 1981, il avait, en qualité de Grand Maître, envoyé des instructions fermes au Gouvernement : « Les décorations ne doivent plus être un droit pour certaines catégories sociales favorisées ou un élément de la carrière des hauts fonctionnaires. Nous devons en priorité honorer les citoyens les plus méritants, et il s'en trouve dans toutes les classes de la société. Beaucoup d'êtres modestes ont souvent plus de mérites que ceux plus haut placés dans la hiérarchie sociale ou administrative. » Les ministres ont dû rompre avec des habitudes très anciennes et on a vu apparaître beaucoup d'humbles et de « sans grade » dans les promotions. Ce changement a entraîné quelques remous dans les administrations : faute de croix disponibles, on ne pouvait satisfaire l'envie d'un haut fonctionnaire ou d'un personnage en vue, alors que défilaient enrubannés sous leurs yeux huissiers, secrétaires, chauffeurs, ouvriers, petits cadres, etc. Pendant les deux cohabitations, les mauvaises habitudes sont revenues. Le Président a pu cependant équilibrer les choix avec sa « réserve » personnelle de croix. Quant au Conseil de l'Ordre, dont le plus modeste des membres était tout de même commandeur, le Président y a fait entrer un officier et un chevalier pour assurer la représentation de tous les grades. Enfin, j'évoque pour mémoire les nominations de « rattrapage » accordées à des personnalités éminentes qui avaient cessé de progresser dans la Légion d'Honneur à partir de 1958 pour cause de mauvaise orientation politique ! François Mitterrand se faisait un devoir de souligner ces pratiques lorsqu'il remettait lui-même les insignes dans la Salle des Fêtes de l'Elysée : tous ceux qui ont assisté à ces cérémonies se souviennent de l'extraordinaire mémoire du chef de l'Etat rendant hommage avec un luxe de précisions, aux récipiendaires qui n'étaient pas tous des amis intimes.

R.S. : Donc, pas de difficulté !

M.C. : En matière de nomination, rien n'est simple. J'ai demandé un jour au Président : « En fin de compte, qu'est-ce qui mène le monde ? » Il m'a répondu aussitôt : « La vanité. » Pour les décorations, c'était souvent flagrant : beaucoup étaient distingués sans l'avoir demandé, ni même imaginé, alors que d'autres faisaient des pieds et des mains pour obtenir un ruban, une rosette, un canapé. Je me souviens d'avoir reçu un jour à l'Elysée la visite d'un ancien député, très âgé, qui m'a remis une liste de deux pages de décorations dont il était déjà titulaire, françaises et étrangères. C'était impressionnant. Je lui ai dit :

— Tu as vraiment tout !

— Oh non, hélas !

Et il m'a expliqué qu'après avoir recensé avec précision toutes ses distinctions, il avait fini par découvrir qu'il réunissait les conditions pour être nommé grand officier de l'Ordre national du Mérite. Il me demandait donc d'intercéder auprès du Président pour figurer dans la prochaine promotion.

— Ce ne sera pas facile. Il n'y a en tout et pour tout que deux ou trois dignités par promotion, et je crains que la liste ne soit établie longtemps à l'avance.

— Michel, je t'en supplie : il faut que tu parles à François Mitterrand, que tu lui rappelles ma fidélité. Il faut absolument qu'il me donne cette plaque !

Il s'agitait sur son fauteuil, l'air mal à l'aise. Je ne comprenais pas cette insistance et je l'invitai à patienter, sans lui donner beaucoup d'espoir. Il n'avait plus aucun titre à faire valoir et ses autres mérites avaient déjà été largement récompensés.

Subitement, il s'est recroquevillé. De grosses larmes ont coulé sur ses joues : « Excuse-moi, je sais que c'est ridicule, mais je ne pense qu'à ça ! »

A plus de quatre-vingt-cinq ans, la vanité l'habitait encore !

R.S. : Ce n'était donc pas très gai...

M.C. : Pas toujours ! Je me souviens des parties de bras de fer régulières du Président avec ses ministres successifs des Anciens Combattants qui voulaient absolument obtenir du Grand Maître une promotion spéciale pour donner la Légion d'Honneur à tous les survivants de la guerre de 14-18 : « Ils ne sont plus qu'une poignée, cinq ou six mille, on peut faire ce geste ! »

Le Président a toujours refusé ce que son successeur a accepté dès son arrivée : « Cela n'a aucun sens ! Beaucoup sont morts sans être honorés alors qu'ils l'auraient peut-être mérité ! Et on me demande aujourd'hui de décorer les survivants au seul motif qu'ils ont eu la chance de vivre plus vieux que les autres ! »

Je me souviens cependant d'un épisode qui s'est déroulé à l'occasion d'une cérémonie de remise de décorations à l'Elysée. Je me rendais à la Salle des Fêtes pour assister au festival éblouissant du Président, rendant hommage, sans une note, aux récipiendaires, lorsque je croise Jean Glavany courant vers l'escalier : « Viens vite ! il y a une fille à poil dans la Salle des Fêtes ! »

Nous dévalons les marches et voyons une immense créature — presque deux mètres — trônant sous les dorures et mobilisant tous les regards. Elle accompagnait un peintre connu, invité à la cérémonie. Cette jeune personne, très belle, était vraiment très court vêtue : elle ne laissait rien ignorer de sa généreuse anatomie, qu'une robe très au-dessus du genou avait renoncé à cacher en haut comme en bas ! Elle n'était pas complètement « à poil » comme l'avait affirmé un peu vite Jean Glavany, mais c'était tout comme.

Nous nous sommes aussitôt organisés : il n'aurait pas été convenable que le Président de la République soit surpris, flanqué de cette belle plante, par un photographe.

Au moment de passer au buffet, lorsque les invités s'égaillent dans les salons, nous avons fait un cercle serré autour d'elle, louvoyant pour l'éloigner du Président. Mais son buste dépassait largement au-dessus de nos têtes et François Mitterrand n'a pas mis longtemps à l'apercevoir. Il s'est approché d'elle, a brisé notre « mur » de protection et une photo a immortalisé la scène !

En remontant à son bureau, le Président m'a pris par le bras, l'air coquin : « J'ai vu votre manège avec Glavany ! J'y ai droit moi aussi ! »

R.S. : A l'époque, la gauche avait un peu le syndrome d'Allende. Elle n'était sûre ni de la police, ni de l'armée, dont les cadres étaient souvent droitiers.

M.C. : Des droitiers, comme vous dites, il y en avait quelques-uns mais nous n'avons jamais cédé à cette sorte de fantasme : la Fonction publique, civile ou militaire, était plus loyale et la République plus solide qu'on ne le croyait alors.

Et les putschs n'ont lieu que dans les pays pauvres. Or, en 1981, il y avait une farouche volonté populaire de changement ! Le peuple était avec nous : il y a longtemps qu'on ne massacre plus la foule en France pour raison politique. Mais il fallait quand même prendre quelques précautions : le pouvoir peut toujours être en butte à des coups fourrés, à des morts mystérieuses, à des affaires fabriquées.

R.S. : Pendant ces premières années et ces premiers mois, y a-t-il eu dans l'équipe de l'Elysée une espèce d'euphorie et de croyance qu'on pouvait changer la vie, transformer profondément la société ?

M.C. : Les premières mesures sont intervenues par décrets pendant la campagne législative : augmentation des allocations familiales, de l'allocation handicapés, du SMIC, etc. A l'Elysée, nous veillions à ce que le programme du Président soit appliqué au plus vite et selon les modalités qu'il avait prévues. Une fois passées les élections législatives, il a fallu faire un collectif budgétaire : c'est là que les difficultés ont commencé car ce n'était pas aussi simple que ça de trouver de l'argent.

R.S. : Est-ce que vous ne vous êtes pas rendu compte très vite que, contrairement à ce que vous paraissiez croire avant d'arriver aux affaires, le pouvoir de l'Etat était moins important que vous ne le pensiez ? C'est-à-dire qu'on ne pouvait pas changer la société d'en haut, par décrets...

M.C. : Ce n'était pas le problème. L'Etat avait alors de très larges pouvoirs puisque la décentralisation n'était pas encore faite et qu'il n'existait pas tous ces organismes soi-disant « indépendants » qui ont privé l'exécutif d'une partie de ses compétences et parfois les citoyens d'une partie de leurs droits de contrôle. Mais beaucoup de ministres ont vite constaté que les choses n'étaient pas aussi faciles qu'ils l'avaient cru : ils devaient respecter des procédures, subir la lourdeur des mécanismes gouvernementaux, parlementaires, etc. Personnellement, je ne m'étais jamais fait beaucoup d'illusions : quand nous rédigions nos programmes, j'ai toujours pensé qu'après le moment de l'euphorie et de la générosité surviendrait celui du freinage. Hélas, je suis très terre à terre, un peu cynique même pour certains : je n'arrive pas à rêver !

Nos premières mesures ont été financées en prenant un peu aux riches, mais moins qu'on ne l'avait dit, car les capitaux pouvaient s'évader malgré le contrôle des changes. Nous avons donc pratiqué une sorte de fuite en avant jusqu'en juin 1982. C'est encore le débat d'aujourd'hui entre Jacques Chirac, Edouard Balladur et quelques autres : pour distribuer, il faut avoir les moyens. On ne peut pas donner ce qu'on n'a pas... et il faut bien prendre à quelqu'un. Prendre à qui ? Le vrai problème était là. Le Président considérait avec raison que la gauche arrivée enfin au pouvoir devait d'abord améliorer les prestations sociales et les bas salaires quoi qu'il en coûte : il disait que quelles que soient les difficultés financières, il resterait toujours quelque chose de ces mesures de justice. Certains, dont j'étais, savaient très bien qu'à un moment ou un autre, nous devrions nous arrêter. Et puis, il y avait cette ambiguïté toujours présente aujourd'hui : notre parti parle surtout des pauvres et des exclus mais son électorat vient des classes moyennes. Il fait donc quelques gestes pour les plus défavorisés mais en réalité il préserve les classes moyennes. Cela ne s'est pas trop vu pendant le premier septennat : la question de l'exclusion ne se posait pas comme aujourd'hui. Mais c'était net entre 1988 et 1993 : pour 750 000 RMistes qui n'avaient rien, l'aide de l'Etat est passée de 0 à 30 milliards. Mais pour 2 millions de fonctionnaires de l'Etat, qui avaient déjà rémunération et emploi sûrs, les charges des traitements et pensions sont passées de 464 milliards de francs en 1988 à 589 milliards de francs en 1993. Autrement dit, nous avons donné 30 milliards pour solde de tout compte à 750 000 pauvres bougres démunis de tout, et 125 milliards de plus à 2 millions de citoyens qui n'étaient tout de même pas sans le sou ! C'est un peu choquant. Résultat : les plus pauvres, dont les socialistes discourent sans cesse, sont persuadés que nous n'avons rien fait pour eux, ou du moins, pas assez. Et les classes moyennes sont convaincues que rien n'a été fait pour elles non plus puisque nous parlons surtout des pauvres !

R.S. : Donc, vous n'êtes pas de ceux qui ont partagé les impatiences du Congrès de Valence, qui réclamaient des têtes et l'accélération des réformes à l'automne 1981 ?

M.C. : A mon sens, mes amis socialistes ont été un peu naïfs ! Voyez la réalité de ce pays : il est en majorité de droite. Pas beaucoup — 52/48 — mais à droite. De temps à autre, il bascule : quand ça va très mal, quand une partie de la classe moyenne ou de la petite bourgeoisie en a vraiment assez. C'est ce qui est arrivé en 1981. Mais quelques mois après l'élection de François Mitterrand et notre victoire aux législatives, nous n'étions déjà plus majoritaires.

R.S. : François Mitterrand vous a-t-il parlé du virage de la rigueur avant de le prendre en 1983 ?

M.C. : Bien sûr ! J'ai été associé de très près, avec Pierre Bérégovoy, au changement de Gouvernement de mars 1983 qui en était la conséquence. Le Président a beaucoup hésité et il a très bien résumé son choix au cours d'un voyage, en mars 1994, en Haute-Savoie. Pendant le déjeuner organisé par le président du Conseil général, Bernard Pellarin, après la cérémonie commémorative des combats du plateau des Glières, en présence de tous les élus départementaux, une vice-présidente lui a demandé : « Monsieur le Président, au cours de vos deux mandats, quelle a été la décision la plus difficile à prendre ? » Il a répondu : « Celle de rester dans le Système monétaire européen en 1983. Si j'avais refusé, j'aurais anéanti pour longtemps les chances de l'Europe pour la France. En restant dans le SME, je savais que je repoussais à plus tard les chances du socialisme, ou plutôt que je mettais quelques bâtons dans les roues à mes amis socialistes. Je me suis dit : le socialisme, de toute façon, on le fera un jour ou l'autre. Alors que l'Europe, rien n'est moins sûr si l'occasion passe. Donc notre intérêt, c'est quand même d'abord de faire l'Europe. »

En 1983, le Président avait cependant beaucoup pesé le pour et le contre, en discutant longuement avec Pierre Mauroy, Jacques Delors, Pierre Bérégovoy, Laurent Fabius, et les responsables du Parti.

R.S. : Un des grands reproches qui a été fait à François

Mitterrand, c'est de n'avoir pas assumé le tournant. Il a toujours dit que c'était une parenthèse...

M.C. : Il ne fallait pas traumatiser la majorité ni les Français qui nous faisaient confiance. Et, dans son esprit, il s'agissait bien d'une parenthèse en attendant que l'Europe sociale puisse voir le jour.

R.S. : L'électorat de gauche a pourtant été traumatisé !

M.C. : Nous avons essayé de faire une pédagogie intelligente pour expliquer qu'avant de distribuer de l'argent il fallait le gagner. Des principes auvergnats que je n'ai cessé de professer et qui me font passer pour un fieffé réactionnaire. Mais, il n'y a pas eu de rigueur et nous avons seulement cessé d'augmenter les dépenses sans toutefois revenir en arrière : nous n'avons pas repris, comme en 1968, ce qui avait été donné. Aussi faut-il cesser d'employer le mot rigueur à tort et à travers ! Aujourd'hui, j'entends dire que le budget de 1996 est rigoureux : je me demande comment on ose parler de rigueur avec 288 milliards de déficit ! Il faut arrêter de dire n'importe quoi et rendre leur sens aux mots.

R.S. : Vous avez donc été associé de près, en mars 1983, à ce qui a failli être un changement de Premier ministre.

M.C. : Au lendemain des municipales de 1983, le Président était quasiment décidé à changer le Gouvernement : il pensait que Pierre Mauroy, après avoir été l'homme courageux et loyal du changement de 1981, ne pouvait pas être celui du « changement de pied » de 1983. Il a longuement hésité et puis, finalement, s'est aperçu que le Premier ministre était convaincu, lui aussi, de la nécessité du choix européen, et à la surprise de beaucoup, l'a maintenu à son poste.

R.S. : Parce que Delors s'est montré trop exigeant. Il voulait à la fois être Premier ministre et ministre des Finances !

M.C. : C'est un peu plus compliqué. Le Président m'avait demandé de lui faire des recherches sur l'organisation des Etats ayant un Gouvernement resserré, avec peu de membres. Il disait : « Il y a trop de ministres. » Je lui ai donc fait une note complète sur le sujet et il avait bien l'intention de faire un gouvernement très restreint. Le samedi, veille de l'élection des maires, il nous a dit, à Pierre Bérégovoy et à moi-même : « Enfermez-vous dans le bureau de Jean-Claude Colliard et essayez de me bâtir un Gouvernement qui tienne compte du changement de politique économique et de ma volonté européenne. » Nous avons travaillé jusqu'en fin de soirée. Le Président traversait sans cesse son secrétariat particulier pour venir voir où nous en étions. Pierre avait laissé en blanc le nom du Premier ministre et mis un point d'interrogation en face de celui de Jacques Delors... et du sien ! A l'évidence, il espérait remplacer Pierre Mauroy. Jacques Delors était lui aussi persuadé qu'il irait à Matignon. Le samedi soir, nous avions donné au Président plusieurs esquisses de Gouvernement et je suis parti à Puy-Guillaume pour me faire réélire à la mairie. Le Président m'avait demandé de rentrer rapidement, aussitôt après ma réélection. J'ai donc fait l'aller-retour : dès midi, le dimanche matin, j'étais dans son appartement de l'Elysée. Au même moment, se tenait à Bruxelles un Conseil des ministres de l'Economie pour un éventuel réaménagement monétaire. Jacques Delors y représentait la France, directement concernée car sa monnaie était secouée. Le Président a pris connaissance des dernières dépêches et plus spécialement d'une déclaration de Jacques Delors annonçant qu'il quittait la table du Conseil des ministres européens, penché sur le sort du franc, pour rentrer très vite à Paris car « il va se passer là-bas des choses importantes et il faut en être ». Je me souviens avoir réagi : « C'est inouï de laisser régler la question du franc par d'autres ! » Le Président a lu la dépêche avec attention, l'air préoccupé mais sans commentaire. L'après-midi, Jacques Delors a débarqué à l'Elysée dans une R 25 rouge, qui est restée garée tout l'après-midi dans la cour du Palais. Il a été reçu par le Président, et le soir François Mitterrand m'a dit : « Je ne sais pas encore ce que je vais faire. » Le lendemain, lundi, se tenait un Sommet européen et le Président est parti tôt pour Villacoublay.

J'ignore s'il avait déjà pris sa décision mais le mardi matin, il m'a appelé de Bruxelles : « Soyez à midi à Villacoublay, et dites à Pierre Mauroy d'être là aussi. » Quand je suis arrivé, il pleuvait à verse. Pierre Mauroy était au pied de l'avion, blême, peut-être convaincu de sa révocation. Le Président m'a dit bonjour et a fait monter Pierre Mauroy dans sa voiture. Je les ai suivis dans une autre. Arrivés dans la cour de l'Elysée, Pierre Mauroy a pris congé du Président que j'ai rejoint sur le perron. C'est à ce moment-là qu'il m'a annoncé : « Finalement, je le garde ! »

R.S. : Et le Gouvernement plus restreint dont il vous avait parlé ?

M.C. : Cette idée a finalement été abandonnée. Le Président m'a du reste confié : « Vous savez, en France, les gouvernements resserrés, c'est impossible. » A ses débuts, la IIIe République avait essayé de limiter, par un texte très strict, le nombre des ministres à huit, président du Conseil compris. Mais on a tourné la difficulté en inventant les secrétaires d'Etat, et même les sous-secrétaires d'Etat, sans parler des hauts commissaires et des commissaires généraux !

CHAPITRE 5

R.S. : Le pouvoir socialiste a subi plusieurs épreuves difficiles au cours du premier septennat. La plus périlleuse, celle qui a sans doute le plus marqué la gauche, fut celle de l'école, dans laquelle vous avez joué un rôle important. Au départ, vous faisiez vôtre la formule « A école publique fonds publics, à école privée fonds privés » et vous étiez partisan de la création « d'un grand service public unifié et laïc de l'Education nationale » prévue par la 90e des 110 propositions du candidat Mitterrand. Et pourtant, vous avez été le premier à alerter le Président sur les dangers d'une telle réforme !

M.C. : Je lui en avais parlé bien avant son élection ! Quand nous avons rédigé la 90e proposition, je lui avais dit : « Attention, vous ne pourrez rien faire d'essentiel sans réviser la Constitution. » En effet, en novembre 1977, à la suite d'une demande un peu maladroite du groupe socialiste du Sénat, le Conseil constitutionnel avait validé la loi Guermeur et érigé la liberté de l'enseignement en principe constitutionnel fondamental. François Mitterrand m'avait répondu : « On verra plus tard. » Mais il était tout à fait conscient de la difficulté.

R.S. : Lorsque le projet Savary a été prêt, à l'automne 1983, vous avez alerté à nouveau le Président...

M.C. : A la mi-novembre, je lui ai envoyé une note à Belgrade, où il était en voyage officiel, lui rappelant que nous risquions une décision du Conseil constitutionnel concluant que couper les fonds publics à l'école privée menacerait la liberté constitutionnelle de l'enseignement. Le Président a dû commencer à réfléchir aux moyens d'éviter une partie de bras de fer qui, selon son expression, « mettrait le pays à feu et à sang, et s'achèverait par la défaite de la gauche devant le Conseil constitutionnel ». Il m'a demandé d'imaginer une série de solutions référendaires, sans me dire exactement où il voulait aller. Et il a signalé à Alain Savary, au gouvernement et à plusieurs responsables socialistes les risques juridiques dont il était lui-même convaincu. Il ne partageait évidemment pas l'opinion du Conseil constitutionnel : mais il avait l'obligation d'en tenir compte. Finalement, nous avons échafaudé un projet de loi équilibré et jugé acceptable par la plupart des défenseurs raisonnables de l'enseignement privé. Mais trois amendements nocturnes du groupe socialiste de l'Assemblée nationale ont tout mis par terre et jeté des centaines de milliers de personnes dans la rue, à Versailles, à la fin juin.

R.S. : A partir de ce moment-là, François Mitterrand a cherché une sortie...

M.C. : Certes, nous pouvions aller jusqu'au bout, faire absolument voter notre texte, même amendé et durci. Mais c'était prendre le risque de nouvelles manifestations, d'une impopularité grandissante, d'une coupure profonde de la France en deux. Et nous savions qu'au bout du compte, le Conseil constitutionnel annulerait l'essentiel. Le gouvernement était donc dans un très mauvais cas. Le 6 juillet 1984, sur les marches de la mairie de Moulins, à l'issue d'une visite officielle de deux jours en Auvergne, au cours de laquelle il avait d'ailleurs évoqué le sujet à la mairie de Chamalières avec son prédécesseur, François Mitterrand me dit : « Soyez joignable ce week-end, j'aurai besoin de vous ! »

Le samedi 7 au matin, je file en voiture rejoindre ma femme à Vittel : nous devions fêter l'anniversaire de mes quarante-trois ans le lendemain. A peine arrivé, le Président m'appelle : « Venez déjeuner demain à Latche. Il faut qu'on parle. Il paraît que Lionel Jospin est à côté. Si vous arrivez à le contacter, dites-lui de nous rejoindre. Soyez là vers onze heures, pour que nous puissions discuter avant, seulement tous les deux. » Le dimanche, je prends un avion sur la base aérienne de Nancy, m'arrête une petite heure à Paris pour récupérer mes dossiers, j'atterris à Biarritz et je rejoins Latche en voiture.

Aussitôt, nous reprenons avec le Président l'affaire depuis le début, avec tous les éléments d'appréciation et l'ensemble des données juridiques. Après une longue discussion, il me dit : « Quand on est encerclé, il faut faire une sortie en force. On peut toujours y laisser des plumes, mais généralement on sauve le gros de la troupe. La droite sénatoriale me demande de soumettre la loi Savary au référendum : je ne peux pas l'accepter puisque la Constitution, dans l'état actuel, l'interdit. Mais je vais la prendre au mot : faisons d'abord une révision constitutionnelle pour rendre le référendum possible. Je retourne ainsi le piège du référendum : puisque vous le voulez, d'accord, mais il faut créer les conditions pour qu'il soit légal. »

R.S. : Donc, contrairement à ce qu'on a dit — on ne prête qu'aux riches ! — ce n'est pas vous qui avez eu l'idée du référendum sur le référendum ?

M.C. : Après la demande de référendum par le Sénat, j'avais écrit dans une note au Président : « Si on veut le faire, il faut d'abord modifier la Constitution », mais sans lui dire : « Proposez-le. » Ça me paraissait tellement énorme ! J'ai fourni la technique au Président, mais c'est lui qui a saisi la balle au bond.

R.S. : Revenons au 8 juillet 1984 à Latche.

M.C. : François Mitterrand m'a dit : « Lionel Jospin va arriver. Vous me laisserez parler. On va le sonder : s'il est sur la même longueur d'ondes que nous, je lui expliquerai notre plan. Sinon, on ne dira rien. Naturellement, tout cela est absolument secret : personne ne doit rien savoir. »

R.S. : Comment mieux dire votre complicité avec François Mitterrand !

M.C. : Nous déjeunons avec Lionel Jospin. La famille du Président est là : Danielle, Roger Hanin et Christine, les enfants. Nous parlons de tout, de rien, mais pas du sujet du jour. Le repas expédié, nous nous retirons tous les trois à l'ombre des arbres, dans des transats. Là, petit à petit, au fur et à mesure de la conversation, Lionel Jospin a montré qu'il était vivement préoccupé par la crise scolaire et très réceptif à une solution politiquement convenable pour en sortir. Le Président lui a donc tout raconté : le Premier secrétaire a approuvé notre scénario, promis la discrétion et s'en est allé. Je suis resté encore une heure avec le Président pour mettre quelques détails au point et je lui ai dit : « Je remonte à Vittel. Je voudrais tout de même bien goûter mon gâteau d'anniversaire ! Je serai dès demain après-midi à Paris pour vous préparer le dossier. Quand et comment voulez-vous annoncer votre décision ? »

« Je pars demain pour la Jordanie et je rentre mercredi par Le Caire où je déjeune à l'aéroport avec le Président Moubarak. Rejoignez-moi là-bas, nous rentrerons ensemble et nous travaillerons dans l'avion. J'aimerais bien savoir ce qu'en pensent nos trois amis du Conseil constitutionnel, le président Daniel Mayer, Pierre Marcilhacy et Paul Legatte. Voyez s'ils sont libres : nous pourrions dîner avec eux mercredi soir en arrivant. » Et il me met en garde : « Silence complet, même sur l'oreiller... »

R.S. : Avez-vous pu manger votre gâteau d'anniversaire à Vittel ?

M.C. : Oui, le dimanche soir, après le même voyage en sens inverse. Le lundi matin, je suis rentré à l'Elysée, et je me suis mis au travail sans rien dire à personne. J'ai pu joindre Pierre Marcilhacy et Paul Legatte, mais pas le président Daniel Mayer, quelque part en Méditerranée. J'ai enfin organisé mon voyage pour l'Egypte en empruntant un avion qui partait là-bas récupérer Claude Cheysson. A mon arrivée au Caire, le mercredi à midi, personne ne m'attendait : c'était le secret absolu. Le gros Boeing d'Air France, qui devait ramener la suite technique du Président et les journalistes, était sur la piste : c'est là que je me suis caché et j'y ai déjeuné en attendant que les deux Présidents terminent leur repas. Vers quatorze heures, plusieurs agents du GSPR ont formé un groupe compact autour de moi pour m'accompagner le plus discrètement possible jusqu'au Mystère 50 où François Mitterrand m'a rejoint une demi-heure plus tard. Malgré la foule sur la piste et des dizaines de journalistes, personne ne m'a vu.

R.S. : Vraiment personne ?

M.C. : Sauf ceux qui sont montés dans l'avion du Président : le médecin, les agents du GSPR, Jacques Attali et l'aide de camp. Mais je n'ai pas eu à donner d'explications car le Président et moi nous sommes enfermés aussitôt dans le petit salon, à l'avant de l'appareil. Nous avons travaillé seuls jusqu'en fin d'après-midi sur le gros dossier que j'avais préparé. Le Président m'a dit : « J'expliquerai tout cela à la télévision demain soir. Pour éviter les fuites, je parlerai en direct. » Nous arrivons à Roissy où Pierre Favier, de l'AFP, me repère, m'interroge en vain du regard, et nous filons à l'Elysée où le Président invite aussitôt Jean-Louis Bianco à annoncer à l'Agence France-Presse son intervention du lendemain à vingt heures. Jean-Louis Bianco m'a demandé si je pouvais lui en dire plus. J'ai répondu : « Hélas, rien d'autre, je suis désolé. »

R.S. : Le soir, vous vous retrouvez rue de Bièvre, chez le Président, avec Marcilhacy et Legatte.

M.C. : Au cours de ce dîner, le Président a essayé plusieurs fois d'aborder le sujet mais sans révéler son plan. Nous avons vite compris que nos amis ne percevaient pas vraiment la solution possible. Nous n'avons donc parlé de rien et vers minuit, nous sommes partis tous les trois. Nous avons fait quelques pas sur le boulevard Saint-Germain : les deux conseillers ont fini par me demander pourquoi le Président les avait invités aussi inopinément et quel était l'objet exact de ce dîner ! Le lendemain matin, avant le Conseil des ministres, décalé de vingt-quatre heures, en raison du voyage en Jordanie et en Egypte, François Mitterrand me glisse :

« Vous connaissez mes intentions, faites-moi un projet d'allocution. » Je n'assistais pas au Conseil, mais j'assurais la permanence du secrétariat général de l'Elysée, dans le jardin d'hiver, juste à côté du Salon Murat. Je me suis mis à la machine à écrire pour rédiger. C'était pénible : les ministres qui sortaient et qui rentraient sans cesse au cours du Conseil venaient voir ce que je faisais et tentaient de lire dans mon dos. Je cachais ma copie, comme un écolier en faute. A la fin du Conseil le Président, muet, a saisi mon texte et l'a glissé dans sa poche.

A quinze heures, il m'appelle et fait venir Lionel Jospin. Nous nous enfermons tous les trois dans le bureau de Jean-Claude Colliard, carrément expulsé : il faut dire que celui du Président était envahi par les techniciens pour son intervention en direct du soir. François Mitterrand avait interdit l'entrée de quiconque à son secrétariat et personne ne savait donc ce qui allait arriver. Avec Lionel Jospin, nous avons repris point par point mon projet d'allocution et rédigé une seconde mouture. C'est à partir de ce texte que le Président a écrit son intervention tapée au fur et à mesure directement sur le prompteur par ses secrétaires. Vers dix-neuf heures, il a fait venir Pierre Mauroy et Louis Mermaz, le Premier ministre et le président de l'Assemblée nationale, qui ignoraient tout. J'ai demandé au garde qui surveillait la porte du secrétariat de les laisser entrer et leur ai remis le texte. Le Président était au maquillage. Ils l'ont lu debout, sans commentaires : Pierre Mauroy a un peu blêmi, Louis Mermaz a légèrement souri. Quelques minutes plus tard, François Mitterrand leur a dit : « Restez là, ne sortez pas avant vingt heures. » L'intervention télévisée a duré moins de dix minutes.

Nous nous sommes retrouvés aussitôt après dans le bureau de Jean-Claude Colliard qui avait réintégré les lieux. Le Président a bu d'un trait une coupe de champagne : c'est la première fois, peut-être la seule, que je l'ai vu faire ça. Et il a déclaré : « A partir de maintenant, on ne parlera plus de l'école, mais du référendum sur le référendum ! »

R.S. : Comment ont réagi vos amis laïcs ?

M.C. : Le lendemain matin, 13 juillet, le Président m'a chargé d'aller les voir pour leur donner les explications nécessaires : « Dites-leur bien que je n'ai pas trahi ! J'avais à gérer une situation difficile. Je ne voulais pas que le pays soit coupé en deux. Ce n'était pas leur intérêt. » J'ai rencontré Jean-Claude Barbaran et Michel Boucharessas, bien conscients que le pays traversait une situation dont on ne savait plus comment sortir. Mais ils étaient très malheureux. Toute leur vie, ils s'étaient identifiés à ce combat de la République, et il leur fallait reconnaître que les défenseurs de la laïcité ne s'étaient pas vraiment mobilisés. Leurs manifestations locales n'avaient rassemblé que quelques milliers de personnes dont beaucoup d'enseignants en fin de carrière ou de retraités de l'Education nationale. En face, l'enseignement privé avait réussi à faire descendre entre 1 et 2 millions de personnes dans la rue !

R.S. : Les dirigeants laïcs étaient donc à la fois déçus... et soulagés !

M.C. : Ils n'en voulaient pas au Président. Ils admettaient qu'il ne pouvait pas faire autrement parce qu'ils n'avaient pas pu mobiliser leurs troupes : leur combat n'était pas dans l'air du temps ! Et ils avaient redouté le référendum demandé par le Sénat : le Parti catholique aurait réuni dans les urnes plus de monde que le dimanche dans les églises ! N'oublions pas que beaucoup de nos électeurs étaient dans le cortège de Versailles, non pour défendre l'enseignement religieux, mais seulement pour conserver le droit de choisir la meilleure chance pour leurs enfants.

En fin de matinée, j'ai rendu compte de ma démarche. Le Président m'a glissé : « Rassurez nos amis laïcs : dites-leur que l'autre référendum n'est pas près de se faire ! » Puis il m'a fait lire la lettre de démission d'Alain Savary, soigneusement manuscrite, très noble et très belle, précisant : « Il ne peut pas faire autrement. »

On connaît la suite : le départ de Pierre Mauroy le 17 juillet, la nomination de Laurent Fabius, l'habile reconstruction de la paix à l'école par Jean-Pierre Chevènement. Finalement, comme le Président l'avait aussi prévu, la révision constitutionnelle n'a pas eu lieu : le Sénat, après avoir réclamé le référendum à cor et à cri, s'est chargé de l'enterrer !

R.S. : Sur le fond, François Mitterrand était-il réellement partisan de cette loi ?

M.C. : Il avait suivi personnellement sa préparation, avait même rédigé certains de ses articles et il la jugeait bien équilibrée. Il savait pouvoir compter sur une sorte de consensus résigné du côté des tenants de l'école privée, notamment chez les catholiques qui nous avaient fait passer des messages rassurants. Il l'a donc défendue jusqu'au bout : le 5 juillet 1984, à l'hôtel de ville du Puy-en-Velay, il avait encore répondu vertement au discours du maire qui l'avait quasiment accusé de tordre le cou à la liberté ! Mais il savait qu'avec les trois amendements socialistes de dernière minute, le texte ne passerait ni dans l'opinion, ni au Conseil constitutionnel.

R.S. : Saviez-vous qu'en novembre 1983 François Mitterrand avait rencontré Mgr Vilnet chez sa sœur, Geneviève Delachenal, ex-dirigeante du très catholique groupe de presse Bayard, et qu'il lui avait dit : « Je ne laisserai pas étouffer l'enseignement privé ! » ?

M.C. : Geneviève Delachenal, qui a beaucoup agi dans l'ombre, avec gentillesse et efficacité, me tenait au courant de toutes ses démarches et de l'évolution des esprits du côté de ses amis de l'enseignement catholique. Par son intermédiaire, j'avais d'ailleurs eu moi aussi des contacts avec ces milieux. Ils connaissaient la position du Président : « Convaincre sans contraindre », préserver la liberté de l'enseignement, l'intégrer sans choquer les consciences dans un vaste service public de l'éducation. Le texte d'Alain Savary avait été établi dans cet esprit. Leurs intégristes leur interdisaient de l'approuver, mais ils auraient fait silence : qui ne dit mot consent !

R.S. : Vous approuvez le retrait du texte. Pourtant, vous êtes laïc...

M.C. : Je suis laïc mais réaliste : nous n'avions pas les

moyens de faire autrement. Tout au long de ce processus, je suis resté fidèle à mes convictions en m'opposant à tout ce qui aurait abouti à favoriser abusivement l'enseignement privé au détriment de l'école publique. La loi Savary était habile et me convenait : mais modifiée par les amendements des députés socialistes, qui traduisaient un idéal impossible dans les circonstances du moment, elle n'avait plus aucune chance. Je suis toujours un farouche défenseur de l'école laïque. Mais depuis le vote de la loi Debré, on ne peut plus revenir en arrière, car une grande partie des dépenses est prise en charge par l'Etat : les enfants pauvres ont aujourd'hui les moyens d'aller à l'école privée ! François Mitterrand nous a dit souvent, en pleine crise de l'école : « Vous croyez vous livrer à un affrontement classique, gauche-droite, public-privé : c'est faux ! Ce conflit est d'un autre ordre : les parents, même laïcs, même de gauche, veulent une deuxième chance pour leur enfant. »

R.S. : Avant de nommer Laurent Fabius à Matignon, François Mitterrand vous charge d'une mission...

M.C. : Le matin où Pierre Mauroy lui a donné sa démission, le Président m'a appelé dès neuf heures. Il m'a dit : « Je vais nommer un nouveau Premier ministre cet après-midi, à seize heures. J'ai déjà beaucoup consulté. Mais je m'interroge encore. J'ai besoin de l'avis de Lionel Jospin. Allez lui demander ce qu'il pense des Premiers ministres possibles : Louis Mermaz, Laurent Fabius, Pierre Bérégovoy, etc. Le Premier secrétaire est à Bruxelles, pour la rentrée du Parlement européen. Filez le voir et soyez là avant seize heures. » Je saute aussitôt dans un avion du GLAM et je retrouve Lionel Jospin en bras de chemise dans son petit bureau du Parlement européen, en train d'écrire un discours. Je lui explique l'objet de ma visite : « Je vais décliner la dizaine de noms que m'a donnés le Président. Il lui faut ton avis sur chacun d'eux. Cette conversation restera entre toi et le Président. Tu peux compter sur mon silence. » Nom par nom, il m'a décliné les avantages, les inconvénients, les atouts et les risques. J'ai noté à toute allure, j'ai tout mis au net dans l'avion et j'ai foncé pour arriver dix minutes avant seize heures. J'ai tendu au Président une vingtaine de petits feuillets. Il les a lus attentivement et me les a rendus. Je lui ai dit : « Non, gardez-les. Moi, j'ai déjà oublié cette conversation. » Il m'a remercié et m'a dit : « Finalement, ce sera Laurent Fabius. »

R.S. : Le jugement de Lionel Jospin ne devait donc pas être trop défavorable à Laurent Fabius !

M.C. : Il n'était défavorable à aucun des dix candidats possibles. Lionel Jospin avait fait, en quelque sorte, une fiche technique pour chacun : il s'était refusé à établir un classement.

R.S. : Est-ce que les rapports Elysée-Matignon ont changé avec l'arrivée de Laurent Fabius ?

M.C. : Des habitudes avaient été prises avec Pierre Mauroy. Elles ont changé avec le changement d'homme. Avec Laurent Fabius à Matignon, François Mitterrand s'est plutôt mis en retrait. La phase de rupture avec la majorité précédente était terminée. Nous étions maintenant en régime de croisière, au moins jusqu'aux législatives.

R.S. : Entre François Mitterrand et Laurent Fabius, une grande complicité existait. Presque un rapport père-fils. Quand Laurent Fabius a pris ses distances, comment le Président l'a-t-il vécu ?

M.C. : Il y a d'abord eu : « Lui c'est lui et moi c'est moi. » Le Président n'a pas vraiment apprécié car la formule avait été employée en réponse à une question déplaisante pour lui.

R.S. : Et puis, il y a eu l'affaire Jaruzelski !

M.C. : Le Président a reçu M. Jaruzelski un mercredi matin et puis s'est envolé aussitôt après pour un voyage officiel aux Antilles. Il était très affecté par la mort d'un ami proche qu'on venait d'annoncer. Vers quinze heures, heure locale, nous nous retrouvons en bord de mer dans un petit village de Martinique. Le Président sur la plage, les pieds dans le sable, écoute les explications du maire, quand nous lui faisons passer avec Jean Glavany une dépêche qui venait juste de tomber : devant l'Assemblée, Laurent Fabius avait exprimé sa réprobation. Il l'a lue, nous l'a rendue et après un lourd silence nous a dit : « Qu'est-ce qu'il a, qu'est-ce qui lui prend ? » Il aurait pu lui reprocher de s'être dressé contre lui dans un domaine — la politique étrangère — qui est d'abord celui du Président. Il lui en voulait surtout de ne pas avoir compris que M. Jaruzelski était un moindre mal pour la Pologne et qu'il pouvait la faire évoluer. Il a ajouté : « C'est curieux ! Laurent Fabius, pourtant très intelligent, n'a pas compris pourquoi je l'ai reçu. C'est une erreur d'appréciation et une erreur historique. » Et il a conclu : « En France, on peut recevoir sans problème le chef des dictatures de l'Est : les gens de Moscou sont toujours les bienvenus ! Mais pas leurs disciples. Curieuse logique ! »

R.S. : La suite l'a montré, le Président a pardonné.

M.C. : Peut-être. Le temps a passé...

R.S. : Autre moment difficile pour le pouvoir, l'affaire Greenpeace. Quel rôle avez-vous joué ?

M.C. : Un rôle très modeste. Cette affaire était trop délicate pour que plusieurs personnes s'en mêlent. Le Président m'a seulement chargé d'une mission. Le 17 août 1985, il m'appelle : « Soyez demain, à neuf heures, à l'aéroport de Clermont-Ferrand. Dites au général Forray d'y être aussi. » C'était son nouveau chef d'état-major. Je le préviens et le retrouve à Clermont. Comme moi, il ignore ce que nous aurons à faire. Le Président, qui avait séjourné près de Clermont-Ferrand, à Condat-en-Combraille, chez Marie-Jo Pontillon, où il avait retrouvé Pierre Mauroy et Roger Quilliot, arrive et monte avec nous dans l'avion. Nous décollons pour Biarritz et il nous dit : « Qu'il y ait eu une erreur de la DGSE dans l'affaire Greenpeace, c'est probable. Mais les gens de Greenpeace veulent attaquer le site de Mururoa : je ne peux pas accepter que notre outil de défense soit menacé par des pressions extérieures. Je vais donc prendre et rendre publique une directive aux armées pour confirmer la poursuite de nos essais et leur rappeler que le site de Mururoa doit être défendu par tous les moyens. » Nous rédigeons un projet dans l'avion avant d'atterrir et de quitter le Président à Pau après une ultime instruction : « Filez à Saint-

Tropez voir Laurent Fabius en vacances, informez-le et demandez-lui son avis. » Nouveau périple aérien et routier. Nous finissons par découvrir le Premier ministre en famille, caché dans une villa ensevelie sous la verdure, avec Edmonde et Gaston Defferre. Nous travaillons un long moment avec le Premier ministre, qui appelle François Mitterrand pour lui demander d'atténuer la fermeté de sa directive. Après quelques discussions, le Président n'a accepté que des retouches mineures. Revenu à la base d'Hyères, j'ai dicté sa directive à Hubert Védrine, de permanence, qui a diffusé un communiqué le soir même.

R.S. : François Mitterrand vous a-t-il parlé de l'affaire Greenpeace, de Charles Hernu, qui était son vieil ami ?

M.C. : Un peu. C'était pénible pour lui. Il avait l'impression que tout le monde mentait, qu'il avait affaire à des amateurs, que la machine de l'Etat était grippée. Mais il n'en voulait pas plus à celui-ci qu'à celui-là et le départ de Charles Hernu, sans doute inévitable, l'a beaucoup peiné.

R.S. : En revanche, vous avez été largement associé à la réforme électorale...

M.C. : Oui, puisque tout ce qui touchait aux institutions et au fonctionnement de l'Etat entrait dans mes attributions à l'Elysée.

R.S. : Personnellement, vous n'étiez pas très favorable à la proportionnelle ?

M.C. : Elle a des avantages politiques et l'apparence de justice. Mais elle ne permet pas toujours de dégager la majorité indispensable à tout Gouvernement : voyez la situation des conseils régionaux depuis que le Front national divise les voix de la droite. La question de la réforme électorale s'est posée dès les débuts du septennat. Mais le Président et Pierre Mauroy avaient tranché : « On verra plus tard ! Les Français ne nous pardonneraient pas, alors qu'ils attendent un peu de mieux-être, de commencer par nous occuper de la réélection de notre majorité. » Finalement, nous n'avons rien fait jusqu'en 1985.

Le temps pressait. Ou l'on choisissait la proportionnelle,

ou il fallait redécouper toutes les circonscriptions vieillies par vingt-sept ans de mutations démographiques : c'était dans tous les cas de figure une épreuve redoutable à un an des élections générales ! Le Président n'a jamais été un très grand admirateur de la proportionnelle — sans doute le souvenir des majorités introuvables de la IVe République — mais il avait fini par intégrer son principe dans ses 110 propositions car la gauche y tenait beaucoup. Il faut dire qu'elle ne supportait plus les injustices du découpage de 1958. Mais François Mitterrand avait une préférence pour un mélange de proportionnelle et de scrutin majoritaire. Il trouvait le système allemand intéressant puisque les députés sont élus à la fois au scrutin majoritaire local et à la proportionnelle nationale. Je l'ai donc étudié mais j'ai très vite rencontré un obstacle constitutionnel de taille. En effet, dans le système allemand, les sièges nationaux sont attribués à la proportionnelle à partir des voix obtenues dans les diverses circonscriptions. Comme on ne peut pas aboutir à des demi-sièges, le nombre des députés élus sur le plan national varie donc de deux ou trois unités d'une élection à l'autre. Or, la Constitution française prévoit que le nombre des sièges des députés est fixé par une loi organique : il ne peut donc pas résulter de l'élection. Il aurait fallu réviser la Constitution, ce qui était impossible en raison du blocage du Sénat. Quant à faire un référendum, c'était hors de question ! J'ai participé aux réunions dans le bureau du Président, avec le Premier ministre, les ministres concernés et les dirigeants du Parti : nous avons finalement opté pour une loi organique fixant à 577 le nombre des sièges et une loi ordinaire organisant l'élection des députés à la proportionnelle. On ne peut pas dire que cette solution ait vraiment correspondu au souhait du Président. Mais nous n'avions plus le temps de faire autre chose : les lois électorales devaient impérativement être votées avant l'été 1985, car on ne change pas la loi électorale six mois avant une consultation générale. Certes, ce n'est pas interdit, mais il vaut mieux l'éviter !

R.S. : A cette époque, le Président vous a embarqué avec lui lorsqu'il a décidé d'aller en Nouvelle-Calédonie.

M.C. : Ce voyage a été incroyable : vingt-cinq heures de vol à l'aller et autant au retour pour seulement douze heures sur place ! Pour pouvoir faire d'une traite Paris-Los Angeles et Los Angeles-Nouméa, le DC 10 avait dû être allégé : il restait seulement 18 sièges ce qui nous a permis de nous étendre sur le plancher de la cabine dans des sacs de couchage militaires que le général Saulnier nous avait fait distribuer. Nous avons vainement essayé de dormir : toute la nuit, ceux qui allaient aux toilettes ou au bar nous enjambaient dans la pénombre et nous n'avons pas cessé de recevoir des coups de pied inopinés, à l'exception du Président, qui heureusement disposait d'une petite chambre à l'avant de l'appareil. J'avais suggéré à Michel Vauzelle de venir près de moi. Mal m'en a pris : il n'a pas arrêté de toussoter et de grogner, et c'est en vain que je l'ai gavé de somnifères !

Je crois que c'est au cours de ce déplacement que le Président a vécu une péripétie un peu bizarre dont il n'a jamais réussi à percer le côté mystérieux. Avant de se coucher, il a laissé rouler une petite pilule sous son lit et l'a vainement cherchée. Au réveil, il l'a retrouvée dans... la motte de beurre de son petit déjeuner ! Comprenne qui pourra...

R.S. : On a l'impression que vous avez passé les deux septennats dans les avions...

M.C. : J'ai effectivement quelques heures de vol ! Je me souviens d'un autre voyage mouvementé en Guyane puis à Mururoa, à l'automne 1985, après Greenpeace. Rien n'a marché. Il a fallu changer de Concorde à Roissy : après un coup de frein terrible en plein décollage, on nous a annoncé un « problème de freinage ». Cela a pris une bonne heure : car si la compagnie Air France disposait d'un Concorde de rechange prêt à partir, elle n'avait pas réussi à réunir en double exemplaire les rouleaux d'essuie-mains et de papier toilette, les savonnettes, etc. Nous avons donc vu passer pendant une heure, sur des plateaux d'argent, tout ce petit matériel sanitaire qu'on transférait d'un avion à l'autre !

Puis, à Kourou, la fusée a dû être détruite peu après sa mise à feu et a explosé en vol presque au-dessus de Dakar. Le Président a voulu aller réconforter les techniciens calfeutrés dans un bunker au pied d'Ariane, à quelques kilomètres de la salle de commandement : nous nous sommes perdus dans la forêt guyanaise, au milieu d'arbres immenses, dans le noir absolu juste troublé par les cris de la faune sauvage. Il a fallu faire demi-tour pour trouver un guide plus expérimenté. Les gaz n'étant pas encore dissipés nous avons dû patienter une heure en faisant les cent pas, dévorés par les moustiques. Le Président a prononcé un bref mais émouvant discours qui a remonté le moral du personnel, très affecté par cet échec de la recherche spatiale française et européenne.

Nous avons ensuite repris les hélicoptères pour Cayenne. Pour amortir le bruit, nous avions des casques sur les oreilles, et celui du Président, équipé d'un micro, lui permettait d'entendre les conversations du poste de pilotage. A un moment, il se penche vers moi, l'air découragé :

— Quand ça va pas, ça va pas !

— Que se passe-t-il encore ?

— Après le Concorde et la fusée, le deuxième hélicoptère avec Hubert Curien et le reste de notre équipe, vient de retomber au sol au décollage : panne électrique générale ! Heureusement, il n'y a aucun blessé.

Notre hélicoptère a donc dû faire un nouvel aller-retour pour récupérer toute la suite. Nous sommes enfin repartis pour Mururoa avec beaucoup de retard et le Concorde a forcé les feux : le Président a ainsi obtenu le record mondial de vitesse en vol commercial pour la traversée du Pacifique. Et je crois qu'il le détient toujours !

Faut-il évoquer aussi l'incident avec le Président Garcia lorsque nous avons fait escale au Pérou à l'aller ? On m'a raconté — car je dormais — que M. Garcia, qui estimait beaucoup François Mitterrand, avait souhaité le saluer à l'aéroport de Lima pendant qu'on faisait le plein de l'avion. Mais nous étions tous fatigués. Il était pour nous huit heures du matin heure de Paris et nous n'avions pas dormi un seul instant. Le Président s'est couché au départ de Cayenne. A Lima, personne n'a osé le réveiller alors que le Président Garcia était au pied de l'avion. On a fini par expliquer la situation au Président péruvien qui, très gentil, nous dit :

« Je comprends. Ne réveillez pas le Président, il doit se reposer car votre voyage est encore long. Je le saluerai au retour. » Et il s'en va. Entre-temps, quelqu'un a prévenu le Président et lui a dit que son homologue péruvien faisait le pied de grue au bas de l'échelle du Concorde. Le Président est furieux : « Je vous avais dit de le prévenir que je le verrais au retour ! » se lève en maugréant, se rhabille, et descend pour apprendre que le Président Garcia vient de partir pour ne pas le déranger !

Le Président se recouche et nous repartons pour arriver à minuit, heure locale, sur l'atoll de Mururoa. Ereintés, nous avons vite rejoint nos petites cases pour essayer de récupérer. Enervé, je n'arrivais pas à dormir. Je suis sorti prendre l'air. Le ciel était magnifique, sans nuages, rempli d'étoiles qui se reflétaient en scintillant sur l'océan. C'était splendide. J'ai alors aperçu le Président au bord de la mer. On lui avait installé une petite table, presque les pieds dans l'eau avec une modeste lumière. Il a écrit, regardé la mer et n'a pas dormi. C'était assez grandiose de voir ainsi sa silhouette se découper dans la nuit, seul, dans le silence rythmé par le clapotis des vaguelettes. Le lendemain, bon pied bon œil, il a visité nos installations techniques, a tout vu et s'est fait tout expliquer. Puis il a réuni l'ensemble des militaires présents, de tous les grades, pour leur exposer la stratégie de défense de la France et la place qu'y tenait le site de Mururoa. Et nous sommes rentrés à Paris sans incident. A la seule exception de l'escale de Lima. François Mitterrand est descendu — il faisait encore nuit — pour saluer le Président Garcia : mais ce dernier avait fait savoir qu'en raison de l'heure tardive, il ne souhaitait pas obliger le Président à se lever. Il n'était donc pas venu !

CHAPITRE 6

R.S. : Le dimanche 16 mars 1986, la droite gagne les élections législatives. La gauche n'est pas écrasée : le PS, avec plus de 30% des suffrages exprimés, réalise son meilleur score, si l'on excepte la marée rose de juin 1981, et reste, avec 215 députés, le premier parti de France. Mais il perd le pouvoir. On entame la première expérience de cohabitation. François Mitterrand a-t-il hésité, comme on l'a dit, à nommer Jacques Chirac à Matignon ?

M.C. : Le Président était naturellement décidé à tenir compte des résultats des élections. Il savait que le principal leader de la majorité était Jacques Chirac, mais il disait : « La Constitution ne m'oblige pas à choisir le chef de la majorité. Je nommerai à Matignon celui qui acceptera de respecter les institutions et donc mes prérogatives. » Outre les contacts personnels que le Président a pu avoir, Jean-Louis Bianco conduisait les discussions avec Edouard Balladur. Jacques Chirac et son équipe tenaient absolument à la procédure des ordonnances. Mais le Président leur a fait savoir sans ambiguïté qu'il apprécierait cas par cas et n'accepterait pas la remise en cause des droits acquis ni des libertés fondamentales. Sous-entendu : « Ne me demandez pas de faire votre travail. Vous avez la majorité, faites voter vos lois, je ne peux pas m'y opposer. Mais j'ai le droit de refuser de signer les ordonnances. » Pour le cas où Jacques Chirac n'aurait pas accepté ses conditions au sujet du recours aux ordonnances, le Président s'était ménagé d'autres solutions. Aussi a-t-il chargé Jean-Louis Bianco d'appeler Jacques Chaban-Delmas : « Il n'est pas exclu que le Président vous propose de constituer le Gouvernement. » Il m'avait demandé de faire la même démarche auprès du Président Giscard d'Estaing. J'ai fait remarquer au secrétaire général de l'Elysée que nous aurions peut-être à ramener l'un ou l'autre d'urgence à Paris : ils étaient en effet respectivement à Bordeaux et à Chanonat, près de Clermont-Ferrand. Nous avons donc expédié deux avions en attente à Mérignac et à Aulnat.

Le jour de la nomination de M. Chirac, Jean-Louis Bianco a invité Edouard Balladur à partager un frugal plateau-repas dans son bureau de l'Elysée : l'essentiel du menu était toujours les ordonnances ! Le Président m'avait demandé de remettre à M. Balladur la note que je lui avais rédigée sur le sujet : c'était juridiquement si peu discutable, que les positions de la Maison Chirac ont fini par évoluer. Vers quinze heures, au terme d'ultimes échanges, le Président nous a prévenus, Jean-Louis Bianco et moi, qu'il recevrait M. Chirac à seize heures pour le nommer Premier ministre, ajoutant : « Informez discrètement quelques minutes auparavant MM. Chaban-Delmas et Giscard d'Estaing. Dites-leur les raisons et les conditions de mon choix et remerciez-les de s'être tenus à la disposition de la République. » J'ai donc appelé le Président Giscard d'Estaing. Le téléphone du château de Chanonat étant occupé, je n'ai pu le joindre qu'à seize heures pile. Je lui ai transmis le message convenu en soulignant que M. Chirac venait d'entrer dans le bureau du Président. Mon interlocuteur a compris la situation et admis que François Mitterrand n'avait guère d'autres possibilités dès lors que le maire de Paris donnait son accord aux divers points soulevés par le chef de l'Etat. Je le sentais cependant un peu déçu : malgré une carrière politique déjà longue, il n'avait jamais dirigé le Gouvernement, pas plus d'ailleurs que François Mitterrand. Même si cette raison n'était pas la seule, l'expérience de Matignon devait le tenter. Aussi, au moment de conclure, il a soulevé une ultime objection :

— Mais j'y pense : le Président ne peut pas nommer M. Chirac !

— Pourquoi donc, Monsieur le Président ?

— Parce qu'il est chef de parti. Il est président du RPR et il doit préalablement abandonner cette responsabilité : sous la Ve République, la tradition veut qu'on ne nomme pas un chef de parti à Matignon.

— Mais il est trop tard pour alerter le Président de la République : M. Chirac est dans son bureau ! Et la Constitution n'interdit rien : nous sommes tout de même en régime parlementaire !

— J'insiste ! Le Président Mitterrand doit absolument avoir mon message avant de signer la nomination de M. Chirac.

J'ai réussi à convaincre un huissier de remettre un petit mot au Président.

R.S. : François Mitterrand a dû sourire en lisant votre mot. En a-t-il parlé à Jacques Chirac ?

M.C. : Ce n'est pas impossible, mais peut-être sans préciser qui était l'auteur de cette observation ! En tout cas, il m'a rendu mon papier sans commentaire.

R.S. : Est-il exact que le jour de la nomination de Jacques Chirac, il a confié à quelques collaborateurs : « Quand je pense qu'après-demain, je serai assis à la table du Conseil des ministres avec quarante types dont vingt au moins me haïssent. »

M.C. : Ce n'est peut-être pas la phrase au mot près : mais vous n'êtes pas loin de ce qu'il pensait. Je l'ai entendu dire : « Je serai seul face à EUX ! » On s'attendait à une cohabitation difficile dominée par un seul problème : l'élection présidentielle de 1988. Tout le monde savait que M. Chirac serait candidat. Nos partenaires de la cohabitation pensaient que François Mitterrand le serait aussi et qu'ils auraient donc affaire à un adversaire à l'Elysée jusqu'au scrutin. C'est ce qui a rendu la cohabitation beaucoup plus « rugueuse » qu'en 1993-1995.

R.S. : François Mitterrand vous a-t-il parlé, après, de ce premier Conseil ?

M.C. : Il était légèrement « sonné » en sortant. Il avait senti sur lui des regards lourds, une atmosphère de revanche !

R.S. : Les premières semaines ont été dures...

M.C. : Le Président nous avait ordonné de ne plus appeler les ministres et de rompre toute relation avec les cabinets : seul Jean-Louis Bianco pouvait rester en contact avec le Premier ministre et son équipe, notamment Maurice Ulrich. J'étais moi-même autorisé à travailler avec le secrétaire général du Gouvernement pour toutes les questions institutionnelles et pour l'organisation et l'ordre du jour des Conseils des ministres. J'avais donc de fréquents rapports avec Renaud Denoix de Saint-Marc. De temps à autre, à titre personnel, des ministres m'appelaient, ou bien je leur téléphonais quand le Président me demandait de régler un dossier. Les autres collaborateurs de l'Elysée devaient se contenter des papiers qu'on voulait bien leur transmettre. Jacques Chirac avait envie d'en découdre avec François Mitterrand. Mais se disputer avec le Président de la République le mettait mal à l'aise. Il se disait peut-être : « Si je réduis la fonction présidentielle, et que j'aie à l'exercer demain, je serai un président diminué. Et si je me retrouve, un jour, en situation inverse de cohabitation, je serai en bien mauvaise posture. » Le Premier ministre souhaitait certainement trouver un point d'équilibre convenable : mais autour de lui, on était moins conciliant.

R.S. : Etiez-vous coupés des sources d'information ?

M.C. : Le Président est normalement destinataire de tout ce qui concerne la sécurité intérieure et extérieure, la politique étrangère et la défense : dans ces domaines il ne peut pas y avoir de grande décision sans son accord. Or, nous avons très vite constaté que certains télégrammes diplomatiques n'arrivaient pas jusqu'à l'Elysée : c'était grave ! Comme je l'ai dit, tout ce qui concerne la sécurité intérieure, a fonctionné à peu près normalement : Charles Pasqua ne transmettait certes pas tout, mais il envoyait à l'Elysée ce qu'il jugeait nécessaire à l'exercice de la fonction présidentielle selon sa conception gaulliste du pouvoir. En matière de défense, certaines décisions ont été contraires aux choix du Président ou à ses arbitrages en conseil de défense. Je pense, par exemple, aux missiles à roulettes. La cohabitation a donc été un vrai combat !

R.S. : Moins d'un mois après la nomination de Jacques Chirac, François Mitterrand a réuni ses principaux collaborateurs de l'Elysée chez vous, à Puy-Guillaume...

M.C. : A la mi-avril, nous étions une quinzaine. Nous avons déjeuné à la maison, puis fait un tour à pied dans la campagne voisine. Nous sommes rentrés vers dix-sept heures et pendant deux bonnes heures, le Président nous a parlé. Il nous a expliqué comment il concevait la cohabitation, ce que nous pouvions faire et ne devions pas faire, comment sa Maison devait fonctionner, quelles étaient les perspectives politiques à court et moyen terme. Il nous a dit : « Je ne sais pas encore si je serai candidat. Mais vous devez être prêts à toute éventualité. » Puis il a procédé à un certain nombre d'analyses : « Voilà ce que va faire M. Chirac, voilà pourquoi il risque d'échouer », etc.

R.S. : Vous aviez tous conclu qu'il y avait de bonnes chances pour qu'il se représente ?

M.C. : Ce n'était pas non, mais pas oui non plus ! C'est typiquement la démarche du Président que Laurent Fabius décrit si bien dans son dernier livre : avoir toujours plusieurs fers au feu. Je crois d'ailleurs qu'il a décidé d'être candidat assez tard, vraisemblablement pendant l'été 1987 quand il a autorisé Pierre Joxe à constituer discrètement et à toutes fins utiles une réserve de papier pour l'impression des affiches, des professions de foi et des bulletins. Sans rien en dire à personne, sauf à un très petit groupe d'amis proches réunis à Latche dans l'été 1987 qu'il a invités à faire comme s'il était candidat, à se préparer à cette éventualité et à se taire. L'accumulation des petites et grandes mesquineries, des petites et grandes humiliations — je l'ai entendu prononcer ce mot plusieurs fois — l'a sans doute beaucoup poussé à se représenter : car le Premier ministre et le Gouvernement ne jouaient pas le jeu et la fonction présidentielle risquait d'être atteinte. Le Président disait : « Ils mériteraient que je les batte et que je leur donne une bonne leçon. » Ou encore : « Ils accumulent les bêtises et j'ai une opportunité. Il faudrait peut-être que j'y aille, sinon M. Chirac sera élu ! »

R.S. : Le premier tournant psychologique de la cohabitation aura été le refus par le Président, le 14 juillet 1986, des ordonnances de privatisation. Ce jour-là, François Mitterrand a marqué un point.

M.C. : La veille, il nous a convoqués, Jean-Louis Bianco, Robert Badinter et moi. Je lui avais déjà fait passer une série de notes juridiques confirmant sans hésitation qu'il n'avait aucune obligation de signer. Il était résolu à refuser sa signature et disait : « Quel que soit le débat juridique sur cette question, il me manquera toujours une goutte d'encre dans mon stylo pour signer. »

R.S. : Il y avait le risque politique que Jacques Chirac fasse un clash !

M.C. : La question a été envisagée : François Mitterrand a estimé qu'il devait assumer ce risque. Il disait benoîtement : « Si M. Chirac démissionne, je nommerai un autre Premier ministre et c'est tout. La nature politique a horreur du vide ! » D'ailleurs M. Chirac a dramatisé l'affaire à la télévision, bien qu'il sache parfaitement depuis plusieurs jours, que le Président ne signerait pas. Et il est resté ! J'ai la conviction qu'il n'a jamais envisagé de démissionner même si cette intention a pu être évoquée par son entourage qui faisait beaucoup d'intox.

R.S. : Comment les rapports entre François Mitterrand et Jacques Chirac ont-ils évolué ?

M.C. : Je crois que c'est M. Balladur qui disait à l'époque : « Le premier des deux qui dégaine est mort ! » Après une période d'observation, M. Chirac est entré dans une phase d'activisme qu'il jugeait nécessaire pour son image, sa carrière, et son élection à l'Elysée. Les rapports sont devenus tendus et difficiles.

R.S. : Pour les nominations, un domaine qui vous concernait au premier chef, on l'a vu, comment les choses se passaient-elles ?

M.C. : Elles étaient assez simples. Le Président avait dit : « Il y a les postes qui me regardent et ceux qui ne sont pas de mon ressort, les postes dans les domaines dont je suis responsable et comptable devant le pays et ceux qui touchent aux charges du Gouvernement. Les premiers sont les moins nombreux : c'est tout ce qui intéresse la sécurité, intérieure ou extérieure, les grands chefs de la police, le préfet de police de Paris, les directeurs des Renseignements généraux et de la DST, les principaux postes militaires — chefs d'état-major et directeurs de la DGSE et de la gendarmerie —, les grands ambassadeurs et les Directions du Quai d'Orsay, plus le grand chancelier de la Légion d'Honneur, le directeur du Trésor, qui touche aussi à la politique extérieure. Il y a aussi tout ce qui concerne l'Europe et le secrétaire général pour la Coopération européenne, le secrétaire général de la Défense nationale, les magistrats dont je garantis l'indépendance. » Pour tous les autres postes, le Président disait : « Le Gouvernement me propose ce qui lui convient. Je n'ai qu'à vérifier si l'intéressé n'est pas indigne et n'a pas de dossier judiciaire ou des antécédents conduisant à l'écarter au nom de la morale de l'Etat » — ce qui ne s'est pas produit — « et je signe. Pour les postes qui relèvent de mon choix, le Gouvernement doit avoir mon accord sur les personnalités qu'il me propose. » Le Président n'exigeait pas : « Je veux que vous nommiez M. Dupont à tel endroit », encore que la Constitution lui aurait permis de le faire. Ainsi, si Matignon lui disait : « Il faut changer le responsable de Mururoa », le Président répondait : « Faites-moi des propositions. » Puis : « Ces deux-là je n'en veux pas. Mais d'accord pour celui-là. » Il n'y a pas eu d'incident majeur. Le Président a quelquefois demandé, plus d'ailleurs durant la seconde que pendant la première cohabitation, que certains hauts fonctionnaires qui n'avaient pas démérité et que le Gouvernement jugeait utile de changer pour des raisons politiques, soient mutés honorablement. Il a hésité et tardé, à deux ou trois reprises, à accepter certaines nominations. Je pense en particulier à la révocation de Jean-Paul Huchon de la Caisse Nationale du Crédit Agricole : il a résisté pendant un mois et demi ! Vous voyez, il s'est même battu pour les rocardiens !

R.S. : Le gouvernement Chirac a décidé de modifier la loi électorale, de revenir au scrutin d'arrondissement et de redécouper les circonscriptions. Vous étiez, en quelque sorte, le correspondant de l'Elysée auprès de Charles Pasqua, grand maître du redécoupage...

M.C. : Dans un premier temps, le Président avait dit : « Je ne veux pas m'en mêler. » Mais Charles Pasqua avait insisté pour l'informer en temps réel et François Mitterrand a décidé que je serais l'interlocuteur du ministre de l'Intérieur. J'ai associé Gilles Ménage, directeur adjoint du cabinet, car c'était un très gros travail que je ne pouvais pas faire seul dans le bref temps imparti. Charles Pasqua m'a tenu informé département par département. J'ai pu, au fur et à mesure, faire le point avec le Président de la République. Il arrivait que j'adresse quelques remarques au Gouvernement, mais prudemment : je veillais à ne pas engager le Président pour qu'on ne puisse pas dire ensuite que l'Elysée avait participé au redécoupage et l'avait avalisé.

R.S. : Votre correspondant au ministère de l'Intérieur était Hervé Fabre-Aubrespy.

M.C. : Il connaissait remarquablement la carte électorale. Je n'en vois qu'un autre dans ce cas en dehors de François Mitterrand : mon ami le sénateur Alain Richard.

M. Fabre-Aubrespy était un adversaire politique et ne nous aimait guère. Mais son patron lui avait demandé d'être loyal avec nous et il l'a été. Jeune maître des requêtes au Conseil d'Etat, il lui manquait l'ancienneté pour être affecté dans un cabinet ministériel, et M. Marceau Long, vice-président du Conseil d'Etat, l'a donc pressé de réintégrer le Palais-Royal. Charles Pasqua était ennuyé et m'a demandé de convaincre Marceau Long de le lui laisser jusqu'au terme de l'opération de découpage. Finalement, le vice-président du Conseil d'Etat a bien voulu se priver de lui pendant trois mois, ce qui a évité que le dossier ne fût transmis en cours de route à quelqu'un de moins efficace.

R.S. : En définitive, peut-on dire que ce redécoupage était honnête ?

M.C. : Sur 577 circonscriptions, une cinquantaine environ est plus ou moins contestable et mériterait d'être revue. Mais globalement ce découpage est moins injuste que celui que nous avons trouvé en 1981. En tout cas il n'a pas réussi à empêcher la droite de perdre les législatives en juin 1988.

R.S. : Avez-vous informé le PS de ce qui se passait ?

M.C. : Non. Il avait été entendu entre le Président, le Premier ministre et Charles Pasqua que tout devait rester confidentiel et je ne pouvais donc rien communiquer au Parti socialiste. Nos amis ont parfaitement compris que le Président ne pouvait faire autrement : dès lors qu'il n'y avait pas d'indiscrétions du côté de la majorité, il ne pouvait y en avoir du nôtre.

La veille du jour où le découpage a été rendu public, et alors que quelques éléments commençaient à filtrer, le Président m'a demandé d'informer personnellement plusieurs élus socialistes sur le découpage de leurs propres départements, disant : « Ils vont devoir réagir publiquement, il vaut mieux qu'ils sachent à l'avance. » Je les ai donc prévenus en leur demandant : « Ne dites rien avant demain matin. » Mes interlocuteurs, Laurent Fabius, Lionel Jospin, Michel Rocard, Louis Mermaz, Jean Poperen, etc. ont respecté la règle du silence, d'autant que pour ce qui concernait leur département, le découpage ne leur semblait pas scandaleux. J'ajoute que, pendant les deux cohabitations, nous avons scrupuleusement veillé, à l'Elysée, à conserver secrets tous les papiers que nous recevions et qui concernaient les affaires de l'Etat. Nous étions destinataires de tous les documents soumis au Conseil des ministres. Le Président avait un dossier complet, Jean-Louis Bianco, Jacques Attali, Christian Sautter et moi aussi, et ensuite Hubert Védrine et Anne Lauvergeon. Il n'y a jamais eu le moindre incident.

Notre discrétion était un devoir et nous ne voulions pas être accusés de mener un jeu de démolition en utilisant les moyens que notre place dans l'Etat nous donnait pour connaître les détails les plus secrets de la marche des affaires publiques.

CHAPITRE 7

R.S. : La quête d'un second mandat constituait un énorme challenge pour François Mitterrand, puisque personne, avant lui, n'avait réussi à se faire réélire. Sa victoire a revêtu une double signification : non seulement les Français l'ont choisi pour conduire le pays pendant les sept années à venir, mais ils lui ont donné quitus pour les années passées. Belle revanche pour un Président qui a vécu des heures noires au cours du premier septennat ! Pourquoi, au moment où il est en position de force comme jamais, François Mitterrand choisit-il de nommer à Matignon son ex-rival, Michel Rocard, qui ne lui a jamais inspiré confiance ?

M.C. : Soyons justes. Le général de Gaulle a été réélu lui aussi mais François Mitterrand est le seul Président élu deux fois de suite au suffrage universel direct. Revenons à 1988 : le Président a fait campagne sur le thème de la « France unie », donc de l'ouverture et de l'élargissement de la majorité présidentielle. Bien qu'il détestât suivre les modes, il nous a expliqué, après son élection, que la situation politique et l'état de l'opinion rendaient Michel Rocard incontournable : « Je pourrais nommer Pierre Bérégovoy. Mais j'aurais aussitôt une campagne : pourquoi pas Michel Rocard, vous ne l'aimez donc pas... » etc. Quand j'ai présenté le décret de nomination du Premier ministre à sa signature, dans la bibliothèque du rez-de-chaussée quelques instants après la fin de son entretien avec Michel Rocard, François Mitterrand m'a dit : « Il faut vider l'abcès. Puisque tout le monde veut que je l'essaye, allons-y. Si je me trompe et s'il réussit, tant mieux : il sera élu Président de la République et ma succession sera assurée. On y verra plus clair dans six mois ! »

R.S. : On a beaucoup reproché à François Mitterrand de n'avoir pas fait l'ouverture. Rocard, à ses yeux, représentait-il à lui seul cette ouverture ?

M.C. : Pendant sa campagne de 1988, le Président avait clairement appelé à l'ouverture : mais pour la faire, il faut être au moins deux ! Or, les réponses que nous attendions de ceux qui avaient approuvé sa démarche ne sont finalement pas venues. Le choix de Michel Rocard signifiait néanmoins une certaine ouverture. En tout cas, il semblait alors le mieux placé pour réussir. Contrairement à ce qu'il pensait en 1981, Michel a admis qu'il fallait dissoudre pour avoir une majorité de gauche, et il n'a peut-être pas regretté que le Président ait exprimé le vœu qu'elle ne soit pas trop « hégémonique ». On a d'ailleurs critiqué très injustement François Mitterrand à ce sujet dans les rangs socialistes : or, le Président ne voulait pas nuire à ses amis ni freiner l'élan de sa victoire ; il souhaitait seulement que la gauche ait la majorité avec une « petite marge » et qu'elle ne soit pas aussi « écrasante » à l'Assemblée nationale qu'en 1968 — c'était alors la droite ! — ou en 1981. Quant à Michel Rocard, quel que soit son désir d'élargissement, il savait bien qu'il lui faudrait d'abord compter avec un Parti socialiste qui n'aurait pas accepté n'importe quelle alliance.

R.S. : Rocard a bien démarré, notamment avec les accords sur la Nouvelle-Calédonie...

M.C. : Il a commencé dans un climat euphorique. La droite était « au fond du trou » et elle avait fini piteusement : le carnage d'Ouvéa et les conditions de la libération des otages avaient profondément terni son image. De plus, Jacques Chirac venait d'être largement battu. Les initiatives de Michel Rocard sur la Nouvelle-Calédonie ont été voulues par le Président, qui a cependant laissé une très grande marge d'appréciation au Premier ministre. Celui-ci a incontestablement réussi : on en ressent encore les heureux effets aujourd'hui.

R.S. : Pourquoi, selon vous, le couple Mitterrand-Rocard n'a-t-il pas marché ?

M.C. : Le Président répétait souvent à Michel Rocard : « Faites votre métier de Premier ministre sans vous occuper du reste : il viendra de surcroît. Si vous ne pensez qu'à la future élection présidentielle, vous échouerez ! »

R.S. : Rocard ne l'a pas écouté ! Il était persuadé que le Président prendrait un malin plaisir à le faire chuter !

M.C. : En tout cas, la communication de Matignon a souvent cherché à en persuader les Français. Chaque fois que les choses allaient mal, la Rue de Varenne distillait : « Ce sont les contraintes que nous impose François Mitterrand, c'est la faute du Président qui manœuvre dans notre dos ! »

R.S. : Selon vous, le Président a-t-il vraiment joué le jeu avec Rocard ?

M.C. : Il ne l'a jamais bridé. Il l'a même souvent défendu et conseillé. Mais il n'a jamais cherché à peser sur le travail quotidien du Premier ministre. Il est arrivé qu'il doive le contrer : ainsi sur l'amnistie à la fin de l'année 1989. Le Président craignait les retombées catastrophiques de ce « coup d'éponge » sur les financements politiques et a mis plusieurs fois en garde le Premier ministre. Mais Michel Rocard y tenait, car il avait peur d'être accusé d'abandonner à la justice certains responsables d'autres courants du Parti : de guerre lasse, le Président l'a laissé faire, en exigeant que le texte de la loi du 15 janvier 1990 soit le plus strict possible. Dans d'autres cas, très rares, ce fut un « non » catégorique. Ainsi quand Michel Rocard, qui avait parfois besoin de l'appui des centristes, a voulu faire « évoluer » (sic) la loi Falloux ! Mais, le plus souvent, le Président a laissé faire son Premier ministre. Pour la création de la CSG par exemple, sur laquelle François Mitterrand était réservé. Il en approuvait le principe — puisqu'on élargissait le financement social aux possédants qui ne payaient rien — mais il aurait préféré qu'elle soit la conclusion d'une remise en ordre des comptes sociaux.

R.S. : Certains ministres proches de François Mitterrand ont traité Michel Rocard par-dessus la jambe. Plusieurs d'entre eux pensaient qu'ils avaient d'autres mérites et une autre envergure que lui, qu'ils seraient meilleurs à sa place !

M.C. : C'est un peu plus compliqué. D'abord, le Président n'avait pas demandé aux ministres « mitterrandistes » de saborder le travail du Premier ministre ni de lui compliquer la tâche : pour ce qui me concerne, jamais François Mitterrand ne m'a demandé quoi que ce soit en ce sens, et j'ai toujours été loyal avec le Premier ministre. Sous la Ve République, le chef du Gouvernement dirige l'action de ses ministres : il décide, il arbitre et il doit être obéi. N'imaginez pas le Président constamment derrière moi pour rendre la vie du Premier ministre impossible ! Mais les ministres appartenant à la majorité du Parti ont toujours considéré Michel Rocard avec la condescendance qu'on porte à un « minoritaire » : ils ont donc eu du mal à accepter son autorité et l'ont parfois contestée. En réalité, ils se méfiaient du Premier ministre : ils ne voulaient surtout pas qu'il profite de sa présence à Matignon pour modifier les équilibres rue de Solferino !

R.S. : Le Président lui-même ne tenait pas Rocard en grande estime et tout le monde au PS le savait.

M.C. : Le Président faisait très attention. Il ne voulait pas qu'on lui fasse porter la responsabilité d'un éventuel échec de Michel Rocard, qu'au demeurant il n'a jamais souhaité. Certes, le désaccord entre lui et son Premier ministre venait de loin. Ils s'étaient opposés sur l'Union de la gauche, puis sur la candidature de François Mitterrand en 1981, et la thèse qui l'a emporté alors a permis de gagner l'élection présidentielle. Ils s'étaient affrontés en 1981 sur la dissolution de l'Assemblée nationale, mais c'est grâce à elle que nous avons pu disposer de la majorité nécessaire aux réformes. Et je ne parle pas de la proportionnelle en 1985. Mais quand le Président a nommé Michel Rocard, leurs rapports étaient beaucoup plus détendus que quelques années plus tôt. Michel Rocard avait d'ailleurs participé activement à la campagne de 1988, parfois même aux côtés de François Mitterrand. J'ai assisté quelques instants à la fin de leur entretien avant l'annonce de la nomination de Michel à Matignon : c'était cordial et confiant. Le Président était conscient de l'état d'esprit des Français. En mai 1988, Michel Rocard avait un fort capital de sympathie personnelle dans le pays et sa nomination a été très bien reçue, au-delà même des rangs de la gauche.

R.S. : Rocard a duré trois ans ! Est-ce que ça veut dire que, d'une certaine manière, il a réussi ?

M.C. : En tout cas, il a duré plus longtemps que bien des pronostics de mai 1988 ne le laissaient entendre. Il est vrai aussi que la parenthèse de la guerre du Golfe a exclu tout changement de Gouvernement entre août 1990 et mars 1991.

R.S. : Pourquoi, selon vous, François Mitterrand l'a-t-il gardé si longtemps ?

M.C. : Le Président a toujours dit que sous la Vᵉ République, le Gouvernement doit disposer du temps nécessaire pour mettre en œuvre sa politique et en percevoir les résultats : il n'a jamais oublié l'impuissance des ministères de la IVᵉ République et n'a pas voulu multiplier les cabinets. Il avait prévenu dès 1981 : « L'Assemblée nationale dure cinq ans, et sauf si sa majorité se délite ou renverse le Gouvernement, il ne faut pas lui donner plus de deux Premiers ministres, trois au maximum, si on ne peut vraiment pas faire autrement. » Il s'est tenu à cette règle : entre 1981 et 1986, Pierre Mauroy est resté un peu plus de trois ans et Laurent Fabius un an et neuf mois. Après 1988, il n'a pas dépassé le chiffre de trois Premiers ministres. Dès lors, s'il lui arrivait de penser que la situation n'était pas satisfaisante, il n'avait pas de raison majeure de se séparer trop vite de Michel Rocard. Il voulait lui laisser le temps de faire ses preuves et d'engranger des suffrages pour la présidentielle de 1995.

François Mitterrand a sincèrement pensé que Michel

Rocard pourrait être le prochain Président, tout en sachant que celui qui occupe Matignon a du mal à se faire élire à l'Elysée. Sous la Ve République, aucun Premier ministre en fonction n'a été élu Président. Georges Pompidou élu en 1969, avait quitté le Gouvernement depuis un an, Pierre Messmer a renoncé à se présenter en 1974 et MM. Jacques Chirac et Edouard Balladur ont été battus en 1988 et en 1995. Selon la conception du Président, Michel Rocard aurait dû faire un bon parcours à la tête du Gouvernement jusqu'au milieu de la législature, puis prendre du champ pour réapparaître pour l'élection de 1995.

R.S. : Quand avez-vous compris que c'était bientôt la fin pour Michel Rocard ?

M.C. : Après le début de l'année 1991, le Président a commencé à évoquer, en privé, le départ de Michel Rocard, surtout parce qu'il jugeait qu'en milieu de législature, le Gouvernement était un peu usé. Mais nous étions en pleine guerre du Golfe, et ce n'était pas le moment de former un autre ministère. On pressentait que les combats dans le Golfe dureraient peu, même si on escomptait une résistance plus forte des Irakiens. On sentait qu'une nouvelle équipe serait installée début juillet, après la session parlementaire de printemps. Au demeurant, à cette époque, le Président s'interrogeait sur le choix du successeur : il avait manifestement plusieurs hypothèses, mais il ne tranchait pas. Le processus a semblé s'accélérer après la fin de la guerre, avec une brutale dégradation début avril. La Sécurité sociale traversait alors une grave crise financière. Son déficit n'atteignait certes pas les sommets qu'elle connaît aujourd'hui, mais la crise et le chômage avaient tari ses ressources : il fallait donc trouver des solutions pour équilibrer ses comptes et pour assurer le paiement des prestations. Car nous étions au plafond de toutes les facilités d'emprunts et d'avances — spécialement auprès de la Caisse des dépôts — et le régime général allait être en cessation de paiement pendant quelques jours à la mi-avril. Cette situation — impossibilité absolue de payer — ne s'était jamais produite auparavant. Naturellement, Pierre Bérégovoy et moi avions informé le Président. François Mitterrand a alors invité Michel Rocard à établir un plan de redressement des finances sociales. Le Premier ministre a aussitôt réuni un Comité interministériel : mais ses arbitrages n'ont pas été à la hauteur de l'enjeu. Pierre Bérégovoy m'a interdit d'ordonner aux trésoriers-payeurs généraux de faire des chèques sans provision et Matignon a dû leur donner directement les instructions nécessaires : le ministre de l'Economie était quasiment en état de rébellion ! Quelques jours plus tard, la Sécurité sociale a traversé deux nouvelles crises de trésorerie. Pour la deuxième fois, le Président s'est adressé à Michel Rocard. Dans la première semaine de mai, pour la troisième fois, il l'a fermement pressé d'agir.

R.S. : Quelle a été la réaction de Michel Rocard ?

M.C. : Les mesures à prendre n'étaient pas agréables et le Premier ministre craignait à la fois l'opinion et sa majorité : l'idée de remettre la Sécurité sociale en ordre ne faisait pas l'unanimité au groupe socialiste. Le débat sur le sujet est presque éternel et les arguments des uns et des autres ne sont pas tous différents de ceux qu'on entend aujourd'hui. Michel Rocard était prudent et il préférait les petits pas à une vaste réforme d'ensemble, d'autant que Pierre Bérégovoy avait proposé, peut-être sciemment, un dispositif politiquement et socialement dur. Dans la matinée du 14 mai 1991, le Premier ministre a présidé un troisième comité interministériel : comme les deux autres fois, les dispositions arrêtées n'étaient pas à la hauteur. Il restait encore un « trou » de l'ordre d'une vingtaine de milliards. Aujourd'hui ce chiffre fait sourire, mais dans le contexte de l'époque, c'était trop ! Et plusieurs des mesures de redressement adoptées étaient surestimées et aléatoires. La situation financière des régimes ne pouvait que s'aggraver.

R.S. : C'est juste au lendemain de cette réunion que Michel Rocard a été renvoyé. A-t-elle été le facteur déclenchant ?

M.C. : Depuis trois ou quatre jours, le climat était électrique. Le Président était excédé. Pour ne rien laisser paraître, et peut-être parce qu'il n'était pas encore fixé sur le successeur, François Mitterrand avait invité Michel Rocard à la petite fête conviviale et intime organisée chaque année pour l'anniversaire du 10 mai 1981. Nous sentions cependant que le sort du Premier ministre risquait d'être réglé avant la fin de la session. Mais je ne m'attendais pas à une telle accélération. Le lundi 13 mai, le Président très irrité m'avait reparlé du dossier de la Sécurité sociale. Après cette conversation, il m'a retenu à déjeuner avec Edith Cresson, son conseiller Abel Farnoux et Jean Daladier, fils de l'ancien Président du Conseil de la IIIe République, qui venait de publier les souvenirs de guerre de son père. A table et au café, nous n'avons parlé que du Vaucluse — département des Daladier et de Farnoux —, de la guerre, de la Résistance, du courage d'Edouard Daladier que le Président avait bien connu à l'Assemblée nationale après la guerre. Edith n'était plus au Gouvernement. Décontractée, joyeuse, elle était très en forme. J'ai raccompagné les invités jusqu'au perron et suis resté quelques minutes seul avec elle. C'est à ce moment-là qu'elle m'a dit : « Le Gouvernement va très mal. Je crois qu'il a du plomb dans l'aile. » J'ignorais les intentions exactes du Président et ce qu'elle en savait. Aussi ne me suis-je pas trop avancé et elle m'a lancé en partant : « Nous nous verrons très bientôt. »

R.S. : Vous avez revu le Président ensuite ?

M.C. : Je l'ai eu au téléphone dans la soirée du 13 et le 14, mais sans aborder le sujet du changement de Gouvernement. Le 14, j'ai été pris toute la journée par deux comités à Matignon, le matin sur la Sécurité sociale et l'après-midi sur le plan des futures lignes de TGV. En rendant compte le soir à l'Elysée, j'ai constaté que tous les détails de la matinée étaient connus : Pierre Bérégovoy était passé voir le Président en sortant de Matignon pour leur rencontre hebdomadaire du mardi.

R.S. : Comment était Michel Rocard pendant ces réunions ?

M.C. : Je n'ai rien remarqué le matin. Mais l'après-midi, je l'ai trouvé énervé et désabusé. Il plaisantait, en forçant la note : « Mais rajoutez donc un TGV ici, et puis un autre là. Au point où j'en suis, je m'en fiche, tout ça n'a plus d'importance et je ne serai plus là pour les faire ! » Le Premier ministre, distrait et lointain, n'était pas comme à son habitude. Cette réunion a été un cauchemar. J'étais épuisé par une hémorragie nasale que je n'arrivais pas à enrayer. J'avais du sang sur ma chemise et ma cravate, je me sentais très mal et Michel Rocard s'est ému de ma triste figure.

En sortant de ce comité, j'ai appelé l'Elysée pour rendre compte et suis parti me faire soigner au Val-de-Grâce. Revenu vers vingt-deux heures trente à Bercy, on m'a appris : « Le Président a essayé de vous joindre. Il vous rappellera demain matin. »

Cet accident de santé m'avait éreinté. J'ai passé une très mauvaise nuit et au petit matin du 15 mai, à peine avais-je trouvé le sommeil que le téléphone a sonné. C'était François Mitterrand :

— Vous avez entendu la radio ?

— Non, je dormais !

— Depuis hier, Matignon a lancé une nouvelle campagne sur le thème « Michel est sûr de rester, le Président le lui a dit, etc. » On veut me forcer la main : qu'en dites-vous ?

Mal réveillé, je bredouille quelques mots sur les deux réunions de la veille. Le Président coupe court :

— Je sais, je sais. Il faut en finir ! Ma décision est prise : Michel Rocard me remettra sa démission à la fin du Conseil des ministres de ce matin. Venez me voir avant le Conseil avec les textes, la procédure de démission, les habituels échanges de lettres, etc.

Peu avant neuf heures, j'ai remis une note et les documents nécessaires au Président, en main propre dans son appartement. Nous parlons un instant :

— Monsieur le Président, il part, c'est entendu. Mais avez-vous la personne idoine pour la suite ?

— Naturellement !

J'ai compris que je n'en saurais pas plus. Juste avant l'arrivée de Michel Rocard, j'ai rejoint le bureau de Jean-Louis Bianco pour la petite conversation rituelle entre le Premier ministre, le Secrétaire général du Gouvernement et l'équipe de l'Elysée chargée du Conseil. Nous avons pris le café, comme de coutume. Personne n'imaginait ce qui allait suivre et surtout pas le Premier ministre, beaucoup plus détendu que la veille.

R.S. : Vous étiez le seul à savoir que son départ était une question d'heures ?

M.C. : Le seul de ceux qui étaient là. Car je suppose que le Président avait au moins prévenu Edith Cresson ! Naturellement, je n'ai rien dit, même après que Michel Rocard fut entré dans le bureau du Président. François Mitterrand et son Premier ministre sont ensuite descendus au Salon Murat. Leur tête-à-tête n'avait pas duré plus que les précédents. Les ministres ne se doutaient de rien et le Conseil s'est déroulé normalement. A la fin de la réunion, et après avoir prononcé le rituel « l'ordre du jour est épuisé », le Président a interrompu ceux qui se levaient déjà pour dire :

— M. le Premier ministre, vous souhaitez la parole ?

— Oui, Monsieur le Président de la République, vous m'avez demandé de vous remettre...

Personne n'a vraiment su à l'époque qu'un grave différend était survenu entre le Président et son Premier ministre sur la Sécurité sociale. Le Premier ministre avait pourtant eu le courage d'établir un « Livre blanc » sur les retraites, faisant sans complaisance le bilan des divers régimes et de leurs perspectives d'évolution catastrophiques si rien n'était fait avant la fin du siècle. Michel Rocard a préfacé ce « Livre blanc » et ce qu'il a écrit alors est un modèle de courage et témoigne d'un haut sens des responsabilités et de l'Etat. On dira qu'il n'a donné aucune suite à cette étude et qu'aujourd'hui le Président Chirac et son Gouvernement ont le problème sur les bras. Le temps lui a sans doute manqué. Je pensais qu'à l'automne 1995, lorsque M. Alain Juppé a lancé le débat sur la Sécurité sociale et surtout sur les régimes spéciaux de retraite, la droite ressortirait la préface du « Livre blanc », car Michel Rocard n'a pas fait une analyse très différente de celle de M. Juppé. Il aura été en tout cas le premier chef de Gouvernement à poser clairement le problème de ce qui nous attend entre 2005 et 2030 si aucune mesure n'intervient d'ici à la fin du siècle. Et c'est sur la protection sociale qu'il est tombé : paradoxe !

En tout cas, aussitôt après son ultime déclaration au Conseil, les ministres se sont égaillés comme une volée de moineaux pour être les premiers à annoncer la nouvelle aux journalistes massés dans la cour de l'Elysée. Michel Rocard a fait porter sa lettre à midi et demi. Je ne savais toujours pas qui le remplacerait. J'avais revu le Président après le Conseil, mais impossible d'en apprendre quoi que ce soit. A l'Elysée, personne ne savait rien, mais des bruits couraient : « Cresson, Bérégovoy, Mermaz... » Ce n'étaient que des rumeurs. Au premier étage du Palais, tout était prêt : le décret de nomination du nouveau Premier ministre, avec le nom en blanc, était sur le bureau du Président. Je lui avais dit : « Votre secrétaire Marie-Claire complétera. » Vers quatorze heures, le Président a informé Jean-Louis Bianco de son choix. Le Secrétaire général de l'Elysée a dévalé les marches jusqu'à mon appartement où déjeunait l'équipe du Conseil : « C'est Cresson ! »

R.S. : Au fond, la méfiance de François Mitterrand et la vôtre remontent aux années 60, lorsque Rocard était au PSU...

M.C. : Je n'ai jamais été très attiré par le PSU. C'était un groupuscule un peu irresponsable.

R.S. : Qui a nourri la gauche de beaucoup d'idées...

M.C. : Des idées fausses et naïves comme en mai 1968 ; des idées de sape de l'autorité publique et de l'Etat. Beaucoup de militants du PSU étaient des chrétiens mal dans leur peau. Dans mon département, ce parti présentait systématiquement des candidats là où ils pouvaient faire battre les nôtres. Insupportable !

R.S. : Vous n'étiez donc pas partisan de l'entrée de Rocard et de ses amis au PS en 1974 ?

M.C. : L'autorité de François Mitterrand a permis d'éviter le pire. Il persistait à penser qu'on tient mieux les gens dedans que dehors. Je n'ai pas toujours été de cet avis. Mais je reconnais que sans l'élargissement de la gauche non communiste, nous n'aurions pas gagné.

R.S. : Du jour où Rocard est entré, en 1974, il y a eu suspicion...

M.C. : Il y a eu des tentatives pour introduire des perturbations à l'intérieur du Parti et les affrontements ont été durs, comme au Congrès de Metz.

R.S. : Vous avez, bien entendu, participé à la bataille du Congrès de Metz !

M.C. : Naturellement. J'ai défendu pied à pied la motion Mitterrand dans mon département.

R.S. : Contre Roger Quilliot, le maire de Clermont-Ferrand, qui votait Mauroy et non pas Mitterrand !

M.C. : Oui et nos rapports à l'époque n'étaient pas très agréables. En revanche, au groupe socialiste de l'Assemblée, les députés étaient en majorité mitterrandistes. Nous avons tous beaucoup milité, mais le vrai responsable du succès de Metz, c'est François Mitterrand lui-même. Il a été très sévère avec Michel Rocard et il n'a pas été le seul. Laurent Fabius n'a pas été tendre non plus.

R.S. : François Mitterrand a dit aussi : « Ce que je pense de Rocard tient en un mot : je n'y crois pas. Et on ne peut pas me forcer à y croire ! »

M.C. : Il l'a quand même nommé Premier ministre.

R.S. : En 1981, la victoire de François Mitterrand était une victoire historique sur la droite. C'était aussi, dans votre esprit, une victoire sur la deuxième gauche. Toute la stratégie de Rocard avait consisté à dire : « il faut que je sois candidat parce que je suis le seul qui puisse gagner. Mitterrand n'y arrivera jamais ».

M.C. : C'était la victoire sur la droite de la politique de l'Union de la gauche. C'était aussi l'échec de ceux qui avaient combattu cette stratégie.

R.S. : Une victoire posthume, en quelque sorte, puisque les communistes avaient enterré cette union dès 1977 !

M.C. : Ils avaient cassé l'Union pour ne pas se diluer dans

une victoire aux législatives de 1978 qui aurait surtout profité au Parti socialiste. Ils se sont cependant rendu compte que leur électorat suivait mal. Il y avait débat — comme on dit — à l'intérieur du Parti. En 1981, ils ont joué le jeu au second tour. Qu'on le veuille ou non, ils faisaient partie de la majorité présidentielle. C'est ce que nos partenaires étrangers ont eu le plus de mal à avaler.

R.S. : Les Américains surtout...

M.C. : Lorsque le Président a appelé les communistes au Gouvernement, après les élections de juin 1981, un vent de panique a soufflé à Washington. On imaginait la France s'éloignant de l'Alliance atlantique pour se rapprocher du bloc de l'Est. Les Américains avaient une peur bleue que les secrets de l'OTAN ne filent directement de Paris à Moscou. Notre ambassadeur aux Etats-Unis, nos services spéciaux bombardaient le Président de notes sur l'angoisse du Président Reagan et de son équipe. Nos autres partenaires européens, qui connaissent pourtant mieux les subtilités de notre politique intérieure, n'en menaient pas large. Le Président Reagan a donc expédié à Paris son vice-président, George Bush, afin de rencontrer François Mitterrand. Après cette entrevue, tout s'est vite rétabli, d'autant que le Président a su faire les quelques gestes significatifs prouvant qu'il restait fidèle au camp occidental. Mais la psychose des Américains était telle que l'ambassade des Etats-Unis avait fait savoir : « Il est exclu que George Bush se retrouve face à face avec les ministres communistes : il serait contraint de leur serrer la main ! » Or, le vice-président des Etats-Unis devait voir François Mitterrand aussitôt après le Conseil des ministres, mais en arrivant il risquait de croiser dans le hall MM. Fiterman, Ralite, Rigout et Le Pors. Le Conseil des ministres a donc été accéléré — en 1981, ils étaient longs car tout le monde parlait beaucoup — afin que la séance soit levée plusieurs minutes avant l'arrivée de George Bush. Ça n'a pas suffi aux Américains. Leur service du Protocole, sachant que les ministres sortaient par la Cour d'Honneur, a exigé que M. Bush arrive par les jardins. Si, par un mauvais hasard, les ministres communistes étaient partis au moment de l'arrivée de M. Bush, il les aurait vus de dos !

R.S. : Comment avez-vous jugé les débuts de Rocard au Gouvernement ?

M.C. : Il était ministre du Plan et il a tenté de lui redonner un peu de lustre. Parce que depuis le général de Gaulle, « l'ardente obligation » était à l'abandon. Sa tâche n'était pas facile car en démocratie, quand les élections arrivent et qu'il faut faire réélire la majorité, on distribue à tout va, sans se préoccuper du plan, et parfois même en faisant le contraire de ce qu'il a prévu ! En 1981, le plan n'existait plus. Il n'est pas en meilleure forme aujourd'hui...

R.S. : François Mitterrand avait dû penser la même chose. Ça explique qu'il ait nommé Rocard à ce poste !

M.C. : J'ignore ce que le Président pensait du plan. Il y croyait sûrement plus que moi et il savait qu'une partie de la gauche y était attachée.

R.S. : Michel Rocard aura marqué son passage avec la création des contrats de plan.

M.C. : Les contrats de plan, c'est malheureusement le retour à la confusion d'antan et Michel Rocard n'en a sans doute pas eu conscience. Dans ce système, l'Etat et les collectivités locales se transforment en mendiants. Le premier dit : « Je n'ai pas assez d'argent pour cette route nationale, mais si la Région m'aide à faire des travaux, je ferai un geste ailleurs. » La Région répond : « Puisqu'il vous faut 100 millions, faisons 50/50. Mais aidez-moi à payer ce lycée. Je vous donne de l'argent pour vos routes si vous m'en donnez pour mes lycées. »

Le premier principe de la décentralisation, voulue en 1981 par le Président et par Gaston Defferre, était la clarification des compétences et des financements : plus de transferts de charges ni de financements « croisés » en tous sens ! Gaston Defferre avait dit : « Qui fait quoi, qui est responsable de quoi, qui paye quoi ? » C'était un réel progrès.

R.S. : Ces contrats de plan sont-ils encore en vigueur ?

M.C. : Bien sûr. Les Français reprochent à l'Etat d'être

trop bureaucratique mais n'aiment rien tant que le compliqué. C'est un système ruineux pour l'Etat qui s'oblige à accepter des engagements pluriannuels lourds. Tout est rigidifié cinq ans à l'avance et on finira par établir le budget de la Nation avec un ordinateur et sans le Parlement. Et l'invention de Michel Rocard a fait des petits : on a vu fleurir ensuite les contrats de ville, de quartiers, de petite-ville, le plan université 2000, les contrats de rivière-propre, etc. Aujourd'hui, on assiste à des spectacles lamentables dans les inaugurations : le président du Conseil général, qui a payé les portes, marche sur le ventre du préfet, qui a financé les fenêtres, lequel piétine le président du Conseil régional qui a offert les lavabos. Chacun veut être au premier rang sur la photo du journal local. Cette situation est déshonorante pour l'Etat et pour les élus du suffrage universel. Michel Rocard n'a certainement pas voulu ce retour à la confusion d'autrefois : mais nous y sommes !

R.S. : A l'Agriculture, vous ne pouvez pas nier les résultats de Rocard !

M.C. : Michel Rocard n'a pas échoué : les tracteurs n'étaient pas tous les jours sur les routes et les organisations agricoles avaient d'excellentes relations avec lui.

R.S. : Le hasard a fait que, le soir où Rocard a téléphoné à François Mitterrand pour annoncer sa démission, vous dîniez à l'Elysée ?

M.C. : Pas exactement. Je suis passé souhaiter « bonne nuit » à Jean Glavany qui était de permanence. J'étais donc là par hasard à minuit et demi quand Michel Rocard a téléphoné. Le Conseil des ministres avait délibéré de la proportionnelle le matin même. Michel Rocard a dit : « Ce n'est pas possible. Je veux parler au Président : je démissionne. »

R.S. : Quelle a été votre réaction ?

M.C. : Je me suis dit qu'il était peut-être, à cet instant précis, sous l'influence de quelques proches un peu énervés : je ne pensais pas qu'il puisse faire ça de sang-froid ! On ne réveille tout de même pas le Président de la République à une heure du matin pour lui expliquer qu'on démissionne parce qu'on a des états d'âme sur... la proportionnelle ! Ça peut attendre le lendemain. J'ai trouvé cette démarche puérile et imprudente. Si nous avions eu la proportionnelle en 1993, Michel Rocard aurait été réélu député et l'Assemblée nationale n'aurait pas été privée de son expérience et de son talent. La proportionnelle lui a tout de même permis d'accéder au Parlement européen et au Sénat.

R.S. : Comment a réagi le Président ?

M.C. : Vous imaginez ! Mais tout cela n'était pas innocent : si Michel Rocard avait attendu que le jour se lève pour donner sa démission, elle n'aurait pas autant intéressé la presse. Il a joué la dramatisation en mimant une sorte de roman de cape et d'épée : le preux chevalier Rocard mande le vieux châtelain en pleine nuit pour lui intimer : « Abaisse le pont-levis, je sors... »

R.S. : En fait, il préparait sa candidature pour la présidentielle de 1988 !

M.C. : Bien sûr et il recherchait toutes les occasions médiatiques, fussent-elles baroques. Mais la presse parisienne y est tellement favorable...

R.S. : Elle était déjà beaucoup moins rocardienne en 1985 !

M.C. : Elle l'était encore assez : « Ce Michel Rocard tout de même : quel panache, quelle classe ! Oser réveiller Dieu en pleine nuit. Sa conscience l'étouffe et l'empêche de dormir. Comparé à ce vieux satrape, il est la pureté incarnée. »

R.S. : Une partie de la presse n'avait pas jugé très sérieuse cette démission nocturne.

M.C. : En aparté : car les chroniqueurs en ont retenu un coup d'éclat courageux. Et ils l'ont ensuite souvent rappelé !

R.S. : Peu de temps après, Rocard a affirmé à la télévision qu'il serait candidat « quoi qu'il arrive »...

M.C. : Mais il s'est retiré, comme en 1981.

R.S. : Beaucoup plus tard, quand il a pris le contrôle du Parti socialiste, après la déroute électorale de 1993, vous avez réagi violemment. Vous avez même démissionné du groupe socialiste au Sénat.

M.C. : Les socialistes venaient de perdre les législatives. Ce n'était pas une surprise ! Mais la défaite était telle qu'ils ont réagi comme des enfants privés de leur jouet : passe encore que les députés de base soient battus ; mais les dirigeants du Parti, c'est intolérable ! Ils se sont donc jetés dans les bras de celui qui pourrait peut-être leur rendre le pouvoir deux ans après. J'ai trouvé ça triste. Le PS a refusé d'admettre ses propres responsabilités. Comme si nos parlementaires et le Parti n'avaient pas passé leur temps, après 1988, à éreinter tous les gouvernements successifs ! Ils n'ont pas analysé qu'en critiquant l'exécutif tout en votant imperturbablement pour lui, le peuple finirait par se lasser : « Puisque vous avez dit et redit que ce qui a été fait est mauvais, comment réélire des députés qui ont soutenu une mauvaise politique ? » Refusant de se flageller, ils sont tombés à bras raccourcis sur les boucs émissaires qui étaient à leur portée : le Premier secrétaire et le Premier ministre sortant, et ont abouti à un misérable petit coup d'Etat contraire aux statuts. Or, le Parti socialiste est très moralisateur. Dès qu'une loi est violée, surtout si c'est par nos adversaires, il monte immédiatement au créneau : « Violation insolente, démocratie bafouée, libertés en péril, etc. » Je ne me suis jamais fait à ce raisonnement jésuite et j'ai toujours refusé qu'on piétine les règles, au Parti comme ailleurs. Puisque la direction a décidé de ne plus respecter les statuts, j'ai fait comme elle : j'ai quitté mon groupe du Sénat et versé ma cotisation parlementaire directement à ma section de Puy-Guillaume. J'étais toujours membre du PS mais je n'appartenais plus à son groupe du Parlement. Lorsque tout est rentré dans l'ordre, au Congrès du Bourget, et que Michel Rocard a enfin été élu légalement, j'ai immédiatement réadhéré au groupe sénatorial. Je me suis donc mis six mois entre parenthèses des statuts, comme mon parti. Roger Quilliot a fait comme moi.

R.S. : Même quand Michel Rocard est devenu légalement le patron du Parti, il n'a jamais été considéré comme un vrai leader par François Mitterrand. Le Président disait : « Parmi les gens qui le soutiennent, il y a des amis à moi qui ne lui laisseront pas faire n'importe quoi. »

M.C. : Il disait cela pour se consoler. En réalité, il avait du mal à admettre que certains de ses plus anciens et plus fidèles amis aient pu soutenir cette opération. Il leur en a voulu. Après son élection à la tête du Parti, Michel Rocard a écrit au Président pour lui demander rendez-vous. François Mitterrand a beaucoup tardé à lui répondre, avant de le recevoir lors d'un petit déjeuner.

R.S. : Aux européennes, Michel Rocard a conduit la liste socialiste. On a beaucoup dit que le Président avait incité Bernard Tapie à faire sa propre liste pour contrer Rocard et l'éliminer...

M.C. : Une nouvelle fois, sans le moindre commencement de preuve !

R.S. : Le Président a quand même reçu Tapie quelques jours avant le début de la campagne...

M.C. : Avant le démarrage de la campagne, François Mitterrand a dit à son équipe de l'Elysée : « Je vous demande de ne pas vous occuper des européennes et en tout cas pas de la liste Tapie : ne m'impliquez pas là-dedans. » Le Président avait très tôt prévu l'échec de notre liste : il ne voulait surtout pas en être tenu responsable. La situation était très différente de celle de 1984, lorsque l'Elysée avait fortement encouragé la liste Stirn-Doubin-Lalonde : en plein accord avec le Parti, dirigé par Lionel Jospin, le Président nous avait alors demandé de l'aider à se constituer. Cette fois-ci, ses instructions étaient claires et nettes et nous n'avons rien fait pour soutenir Bernard Tapie. Maurice Benassayag, contacté pour figurer sur sa liste, a refusé. Quant à moi, je n'ai reçu qu'une seule visite : celle d'André Sainjon, ancien dirigeant de la CGT, élu européen sortant sur la liste socialiste. Notre dialogue fut sans ambiguïté :

— Les socialistes m'ont évincé de leur liste malgré tout ce que j'ai fait au Parlement européen et ce que je représente dans le monde ouvrier. C'est injuste. Comment réagira cette Maison si je vais sur la liste de Bernard Tapie ?

— Cette Maison a des ordres. Elle ne se mêle de rien à ce sujet et elle ne réagira pas.

— Mais donne-moi un conseil : à ma place, que ferais-tu ?

— Fais ce que tu as envie de faire. Je ne te donne aucun conseil : le Président nous l'a interdit.

— Est-ce que le Président m'en voudra si je vais sur la liste Tapie ?

— Il ne s'occupe pas de cette élection.

André Sainjon est parti sans la bénédiction qu'il espérait.

R.S. : Pas de feu vert donc, mais pas de feu rouge non plus !

M.C. : Nous ne nous mêlions pas de cette question.

R.S. : Mais encore une fois le Président a reçu Tapie !

M.C. : Nous étions encore loin de l'élection. Bernard Tapie était parlementaire de la majorité présidentielle et il avait demandé rendez-vous depuis longtemps. François Mitterrand recevait beaucoup de responsables politiques et voulait connaître les intentions de Bernard Tapie, notamment ses positions sur l'Europe qui ne lui étaient pas indifférentes.

R.S. : Avez-vous rencontré Rocard avant l'élection ?

M.C. : Longtemps auparavant, je lui avais dit loyalement : « Si tu veux être candidat à la présidentielle, ne sois pas tête de liste aux européennes. Notre échec aux législatives est encore trop récent et tu ne t'en relèveras pas. » Il m'avait répliqué : « Je ne peux pas faire autrement. » Au fur et à mesure qu'on approchait du scrutin, le Premier secrétaire baissait dans les sondages. Ses amis se sont alors mis de la partie : « L'Elysée aide Tapie en sous-main pour torpiller Rocard. » Avec Maurice Benassayag, nous étions même accusés personnellement et nous avons demandé l'autorisation au Président d'aller voir Michel Rocard pour faire cesser cette rumeur. François Mitterrand nous a dit : « Non seulement je vous autorise, mais je vous encourage. C'est assez.

Michel Rocard et ses amis cherchent un responsable de leur échec : je ne veux pas être celui-ci. Mettez les choses au point avec Rocard. »

Nous avons donc rencontré Michel une quinzaine de jours avant l'élection. Il nous a reçus sympathiquement et nous a dit : « Je ne crois rien, mais j'entends ce qu'on me rapporte. Je suis cependant sensible à votre démarche. »

Je lui ai répété : « Je persiste à penser que tu as fait une erreur en prenant la tête de liste... » et lui ai raconté la visite d'André Sainjon : « C'est ma seule participation à cette élection et il n'a reçu ni avis ni conseil. » Michel Rocard a souri : « Tu as été moins clair que moi : il m'a fait la même visite et je l'ai encouragé à aller avec Tapie. »

R.S. : Pendant la campagne, Bernard Tapie a beaucoup défendu le bilan de François Mitterrand et sa politique européenne. Michel Rocard, moins...

M.C. : C'est sans doute Bernard Tapie qui a le mieux défendu le bilan de François Mitterrand et sa politique européenne. Sa campagne, très européenne, est même parfois apparue plus proche des conceptions du Président que celle de Michel Rocard, ce qui est un comble : car il n'y a jamais eu la moindre feuille de papier à cigarette entre Michel et François Mitterrand sur l'Europe. Dans le même temps, certains proches de Michel Rocard nageaient en plein désarroi et allaient jusqu'à dire des choses contradictoires : par exemple que François Mitterrand n'avait plus aucune audience dans le pays... mais qu'il avait tellement de poids qu'il serait responsable de l'échec de leur leader ! J'ai beaucoup souffert pour Michel Rocard à cette époque : non seulement parce qu'il était le Premier secrétaire de mon parti, mais aussi parce qu'il est sûrement le plus gentil des rocardiens et que beaucoup l'ont trompé !

R.S. : Le score de Rocard a-t-il surpris François Mitterrand ?

M.C. : Il l'a trouvé sévère pour les socialistes, mais il a précisé le soir des élections : « Vous voyez, on n'a pas eu besoin de l'aider. »

R.S. : Le fait que Michel Rocard ait dû quitter le Parti après sa déroute aux européennes, comme Laurent Fabius l'avait quitté après la défaite aux législatives, n'a pas dû vous peiner !

M.C. : J'ai trouvé la réaction du Parti aussi injuste que celle qu'il avait eue à l'égard de Laurent Fabius. Les socialistes avaient appelé Michel Rocard dans un moment de panique et ils lui faisaient payer à son tour leurs propres erreurs. Michel Rocard et ses amis n'ont pas compris, en prenant à la hussarde la direction du PS en avril 1993, qu'ils étaient l'instrument de la vengeance et du dépit d'une majorité qui ne les aimait pas et qui leur ferait un mauvais coup à la première occasion.

R.S. : Aviez-vous exclu que Rocard puisse faire une bonne campagne présidentielle ?

M.C. : Nous étions trop près de mai 1995 et sa défaite était trop cruelle pour qu'il puisse se relever en quelques mois. C'est ce que le Parti a ressenti en le remplaçant à sa tête.

R.S. : Aujourd'hui, quel avenir voyez-vous à Rocard ?

M.C. : « Un homme politique qui n'est pas mort ou physiquement diminué n'est jamais fini ! » dit-on. L'Histoire nous a appris d'étonnants rebondissements : voyez François Mitterrand après l'Observatoire ou après mai 1968 ! Si nous gagnons les législatives de 1998, il y aura une période de cohabitation. Michel Rocard paraît avoir de bonnes relations personnelles avec Jacques Chirac, et le Président de la République peut très bien l'appeler à Matignon en pensant : « Je le connais, et il appartient à la gauche modérée. » Michel Rocard a le droit d'y croire : tout est possible !

CHAPITRE 8

R.S. : Vous êtes donc devenu ministre du Budget dans le deuxième gouvernement Rocard en mai 1988. Le moins qu'on puisse dire c'est que, dans le temple de la technocratie, vous avez été un ministre atypique.

M.C. : J'arrivais avec des idées simples. Il n'y a qu'un seul patron : le ministre. Politiquement responsable de tout, c'est lui qui doit rendre des comptes aux représentants du peuple. C'était, en effet, un discours atypique.

On m'a d'abord expliqué que mon cabinet était déjà constitué. Car j'héritais d'une partie des collaborateurs de Pierre Bérégovoy qui couvrait à la fois les Finances et le Budget dans le premier gouvernement Rocard. En outre, chaque grande direction délègue traditionnellement un correspondant au cabinet, qu'on avait déjà pressenti pour moi. J'ai dit : « Pas question, je veux choisir moi-même. » J'ai donc repris plusieurs collaborateurs de Pierre Bérégovoy mais j'en ai imposé d'autres. C'était, en effet, un comportement atypique.

Je n'ai jamais regretté d'avoir procédé ainsi. J'ai eu la chance, pendant plus de quatre ans, de pouvoir m'appuyer sur des cabinets très compétents dont les membres étaient plus des amis que des collaborateurs. J'ai « usé » seulement deux directeurs de cabinet : Jean-Dominique Comolli, devenu ensuite directeur général des Douanes puis Président de la SEITA, dont il a fait la meilleure des sociétés privatisées ; Philippe Calavia, aujourd'hui directeur général du Crédit national. Ils ont su m'aider à appeler à mes côtés des hommes et des femmes de talent, passionnés du service de l'Etat. Mon équipe était devenue une sorte de « pépinière » dans laquelle on puisait. Le Président de la République, les Premiers ministres successifs ont appelé auprès d'eux plusieurs de mes collaborateurs — comme Colette Horel par exemple. Certains ministres ont fait de même : ainsi entre autres Guillaume Pepy, mon conseiller social, a dirigé le cabinet de Martine Aubry, et Richard Descoings a rejoint Jack Lang. A Bercy, nous étions un petit groupe amical et soudé, auquel je faisais toute confiance et qui m'était très dévoué. Tous savaient me dire la vérité, même quand elle n'était pas agréable. Mes cabinets étaient craints et réputés dans toutes les instances gouvernementales. En effet, mes collaborateurs connaissaient leurs dossiers à merveille et ne s'exprimaient jamais sans mon accord, ce qui tranchait avec ceux qui parlaient « au nom » d'un ministre qui n'avait pas toujours regardé le dossier. Celles et ceux qui ont servi à mes côtés me sont restés fidèles. J'évite de les déranger dans leurs nouvelles fonctions. Mais je sais que je peux toujours compter sur eux, tout comme eux peuvent compter sur moi.

R.S. : On a dit que vous avez peu délégué.

M.C. : J'ai prévenu d'emblée : « Je ne délègue rien d'important. Lorsque la loi dit " le ministre fait ", je ferai et personne d'autre. » Les arrêtés de délégation sont dans une machine à traitement de texte et on les ressort tels quels dès qu'un nouveau ministre arrive. Il signe souvent, sans lire, ces textes quasiment immuables depuis Clemenceau. Je les ai entièrement récrits. Au secrétariat général du Gouvernement, on était perplexe : du jamais vu ! J'ai décidé de tout signer personnellement, notamment les instructions et les circulaires, au grand dam des directeurs. Tous les jours, je traitais une énorme masse de dossiers et de papiers : si j'avais pris du retard, je n'aurais plus pu entrer dans mon bureau !

J'ai dû m'absenter souvent, en février-mars 1992, pour mener campagne en Auvergne comme tête de liste aux élections régionales. Deux ou trois fois par semaine, une camionnette, emplie jusqu'au plafond, m'apportait de Paris dossiers et parapheurs. Elle me rejoignait au hasard sur des routes montagnardes enneigées et je m'arrêtais aussitôt dans la mairie la plus proche. En dehors du Puy-de-Dôme, je connaissais peu les maires des autres départements. Alors je me présentais : « Michel Charasse. En campagne dans votre coin, je dois m'isoler pour signer quelques papiers urgents qu'on attend à Paris. Puis-je me mettre à l'abri chez vous ? » Il fallait voir la tête de la secrétaire de mairie ou du maire du village qui me voyaient investir les lieux avec mes gros cartons. J'ai été très bien reçu partout : on m'offrait une boisson chaude et la secrétaire de mairie — ou le garde-champêtre — restait après dix-huit heures en attendant que je finisse. Tous mes hôtes n'étaient pas des amis politiques, tant s'en faut. Mais tous observaient avec gentillesse et déférence les usages de la République.

Je m'étais aussi réservé certaines décisions que je jugeais importantes : poursuites pénales pour fraude fiscale, perquisitions douanières, dossiers disciplinaires des agents, remises de débets. Il m'est arrivé de récrire entièrement des projets de décrets, d'arrêtés ou de circulaires qui ne me convenaient pas. Rien d'essentiel ne se faisait au ministère sans que je l'aie décidé. Ça aussi, c'était atypique !

R.S. : Vous bousculiez les habitudes. Les réticences ont dû être fortes.

M.C. : Au début, j'ai affronté quelques petites « parties de bras de fer ». Mais j'étais le ministre : j'ai donc gagné. Très rapidement, les hauts fonctionnaires ont été plutôt heureux d'être déchargés de responsabilités qui n'étaient pas les leurs. Et je n'ai pas eu besoin de donner raison à la prédiction de Pierre Bérégovoy qui avait mis en garde son cabinet en ces termes, la veille de mon arrivée Rue de

Rivoli : « Vous allez voir ! Il est terrible ! Il obligera les directeurs à traverser son bureau à genoux ! »

R.S. : Vous avez utilisé des méthodes inhabituelles. Vous avez, par exemple, multiplié les visites sur le terrain...

M.C. : L'administration des finances est assez caporalisée et les hiérarchies y sont lourdes. Jeune fonctionnaire à Rivoli, dans les années 65, je n'ai jamais vu mon ministre une seule fois. J'avais le sentiment qu'il ne lisait jamais mes papiers. Aussi, lorsque les bureaux ont vu redescendre leurs dossiers annotés de ma main, ils n'avaient plus l'impression de travailler pour le roi de Prusse. Si, de surcroît, j'invitais le rédacteur d'une note — en l'appelant directement — à passer me voir pour en discuter, inutile de vous préciser l'effet pour le « moral » de la troupe. Dans le même esprit, je suis descendu sur le terrain pour voir comment travaillaient les agents et leur expliquer ma conception du service du public : « Votre tâche est difficile. La loi vous oblige à prendre l'argent des contribuables. Mais vous n'êtes pas les fermiers généraux de l'Ancien Régime et c'est le Parlement qui fait la loi. N'acceptez jamais qu'on vous critique sur le contenu d'un texte ou sur ses principes : cela ne dépend pas de vous. Toutefois, vous êtes responsables de la manière d'appliquer. Ne soyez jamais désagréables avec les contribuables, prenez-les aimablement au téléphone et répondez rapidement à leurs courriers, recevez-les, expliquez-leur. Vous devez présenter le meilleur visage de notre Administration. »

R.S. : Mais pourquoi des visites à l'improviste ? Vous vous méfiez de qui ?

M.C. : Dès qu'on annonce une visite ministérielle, c'est la mobilisation générale : on pousse les meubles, on nettoie les locaux, on met des plantes vertes... Je ne voulais pas débarquer dans des bureaux n'ayant pas leur allure habituelle ni me retrouver nez à nez avec les syndicalistes locaux qui m'auraient aussitôt demandé audience. Après mon départ, on aurait entendu : « Depuis quinze jours, on nous embête avec la visite du ministre. Il est arrivé, s'est enfermé une demi-heure dans le bureau du directeur, deux heures avec les syndicats et il est reparti. On n'a même pas pu lui parler ! » Grâce aux visites-surprises, je pouvais voir l'état réel des installations et réunir tout le personnel, syndicalistes compris, pour dire : « Nous avons une heure ou deux à passer ensemble, posez librement vos questions. »

R.S. : Vous répondiez, vous l'avez dit, aux contribuables, aux parlementaires...

M.C. : La plupart du temps, l'Administration avait raison. Mais si elle avait tort, je la désavouais sans hésitation. Saisi d'une réclamation infondée ou venant d'un fraudeur sans excuses, je rajoutais toujours à la main une remarque sévère : « Monsieur, vous vous moquez. Si vous continuez, je vais sévir. » Les chefs de service et leurs agents se sentaient vraiment soutenus quand ils recevaient le double de ma réponse pour leurs dossiers. Il m'est même arrivé de faire durcir certains courriers que je trouvais trop laxistes. J'étais là pour être juste, pas pour être complaisant.

R.S. : Vous êtes intervenu souvent pour réparer ces erreurs administratives surréalistes qui rendent les contribuables fous. Comment réagissait la technostructure ?

M.C. : Mal ! Je me souviens d'une dame rentrant de l'étranger qui avait trouvé dans sa boîte aux lettres un papier la menaçant de saisie : absente, elle n'avait pu payer sa redevance-télévision dans les délais. Elle se précipite à la perception et règle ce qu'elle doit, pénalités comprises. Deux jours plus tard, elle trouve sa porte défoncée : un huissier du Trésor était entré chez elle et avait emporté son poste de télévision. Cette femme m'écrit, indignée. Le directeur de la comptabilité publique me confirme qu'elle a payé, mais qu'il faut au moins quarante-huit heures pour interrompre une saisie. Il n'a pas pu finir ses explications : « Dans ce cas on prend son téléphone et on suspend la procédure. Il faut lui rembourser les frais de réparation de sa porte. »

— Monsieur le Ministre, vous prenez une décision très grave !

— Si cette dame nous traîne en justice, elle gagnera. Et moralement, notre attitude est choquante.

J'ai envoyé une lettre d'excuses à l'intéressée, accompagnée d'une indemnité de 1 500 francs. Au ministère, c'était la réprobation. Et pourtant le Conseil d'Etat a tranché comme moi sur une affaire analogue quelques semaines plus tard ! Remarquable et dévouée, l'administration des Finances est sûrement la meilleure de France. Scrupuleuse, compétente et travailleuse, elle a un très haut sens du devoir, de l'intérêt général et de l'Etat. Aussi, elle admet mal ses erreurs. Or, voilà que son chef avouait : atypique !

Autre histoire rocambolesque. Un samedi soir, vers vingt heures, la télévision annonce qu'un travailleur marocain de Nancy, smicard et chargé de famille, avait reçu un avertissement d'impôt lui réclamant plus de 3 millions de francs. Naturellement, il n'avait pas le premier sou pour payer et on allait le saisir lundi. J'ai fait chercher sur l'heure le trésorier-payeur général de Nancy, et lui ai dit : « Un, vous vérifiez ; deux, si c'est vrai, vous arrêtez ça immédiatement ; trois, dès lundi matin, vous ferez des excuses publiques à ce contribuable qui a certainement réclamé en vain ; quatre, vous me donnez les noms des coupables ! » J'ai ensuite appelé la presse régionale pour leur expliquer que tout était réglé. L'affaire a été traitée comme je l'avais prescrit mais je n'ai jamais obtenu les noms des coupables...

Un autre jour, j'ai appris qu'un chef de service départemental du ministère ne payait pas ses impôts ! Après des mois d'effort — car l'Administration traînait les pieds — j'ai réussi à le mettre en retraite anticipée.

R.S. : Vous deviez être la terreur des trésoriers-payeurs généraux qui sont, il faut le rappeler, les fonctionnaires les mieux payés du département ! Un jour vous faites irruption dans la salle à manger de celui de Bordeaux, à l'heure du déjeuner.

M.C. : J'avais rédigé moi-même des instructions écrites, sur la manière de traiter le dossier des Girondins de Bordeaux. Mais à la suite d'une intervention politique venant du cabinet du Premier ministre — qui ne m'avait pas informé — le TPG n'avait pas obéi. J'ai débarqué chez lui pendant qu'il déjeunait et je n'ai pas été aimable : « Vous présiderez cet après-midi la réunion que vous auriez dû tenir ce matin et vous appliquerez mes décisions avant dix-huit heures. » Ce qu'il a fait.

Je faisais mon travail avec un grand souci d'équité. Ainsi quand l'ancien ministre de l'Intérieur, Christian Bonnet, m'a soumis un matin au Sénat une situation injuste : quatre fonctionnaires en mission de secours dans le golfe du Morbihan avaient péri dans un accident d'hélicoptère, deux commandants, de gendarmerie et de sapeurs-pompiers, et deux fonctionnaires de la sécurité civile. Les statuts donnaient droit à pension immédiate et entière à la veuve du pompier et du gendarme, mais pas aux deux autres. Christian Bonnet me dit : « Trouvez-vous ça juste ? » J'ai pris presque sur-le-champ une décision discrétionnaire en accordant les mêmes prestations aux quatre veuves. Revenu au Sénat un moment plus tard, j'ai fait passer un petit mot à Christian Bonnet : « Affaire réglée. » Si j'avais procédé d'une façon classique, les services m'auraient fait une brillante note de dix pages pour m'expliquer que les textes m'interdisaient de donner satisfaction. L'Administration aurait été dans son rôle, j'étais dans le mien : elle ne connaît que la loi et elle a raison. Mais quand la loi est inéquitable, seuls les politiques peuvent agir.

Cependant l'Administration cherche toujours à être plus humaine et j'ai le sentiment de l'avoir aidée dans sa démarche...

R.S. : Vous avez défendu les contribuables contre l'Administration lorsqu'elle avait tort, mais vous avez défendu vos services lorsqu'ils étaient attaqués sans raison, d'une manière tout aussi atypique. Ainsi lorsque, peu après votre nomination, vous avez fait irruption, au petit matin, dans les studios d'Europe 1. Vous avez commencé votre intervention en disant : « C'est une affaire de cornecul ! »

M.C. : Guy Thomas tenait chaque matin une chronique de défense des droits des citoyens, sorte de sottisier de l'Administration. Un jour, je l'ai entendu dénoncer le comportement du percepteur d'Evian et j'ai aussitôt demandé des explications : il me paraissait impensable qu'un fonctionnaire des Finances se conduise comme on venait de l'expliquer à la radio. En fait, le contribuable s'était mis sciemment en tort et le lendemain matin, à six heures quarante-cinq, j'ai fait irruption à Europe 1 : « Je voudrais voir le directeur de l'Information pour défendre en direct à l'antenne un fonctionnaire injustement attaqué. » Guy Thomas a ensuite pris l'habitude de vérifier avant de parler !

R.S. : Vous avez eu, pendant que vous étiez à Bercy, une grève très dure, des personnels de l'administration des Finances. Et là, votre méthode n'a pas réussi. Ça s'est même très mal passé !

M.C. : Contre mon avis, Pierre Bérégovoy a invité le directeur général du personnel, M. Watine, à dresser un bilan social du ministère, que personne ne réclamait. Après consultation des directeurs et des syndicats, nous avons reçu un long rapport énumérant le détail de toute une série de revendications : c'était accablant et ruineux ! En outre, les salaires des enseignants étaient à l'époque fortement augmentés et les agents des Finances disaient : « Pourquoi pas nous aussi ? » Pierre Bérégovoy a créé plusieurs groupes de travail mais la montagne a fini par accoucher d'une souris : l'avancement accéléré de la catégorie C à la catégorie B pour six à sept mille agents. Les syndicats ont vivement réagi : c'était une décision beaucoup trop modeste au regard de tout ce que le rapport Watine avait souligné ! La grève a donc démarré. J'ai dit alors à Pierre Bérégovoy : « Accorde une prime spéciale de 250 francs par mois et le mouvement cessera. » Hélas ! Plusieurs collaborateurs de Pierre Bérégovoy s'en sont mêlés et il a tranché à 180 francs. Je lui ai dit et écrit : « 180 francs, ce n'est pas un chiffre. Ça ne marchera pas. » Après quatre mois de grève qui ont coûté cher, il a fallu accorder beaucoup plus !

R.S. : C'est pourtant vous que les syndicats ont accusé d'intransigeance. Pas Bérégovoy !

M.C. : Pierre Bérégovoy dirigeait peu de grands services et connaissait assez mal les agents : seulement 4 à 5 000 fonctionnaires de l'Administration centrale, de la Concurrence et du Trésor dépendaient directement de lui. J'avais autorité sur tous les autres, soit plus de 165 000 agents des Impôts, de la Comptabilité publique, des Douanes, du Budget, de la Législation fiscale et divers autres petits services. Au début de la grève Pierre Bérégovoy me tançait : « Sois ferme. » Il n'avait pas besoin de me le demander, c'est dans ma nature ! Les grévistes ayant mis plusieurs services en panne, j'ai dû alerter Pierre : « Nous avons pris du retard dans les recouvrements et je suis obligé de retarder les congés. » Réponse : « D'accord. » Résultat : tout le monde m'est tombé dessus. En outre, dès qu'un centre des Impôts ou un centre d'informatique était bloqué, le ministre d'Etat me chargeait de faire le nécessaire et j'envoyais les CRS. Les grévistes ont fini par dire : « Ce Charasse est un salaud. » Et je suis devenu leur bête noire car j'exécutais alors que Pierre Bérégovoy, qui commandait, n'apparaissait jamais sur le devant de la scène.

En septembre, je lui ai dit : « Les centres informatiques sont bloqués. Plus rien ne marche et je ne peux faire les payes du mois ni pour nos agents, ni pour l'ensemble des fonctionnaires en retraite, ni pour les anciens combattants. Ça va être la révolution ! » Pierre Bérégovoy, ancien syndicaliste, a réagi : « On ne peut pas faire ça. Il faut trouver une solution. » Il a ordonné d'utiliser d'anciennes bandes informatiques plus ou moins erronées. Je n'étais pas de cet avis. Autre différend avec le ministre d'Etat : une trentaine d'agents avaient menacé physiquement le chef du centre des Impôts de Sète pour qu'il leur accorde le dégrèvement de leur taxe d'habitation. J'ai décidé de révoquer tout le monde et de saisir le tribunal correctionnel. Mais Pierre Bérégovoy a tout arrêté. A partir de ce moment-là, je lui ai dit : « Pierre, ce sera désormais ton conflit : tu le géreras seul, je ne m'en occuperai plus. » Et je me suis retiré de tout.

Début octobre, nouvel échec des négociations. Hervé Hanoun, directeur de cabinet du ministre d'Etat, refusait toujours de lâcher plus de 180 francs. Je lui en ai voulu car il a fait porter, sans doute avec la meilleure bonne foi du monde, une lourde responsabilité à Pierre Bérégovoy. Le lendemain sort un tract : « Pierre Bérégovoy nous amuse et bloque la négociation sous l'œil goguenard et insultant de son ministre du Budget qui interpelle les syndicalistes pendant la réunion et qui se moque d'eux ! » Or, je n'assistais pas à cette réunion, étant au même moment en séance de nuit à l'Assemblée nationale. En réalité, je crois que les syndicats m'en ont voulu d'emblée pour trois raisons. Premièrement, en arrivant rue de Rivoli, j'avais écrit au personnel : « Quand vous avez un problème, saisissez-moi directement. » C'est tout de même la moindre des choses qu'un agent puisse en appeler à son ministre ! Les syndicats en ont déduit que je voulais les court-circuiter. Deuxièmement, j'avais réuni un jour, sous la Pyramide du Louvre, des vérificateurs, pour faire le point sur leurs difficultés en matière de contrôle fiscal. J'avais autorisé les syndicats à y prendre la parole, mais en précisant : « Cette réunion a un caractère purement administratif. Vous pourrez cependant participer au débat à raison de cinq minutes chacun. » Allez savoir pourquoi, ils n'ont pas apprécié. Troisièmement, je statuais moi-même sur les dossiers disciplinaires et mes représentants dans les conseils de discipline devaient s'en tenir à mes directives. Or, dans la Fonction publique on révoque rarement, sauf chez les policiers, les gendarmes et les militaires, et sauf crime ou presque. Ce n'est pas normal. Quand un agent commet une faute grave — c'est rare, mais ça arrive, hélas — toute la hiérarchie se mobilise pour lui trouver des circonstances atténuantes. Il s'en tire souvent avec une sanction modérée. J'ai toujours refusé cette conception du service public : « Quand on vole un franc, on est révoqué. Le conseil de discipline n'est pas un tribunal. Il ne rend pas la justice et il n'a pas à rechercher les circonstances atténuantes. Il doit seulement apprécier si le comportement du fonctionnaire est compatible avec l'éthique et l'intérêt du service. »

Les syndicats ont évidemment réagi. Mais ils ont fini par admettre que j'avais raison, d'autant plus que j'ai poursuivi impitoyablement ceux qui attaquaient, insultaient ou menaçaient les fonctionnaires du ministère. Je saisissais moi-même, dans tous les cas, le procureur de la République compétent et j'ajoutais à la main : « Je compte sur votre fermeté. » J'ai obtenu beaucoup de condamnations.

Pendant la grève, il m'est arrivé de dire tout haut ce que tout le monde pensait. A Nice, je suis allé voir des grévistes de la faim : « Quand on gagne 10 000 ou 20 000 francs par mois, on ne fait pas la grève de la faim. Vous devriez avoir honte de l'image que vous donnez de l'Administration dans une France qui compte des millions de chômeurs. » Ils ont ensuite prétendu que je les avais insultés : « Vous vous rendez compte, il a osé faire un mauvais jeu de mots en brocardant les agents " d'assiette " qui font la grève de la faim ! » Or, sur le moment, je n'avais pas pensé à cette amusante présentation des choses.

R.S. : Vous vous êtes encore signalé par un comportement et un langage tout à fait inhabituels pour un ministre du Budget. Vous aviez par exemple accusé Air Inter, au moment des grèves à répétition, de « se foutre de la gueule du monde ».

M.C. : Les passagers de la compagnie le pensaient et me poussaient à intervenir. Aujourd'hui, le vols concernés — Clermont-Ferrand-Paris — sont devenus plus réguliers.

R.S. : Vous aviez affirmé aussi que les banques « piquaient le blé des Français ».

M.C. : Vous croyez que c'est faux ? Elles sont là pour ça. Les banques, qui ne rémunèrent pas les comptes, prétendaient taxer les chèques et les cartes bleues. Ce projet avait suscité une très grande émotion et j'ai dit :

« Si vous trouvez que les banques se conduisent mal avec vous, faites comme moi, ouvrez un compte au Trésor public. Tout y est gratuit. » J'ai aussi rappelé à la radio que le Crédit agricole pressurait un peu trop les paysans. Après chaque intervention de ce genre, je recevais un bon millier de lettres : cent de réprobation, mais neuf cents de félicitations.

R.S. : Vous avez vendu vos bretelles aux enchères.

M.C. : Dans une émission pour les Restaurants du Cœur : 200 000 francs à un Belge.

R.S. : Vous avez rendu visite à deux douaniers qui avaient été inculpés et emprisonnés pour avoir agi à la limite du droit lors d'une saisie de haschich.

M.C. : Je me suis toujours senti proche des douaniers qui font un travail très difficile contre les trafiquants de drogue. A Dijon, trois douaniers, emprisonnés à la suite d'une « livraison contrôlée » de drogue qui avait mal tourné, étaient manifestement victimes d'autres services, jaloux de leur efficacité. J'estimais que leur détention était abusive et compromettait l'action des agents infiltrés au péril de leur vie dans les réseaux de trafiquants. Au cas particulier, le juge voulait connaître les noms de nos informateurs. J'ai fourni un avocat aux douaniers mis en cause et je lui ai dit :

— Allez les voir dans leur prison. Rappelez-leur qu'ils ont agi conformément à mes instructions. Je leur interdis donc de parler et de révéler les noms qu'on leur demande. On ne peut tout de même pas démanteler nos filières et faire tuer nos agents. Je relève de la Haute Cour. Je suis prêt à y aller et à m'expliquer devant les représentants de la Nation qui auront à me juger.

Quelques jours plus tard, les pressions étaient si fortes que le moral des emprisonnés commençait à flancher. J'ai eu peur qu'ils ne finissent par compromettre notre réseau. J'ai alors annoncé à la télévision : « Je vais aller les voir en prison. » A mon grand étonnement, le juge m'a donné un permis de visite, contre photocopie de ma carte d'identité. Je ne comptais pas annoncer ma venue, mais le juge a dû la flairer et ils ont été libérés la veille du jour où j'avais décidé d'aller les voir. Quelques mois plus tard, une loi les a amnistiés et les poursuites ont cessé.

J'ai dû également agir dans deux autres dossiers, alors que plusieurs douaniers avaient affaire à la justice, toujours pour des saisies de drogue. Près de Belfort, je suis allé visiter un poste de douane dont certains agents étaient inculpés pour un motif dérisoire. Là, je me suis contenté d'ironiser et j'ai dit à la télévision : « La justice est indépendante. Je suis sûr qu'elle fera son métier et que l'enquête sera sérieuse. Je me permets cependant de donner un conseil au juge : il faut qu'il entende aussi le chien des douaniers, qui était là et qui a tout vu. C'est un témoignage capital ! » Les choses en sont restées là et l'amnistie est passée elle aussi.

Je suis encore allé réconforter un douanier de Givet assigné à résidence et inculpé pour avoir blessé sans gravité, en légitime défense, un trafiquant de drogue qui essayait de l'écraser avec sa voiture. A ma demande, Georges Kiejman l'a défendu, avec efficacité, juste avant d'entrer au Gouvernement.

Inutile de vous dire que le Garde des Sceaux, Pierre Arpaillange, était très irrité par mes initiatives... Mais personne ne m'a reproché d'avoir fait passer les saisies de drogue de moins de 10 tonnes en 1988 à presque 30 en 1992. Et aujourd'hui, les chiffres sont encore plus éloquents, preuve que mes successeurs ont continué à soutenir la Douane dans la lutte courageuse et efficace contre ce terrible fléau.

R.S. : A votre initiative, le Trésor public a racheté la maison de Médecin, l'ancien maire de Nice. Une décision contestée...

M.C. : J'ai appliqué la loi. M. Médecin n'avait pas payé ses impôts et il avait une luxueuse propriété. Dans ce cas, la loi autorise la saisie des biens au prix fixé par les Domaines. C'est une pratique courante et presque quotidienne.

R.S. : L'Etat n'a pas fait une bonne opération puisque vous n'avez jamais réussi à la revendre.

M.C. : Tous les acheteurs potentiels ont reçu des menaces anonymes et il a fallu faire garder la maison par la police, puis par la Douane, pour qu'elle ne soit pas plastiquée. J'avais suggéré au Quai d'Orsay d'en faire une résidence pour les hôtes étrangers que la République reçoit actuellement à l'hôtel à grands frais. J'ai affronté aussitôt une campagne de presse : « La maison de Médecin transformée en résidence pour les riches ! Pourquoi pas les pauvres ? » Conclusion : l'Etat a la maison sur les bras. Avec le temps, elle se dégrade et son entretien coûte cher. La presse, si prompte à s'indigner de l'iniquité, ne s'est donc pas intéressée à une mesure d'économie certaine. Encore un exemple de sa pertinence.

R.S. : Avec vous, elle a toujours bon dos, la presse.

M.C. : L'opinion se fabrique, vous êtes bien placé pour le

savoir. Si la presse avait dit : « Bonne idée, ça va coûter moins cher à l'Etat », l'opération aurait été menée à bien et les contribuables auraient fait des économies.

R.S. : Après la guerre du Golfe, vous êtes allé au Koweit pour récupérer de l'argent. Un ministre du Budget, collecteur de fonds à l'étranger, on n'avait jamais vu ça !

M.C. : Sauf sous la IVe République mais dans un autre contexte. Tous les Etats engagés dans la guerre du Golfe s'étaient arrangés pour faire supporter une partie de leurs dépenses militaires par l'Arabie Saoudite, les Emirats, le Koweit, le Japon et l'Allemagne. Sauf nous ! Comme souvent, le Quai d'Orsay s'interrogeait. Je suis allé voir le Président : « Nous serons les seuls à ne rien recevoir. Puis-je partir en tournée pour agir comme nos alliés ? » François Mitterrand m'a donné son feu vert avec un message personnel pour les chefs d'Etat que j'allais visiter. Pierre Bérégovoy n'était pas très chaud : « Ça fait un peu mendiant ! » Je lui ai répondu : « Tu es frileux comme le Quai ! Les autres Etats se gênent moins ! » On m'a flanqué d'un diplomate ami, Thierry de Beaucé, alors secrétaire d'Etat, et nous avons formidablement défendu, ensemble, les intérêts de la France : il faisait de la diplomatie et je parlais d'argent. Notre avion du GLAM s'est d'abord posé à Abou Dhabi où l'émir Cheickh Zayed a vite donné son accord pour 500 millions de dollars. Le roi Fayçal d'Arabie Saoudite en a fait autant et l'émir du Koweit, encore réfugié près de Riyad, m'a confirmé une aide d'un milliard de dollars : au total 2 milliards de dollars, soit une dizaine de milliards de francs, plus 300 millions de marks offerts à la France par le chancelier Kohl ainsi qu'une petite contribution japonaise.

Globalement, la France a reçu plus de 11 milliards de francs, au titre du coût des opérations militaires. Cette somme n'a malheureusement pas suffi pour compenser nos énormes pertes de marchés extérieurs.

En quittant Riyad, nous avons tenu à faire un crochet par le Koweit tout juste libéré. Dans le désert, les Irakiens avaient mis le feu à tous les puits de pétrole. Le spectacle était dantesque. Notre équipage volait au jugé à travers d'énormes nuages de fumée sombre qui faisaient dégouliner une huile noirâtre sur les hublots. Après un atterrissage hasardeux sur l'aéroport de Koweit City, caché par des colonnes de fumée, défoncé et sans tour de contrôle, nous avons visité notre ambassade, dévastée par les Irakiens, puis salué les hommes du général Roquejoffre. Nos soldats déminaient seuls les plages et les bâtiments officiels : les autorités koweitis n'avaient confiance qu'en eux pour ce genre de travail. Elles savaient qu'ils ne remplaceraient pas les mines logées sous le bureau de l'émir par du matériel audiovisuel sophistiqué. Nos militaires nous ont ensuite invités à partager avec eux, dans les caves de l'ambassade, des boîtes de singe arrosées de soda et d'eau minérale. Nous leur avons demandé quels étaient leurs besoins et si nous pouvions leur être agréables en leur envoyant ce qui leur manquait : ils avaient le minimum indispensable, mais pas de quoi fêter la victoire dans la joie. Je proposais de leur expédier quelques caisses de bons vins français, mais l'humilité de leur réponse m'a touché : « Monsieur le Ministre, nous avons surtout besoin de fanions français. On nous en demande tous les jours, et pas seulement les enfants. Les Koweitis apprécient notre travail, la France est très aimée. » Avec Thierry, nous avons fait expédier des petits drapeaux tricolores et... quelques caisses de vin qui ont réussi à traverser sans problème les terres musulmanes.

Au tout début de l'après-midi, notre ambassadeur, Jean Bressot, arrivé l'avant-veille et campant dans sa résidence, que l'occupant avait sciemment transformée en porcherie, sursaute : « Vite, vite ! Il faut partir ! » Le gouvernement koweiti rentrait d'exil au même moment et il ne devait croiser aucun ministre étranger sur son sol national. Nous avons décollé en catastrophe, alors qu'il se posait. Thierry et moi avons été les premiers ministres des pays alliés contre l'Irak à poser le pied sur le sol du Koweit libéré. Mais après notre départ, le défilé n'a pas cessé et beaucoup — notamment les Américains — se sont précipités dans notre sillage, moins pour saluer le retour de la souveraineté de l'émirat que pour vérifier si je n'avais pas profité de mon passage pour leur souffler quelques juteux marchés.

R.S. : Le hasard a fait aussi que vous étiez à Bonn le jour de la chute du mur de Berlin.

M.C. : J'avais rendez-vous avec mon collègue allemand, Hans Tietmayer, aujourd'hui gouverneur de la Bundesbank. Nous étions en pleine négociation sur la suppression des frontières douanières. En fin d'après-midi, un huissier lui glisse quelques mots à l'oreille. Hans Tietmayer s'excuse, s'absente quelques minutes et revient, l'air préoccupé. Je m'inquiète :

— Rien de grave ?

— Non, merci... Enfin... je ne sais pas vraiment.

Notre réunion reprend. Quelques minutes plus tard, retour du même huissier : le ministre ressort et revient, l'air franchement inquiet. Il m'explique un peu désemparé :

— Je ne comprends rien à ce qui arrive. Il y a en ce moment une grande manifestation à Berlin et il semblerait qu'ils aient commencé à détruire le mur.

— C'est plutôt une bonne nouvelle, non ? Vous semblez ennuyé.

— Ça dépend.

Et dire qu'en France, on a reproché à François Mitterrand de n'avoir rien vu venir alors que j'ai assisté, en direct, à l'étonnement et à l'inquiétude d'un ministre allemand. François Mitterrand, lui, n'a pas été surpris. En arrivant à l'Elysée, en 1981, il nous avait invités à méditer sur l'évolution du monde d'ici à la fin du siècle : « A l'Est, le communisme va s'effondrer. Evidemment, je ne sais pas quand, peut-être avant l'an 2000, sinon peu après. » Une petite cellule s'est mise en place sur ce sujet autour de Pierre Bérégovoy et de Jean-Louis Bianco. Trois mois avant la chute du mur, François Mitterrand avait déclaré, dans une interview au *Nouvel Observateur* et à quatre grands quotidiens européens : « L'aspiration des Allemands à l'unité me paraît légitime. » Six jours avant, il avait affirmé : « Je n'ai pas peur de la réunification allemande. L'Histoire est là. Je pense que le souci de réunification est légitime pour les Allemands. Et personne ne doit se substituer à leur volonté. » Une fois de plus, le Président a été victime d'un mauvais procès. Comme dans l'affaire yougoslave.

Tout est parti de l'indépendance de la Croatie que l'Allemagne voulait absolument. François Mitterrand a tout fait pour persuader le chancelier Kohl qu'il fallait d'abord régler le problème des frontières et des minorités avant de reconnaître le nouvel Etat. Il l'a presque convaincu. Mais le chancelier lui a finalement expliqué que son opinion publique et son parti étaient très impatients. François Mitterrand aura tout fait pour empêcher l'irréparable. Sans oublier sa résistance à ceux qui le poussaient, avec une médiatisation outrancière, à envoyer toute l'armée française se faire tuer dans les Balkans.

R.S. : Au cours de ces quatorze ans, Mitterrand vous a-t-il confié des missions délicates à l'étranger ?

M.C. : Assez peu. Je suis allé à Cuba en 1983, pour l'ouverture de la ligne aérienne Paris-La Havane. J'étais avec Bernard Garcia, aujourd'hui ambassadeur à Berne, qui représentait Pierre Mauroy. Nous avons eu un excellent contact avec Fidel Castro. Il nous a reçus de minuit à quatre heures du matin. Il travaillait la nuit et était curieux de tout ce qui se rapportait à la France. J'ai dû lui donner un véritable cours de droit sur les institutions françaises : l'article 49-3 le passionnait. Grâce à ce voyage, nous avons pu convaincre les Cubains de libérer Valladares, intellectuel, écrivain et poète, injustement emprisonné. Il a été accueilli en France. A Cuba, on disait qu'il était torturé et presque paralytique. Arrivé à Paris, il courait comme un lapin. Pour apitoyer la communauté internationale, il avait simulé un état pathologique. Désormais, si je reste toujours très attentif aux manœuvres dictatoriales, je me méfie un peu de certaines situations lorsqu'elles sont présentées à grand fracas dans les médias.

J'ai porté plus tard plusieurs messages du Président à Fidel Castro. Ils se concluaient toujours par : « Vous devez établir la démocratie et la liberté. La France ne peut pas approuver ce que vous faites. Mais Cuba a le droit d'être souverain et de régler librement ses affaires. La France n'appuiera jamais la politique américaine actuelle. » François Mitterrand a saisi toutes les occasions pour dire aux Présidents Reagan, Bush et Clinton : « Votre position vis-à-vis de Cuba, au moment où vous évoluez sur la Chine et le Vietnam, est grotesque. Bougez, si vous voulez que Castro bouge aussi. » Le Président Clinton a répondu : « D'accord avec vous. Mais je n'ai pas de majorité aux Etats-Unis pour cette politique. » Le Président a accepté la visite privée de Fidel Castro à Paris, quelques mois avant son départ, parce qu'il a gardé jusqu'au bout l'espoir de le convaincre d'évoluer vers la démocratie. Fidel Castro a pris devant lui d'importants engagements en matière de droits de l'homme et de libertés. Hélas ! Il paraît tarder à les mettre en œuvre et certaines maladresses françaises ne lui ont pas facilité les choses.

R.S. : Comme ministre, vous avez effectué beaucoup de missions à l'étranger ?

M.C. : Assez peu. Le ministre du Budget voyage parfois en France, comme la plupart de ses collègues, mais rarement à l'étranger. En dehors du Golfe, du Mexique et de plusieurs voyages avec le Président, je suis allé au Bénin, avec Jacques Pelletier, à l'époque ministre de la Coopération. Le pays était alors en pleine évolution. Le régime marxiste-léniniste, en place depuis des années, avait été quasiment renversé et une conférence nationale, présidée par le très sympathique archevêque de Cotonou, mettait au point une constitution démocratique. Le Président Kerekou, homme fort du régime moribond, quasiment consigné dans son palais, se préparait à passer la main au Premier ministre, Nicéphore Soglo, brillant inspecteur des finances, venu tout droit du Fonds monétaire international.

Jacques Pelletier m'avait expliqué que, même mis à l'écart, M. Kerekou était toujours président de la République en titre et que le protocole exigeait que nous lui fassions une visite de courtoisie.

Pendant plus d'une heure, le Président Kerekou n'a pas cessé de parler et s'est livré à un long et émouvant monologue en forme de confession : il avait tout raté, s'étant lourdement trompé sur le marxisme scientifique, dont il se demandait s'il était autre chose qu'une utopie... Bref, il s'accusait, certes de bonne foi, de tous les malheurs de son pays. Et il en tirait les conséquences en laissant sa place.

Jacques Pelletier, notre ambassadeur et moi étions pétrifiés par cette autoflagellation que nous nous sommes bien gardés d'interrompre : il aurait été difficile, même par pure complaisance protocolaire, de donner tort à notre hôte.

En prenant congé, nous avons demandé au Président Kerekou quels étaient ses projets... L'air désemparé, il nous a dit tristement : « Je me retirerai sans un mot et ne ferai rien pour gêner mon successeur. Je souhaiterai bonne chance au Bénin puis je méditerai, lirai et voyagerai... » Il était déjà en retraite. J'ai souvent repensé à cette scène inouïe. Pour la première fois, un dirigeant à la main de fer reconnaissait qu'il avait terrorisé et martyrisé ses concitoyens, acceptait tranquillement et sans combat sanglant de s'en aller et trouvait même son éviction plus que méritée.

Avec Jacques Pelletier, nous nous sommes dit : « Mathieu Kerekou a gagné son paradis. »

Mais la politique, en Afrique comme ailleurs, réserve souvent des surprises : au printemps 1996, le Président Soglo, battu à l'élection présidentielle, a été remplacé par... Mathieu Kerekou, démocratiquement et régulièrement élu par la majorité du peuple béninois qui apparemment ne lui en veut plus. Je n'aurais jamais imaginé un tel revirement de l'opinion et de l'intéressé lui-même.

Notre voyage de retour a été mouvementé. Juste avant de quitter Cotonou, nous avions visité l'unique hôpital du pays, dont l'état restait, malgré les gros travaux déjà financés par la France, particulièrement préoccupant. Le service de pédiatrie était dans une situation abominable. Sale et délabré, sans aucun confort ni minimum d'hygiène, il dégageait une odeur pestilentielle. Il était surtout incapable d'accueillir convenablement toutes les mamans qui se pressaient avec leurs enfants atteints de graves maladies infectieuses, déshydratés, aux portes de la mort. Des dizaines de nourrissons étaient couchés à même le sol, sur des nattes en lambeaux, environnés de mouches. Beaucoup étaient perdus. La très aimable ministre béninoise de la Santé, médecin pédiatre, qui nous servait de guide, avait donc habilement profité de notre passage pour solliciter de la France une « rallonge » de crédits. Difficile de lui refuser. Mon collaborateur, Denis Morin, très compétent et gardien sourcilleux de l'orthodoxie et de l'équilibre budgétaires, effaré par ce misérable spectacle, avait donné son accord sans discuter pour 6 millions de francs et s'était aussitôt éloigné dans la cour pour ne plus voir ce funeste tableau.

Pleins de ces images de désolation, nous avons repris l'avion pour Paris. A peine arrivés à notre altitude de croisière, Denis Morin a commencé à se sentir mal. Ayant habituellement peur en avion, il s'isolait généralement dans un coin jusqu'à l'arrivée. Mais cette fois-ci, il était tellement blême qu'il a fallu l'allonger sur deux banquettes, à demi conscient, puis le placer un moment plus tard sous un masque à oxygène. Son état empirant, malgré les soins diligents de l'équipage, le commandant de bord prit la décision de se poser en urgence à Niamey, que nous survolions. Quelqu'un a annoncé cette nouvelle, qu'il croyait rassurante, à notre malade. Quasiment dans le coma, il s'est brutalement dressé : « Jamais ! Je vais beaucoup mieux ! » Le souvenir du mouroir de Cotonou s'est avéré le meilleur traitement.

Si j'allais peu à l'étranger, je me suis cependant rendu à deux ou trois reprises dans nos départements et territoires d'outre-mer. Je suis notamment retourné en Guyane où j'avais déjà fait escale en 1985, sur la route de Mururoa, avec le Président pour assister à un tir raté de la fusée Ariane. Le Président avait alors entendu quelques murmures acides dans son dos : « C'est Mitterrand qui nous a porté la poisse. »

Revenu à Kourou comme ministre, j'ai assisté à un nouveau tir d'Ariane : comme la fois précédente, la fusée est encore tombée en direct sous mes yeux !

Quand je suis rentré à Paris, le Président m'a dit en riant : « La démonstration est faite : l'autre fois, je n'y étais pour rien ! » J'étais en effet le seul de nous deux présent lors de ces ratages. Le CNES a-t-il eu vent de cette remarque ? Toujours est-il que je n'ai plus jamais été invité...

R.S. : Finalement, vous avez plus voyagé comme conseiller de François Mitterrand que comme ministre...

M.C. : Beaucoup plus et j'en ai conservé des souvenirs formidables.

Ainsi en février 1984, nous avons fait escale à Bali avec Gaston Defferre et sa femme au retour d'un déplacement officiel à Brunei pour les fêtes d'indépendance du Sultanat. Gaston représentait le Gouvernement et moi le Président. Nous sommes allés visiter la célèbre « forêt des singes ». Insolents, peu farouches, ils pullulent dans les arbres. Avec son petit appareil photo, Gaston mitraillait tous azimuts. Brusquement, un singe particulièrement déluré lui a fondu dessus, arraché ses lunettes qui dépassaient de la pochette de son veston et est remonté à toute vitesse sur une haute branche, fier de son coup !

Gaston écumait, hurlait, insultait le singe « comme à Marseille » et lui montrait le poing : rien n'y faisait ! L'animal, goguenard, examinait consciencieusement les lunettes sous tous les angles. Subitement, Gaston a réagi : « Je ne vais pas me laisser faire par ce petit con ! » Et il s'est aussitôt mis à grimper à l'arbre. Ce n'était pas facile : le tronc, énorme et lisse, manquait de prises. Et Gaston, âgé de soixante-quatorze ans, avait peu d'entraînement pour ce genre de sport. Péniblement, il a réussi à escalader un tout petit mètre, mais sa fureur était si grande et il faisait tant de bruit que le singe, interloqué, a lâché les lunettes qui sont retombées intactes. Gaston a sauté à terre et a ramassé son bien en disant simplement : « Ah, mais ! Des fois ! Quel petit con ! », le tout sous les applaudissements d'un groupe de touristes asiatiques qui pensaient peut-être que le spectacle faisait partie de leur forfait de voyage. Il y avait également deux ou trois Français qui n'en croyaient pas leurs yeux : venir jusqu'à Bali pour dénicher « leur » ministre de l'Intérieur grimpant aux arbres !

Son impulsivité naturelle n'empêchait pas Gaston d'être très sérieux et de garder en permanence l'œil sur les affaires marseillaises. En voyage, il s'arrêtait subitement à des endroits inattendus. « Il est vingt heures à Marseille ! Il faut que je téléphone. » Du fin fond de la planète, il appelait *Le Provençal* tous les soirs à la même heure pour surveiller la une et dicter éventuellement l'éditorial que commandait l'actualité. A Bali, il a appelé depuis la poste d'un village pendant qu'Edmonde furetait dans une boutique de souvenirs. Derrière, les clients faisaient la queue et deux splendides Balinaises aux seins nus étaient littéralement collées à lui tandis qu'il parlait avec Marseille. Multipliant les œillades et les sourires, il était, à l'évidence, moins attentif que d'habitude à l'actualité phocéenne !

J'aimais aussi beaucoup accompagner le Président à l'étranger. Pour la suite officielle, qui n'était pas là pour faire du tourisme mais pour travailler, c'était épuisant mais passionnant.

L'un de mes premiers voyages avec François Mitterrand s'est déroulé en octobre 1981 aux Etats-Unis, pour célébrer le bicentenaire de la bataille de Yorktown et l'aide décisive fournie par l'amiral de Grasse et ses marins aux vaillants fondateurs des Etats-Unis.

François Mitterrand avait fait venir spécialement plusieurs bâtiments de la Marine nationale, et avait convié le Président Reagan à déjeuner à bord du croiseur *De Grasse.*

Aux côtés de la jolie et blonde Nathalie Duhamel, je regardais arriver le Président des Etats-Unis depuis une étroite coursive du pont inférieur. Les deux Présidents se sont approchés et les gardes du corps de M. Reagan, gracieux et larges comme des portes de prison, se sont jetés sur nous pour nous faire dégager sans ménagement. Nous voilà poussés violemment dans une sorte de minuscule placard sans fenêtre. Clac ! La porte se referme sèchement sous le coup d'épaule d'un de ces « gorilles ». Nathalie et moi sommes enfermés sans lumière et sans air. Pouvant à peine bouger tant le local était étroit, j'ai réussi à m'arc-bouter contre la porte, à appuyer de tout mon poids et à l'ouvrir. Déjà rouges et congestionnés, nous avons surgi au moment où le Président Reagan, qui n'avait pas vu le manège de ses officiers de sécurité, a tourné la tête. Il a éclaté de rire en secouant son doigt de haut en bas, pensant manifestement :

« Ah ! Ces Français ! » A voir son air amusé, je ne suis pas sûr que François Mitterrand n'ait pas abondé dans son sens...

Tout n'a pas toujours été aussi drôle. En janvier 1994, le Président a fait un voyage éclair en Côte-d'Ivoire pour l'enterrement du Président Houphouët-Boigny. Après une interminable cérémonie dans ce qui se veut la réplique de Saint-Pierre de Rome, les chefs d'Etat africains ont profité de la présence du Président français et de son Premier ministre, M. Balladur, pour évoquer la toute récente dévaluation du franc CFA. N'assistant pas à cette réunion improvisée, j'en ai profité pour visiter rapidement Yamoussoukro, village natal du défunt. Je souhaitais revoir, en particulier, la « Maison » de l'ancien Président ivoirien, où nous avions logé pendant notre premier séjour, et j'ai longé les douves interminables qui l'enserrent, infestées de crocodiles soi-disant « sacrés » interdisant tout accès à la propriété.

Observant un petit attroupement, je me suis arrêté : le spectacle était effroyable ! Un Ivoirien, inconsolable de la mort de « son » Président, avait décidé d'offrir son corps aux crocodiles. Il s'était jeté dans l'eau glauque des douves et se faisait dévorer sous nos yeux. Au milieu d'un tourbillon de sang, les fauves voraces et excités faisaient sauter en l'air les membres du malheureux. Indifférente, la foule bavardait et riait : j'étais choqué d'être le seul spectateur vraiment horrifié !

Dans les déplacements présidentiels à l'étranger, nous avons vécu des scènes étonnantes : ainsi à l'île Maurice, où François Mitterrand s'était rendu, pendant la deuxième cohabitation, pour le Sommet de la francophonie. Malgré la vigilance des services de sécurité, le Président était constamment suivi par un petit « griot » qui bousculait effrontément tout le cortège des chefs d'Etat et de leurs gardes. Le Protocole n'arrivait pas à écarter cet intrus débonnaire et souriant qui avait le don de se faufiler dans les pas du Président. François Mitterrand avait fini par le recommander à la bienveillance de ses gardes de sécurité si bien qu'il marchait désormais crânement devant le Président qui le suivait pas à pas. Sous le regard ébahi de tous les officiels, le « griot » récitait par cœur des pages entières d'auteurs nivernais et bourguignons que seul François Mitterrand connaissait. Le Président et son « griot », qui se retrouvaient ainsi plusieurs fois par jour, se sont mis à faire des « duos » en marchant. Au soleil couchant, face à la mer, entourés d'une petite foule respectueuse et admirative, ils se donnaient la réplique sur des morceaux choisis chez Musset, Lamartine ou Victor Hugo ! Modeste ouvrier, amoureux fou de la France et de sa langue, ce Mauricien n'avait pas les moyens d'acheter des livres pour sa petite fille. Quelques jours plus tard, le Président lui a expédié plusieurs beaux ouvrages prélevés dans sa bibliothèque personnelle, et qu'il avait soigneusement sélectionnés lui-même.

R.S. : Revenons à Bercy. On vous a beaucoup reproché de vous être servi de votre ministère, soit pour protéger des gens, soit pour faire pression sur d'autres.

M.C. : Je n'ai jamais protégé ni menacé quiconque. En arrivant, j'ai donné l'instruction suivante : « Je ne veux pas apprendre par la presse qu'un personnage célèbre du monde économique, politique, syndical, sportif ou du show-biz, fait l'objet d'une procédure fiscale. Je veux le savoir avant. Vous n'engagerez donc jamais rien contre ces gens-là sans mon accord. » Aussi, sauf erreur ou maladresse, tout remontait jusqu'à moi. Il n'était pas question de s'opposer aux contrôles, mais je tenais à vérifier s'ils se justifiaient. J'ai toujours craint les polémiques sur le thème : « Les Impôts mettent ce brave Untel à genoux, on ne lui laisse rien, toute sa vie de labeur est ruinée, etc. » Comme pour le chanteur Alain Barrière, contrôlé à juste titre bien avant ma nomination.

Quand la note était salée, je regardais s'il fallait être souple pour les délais de paiement. Je suivais particulièrement les dossiers des artistes. Certains vivent dans un monde à part : touchez un chanteur ou un acteur populaire et tout prend des proportions démesurées. L'impopularité des agents du fisc, qui ne font qu'appliquer la loi, grandit encore : je souhaitais surtout protéger mes services, pas les personnalités concernées. Même prudence pour les responsables politiques. Il n'était pas question qu'on puisse dire : « C'est parce qu'Untel est RPR qu'il est poursuivi par le fisc : c'est une vengeance politique. » Je n'ai spontanément demandé aucun contrôle sur les hommes politiques, quelles que soient leurs formations, et je m'informais discrètement pendant la procédure. Les uns et les autres ont payé ce qu'ils devaient sans que les médias s'en mêlent : je n'étais pas chargé de jouer les justiciers mais seulement de faire entrer l'argent dans les caisses de l'Etat.

R.S. : Les hommes politiques ont vraiment payé ?

M.C. : Comme les autres. Je n'ai fait aucun cadeau mais j'ai préservé le secret fiscal et je n'ai pas cherché à assouvir de vengeance. Mon cabinet traitait ces dossiers directement avec les services et ils trouvaient ensemble les solutions légales appropriées. Les textes ont toujours été respectés.

R.S. : Vous avez fait pression sur des hommes politiques, Villiers par exemple.

M.C. : C'est une histoire rocambolesque et c'est moi qui ai été victime de ses accusations. Tous les ans, le ministre du Budget arrête les grandes orientations du contrôle fiscal. L'Administration m'avait alerté : « Plusieurs associations type 1901 se livrent, malgré leur but non lucratif, à des activités commerciales sans payer les impôts réclamés aux sociétés qui font de même. » Et on m'a notamment signalé que des associations organisatrices de spectacles ne payaient ni TVA, ni impôt sur les bénéfices. J'ai accepté le principe de la vérification de ces associations dont je n'avais pas la liste : or, le Puy-du-Fou en faisait partie mais je l'ignorais. Au début, l'Administration n'a pas fait le rapprochement avec M. de Villiers et mon cabinet n'en a été saisi que plusieurs mois après. Nous étions à la fin du printemps, le jour du départ du responsable de ma « cellule fiscale », muté dans une banque : aussi incroyable que cela puisse paraître, le dossier s'est perdu dans son déménagement. Je ne savais toujours rien et M. de Villiers ne s'est pas manifesté alors qu'il était parfaitement au courant. Il a fallu attendre l'automne pour que les services relancent le cabinet, et que M. Daussun, nouveau chef de la « cellule fiscale », entre dans mon bureau l'air accablé. Quelques jours auparavant,

M. de Villiers avait entamé sa violente campagne contre le Président de la République. Mon collaborateur me dit :

— On va penser que c'est la réponse du berger à la bergère.

— Puisque ce contrôle a été engagé sans me consulter et que les services après les vérifications arrivent à une conclusion, il n'est pas question que je m'en mêle. Je ne veux pas qu'on me reproche de protéger ou d'accabler M. de Villiers. Puisque tout a été fait sans m'en parler, que les choses se déroulent comme pour un contribuable lambda : je ne m'en occupe pas et je ne veux même pas ouvrir le dossier.

— Dans ce cas, M. de Villiers va recevoir une notification.

— Oui, et s'il conteste, il pourra demander l'arbitrage du tribunal administratif.

Quelques jours plus tard, en octobre après le rejet d'une motion de censure contre Michel Rocard, M. de Villiers m'accroche dans un couloir de l'Assemblée nationale. Je ne lui avais jamais adressé la parole. Nous nous asseyons sous le bronze du serment du Jeu de paume :

— Alors, Monsieur le Ministre, c'est la réponse du berger à la bergère ?

— Monsieur de Villiers, permettez-moi de vous expliquer.

Je lui relate toute l'histoire et je conclus : « Vous avez été membre du Gouvernement, vous êtes haut fonctionnaire : vous connaissez l'Administration. Vous savez bien qu'on ne fait pas un contrôle fiscal en huit jours. Il y a des règles, des délais, des procédures. Vous avez reçu, en leur temps, plusieurs lettres vous informant que votre association allait être contrôlée puis l'Administration vous a fait des propositions. Vous avez échangé des correspondances avec elle, vous avez répondu à ses questions : tout cela dure depuis des mois et vous savez très bien que c'est indépendant de vos déclarations contre le Président. »

— Monsieur Charasse, je le sais. Mais personne ne vous croira et je ne vais pas me priver d'exploiter l'affaire. Comptez sur moi pour en remettre une louche.

— Mais c'est malhonnête. J'ai renvoyé à plus tard le

contrôle de plusieurs de vos autres associations justement pour qu'on ne fasse aucun amalgame. Puisque c'est ainsi, elles seront vérifiées. Vous pourrez alors crier vengeance et dire que je suis un voyou.

M. de Villiers s'est évidemment répandu sur la prétendue vindicte du « pouvoir socialiste » et de son « porte-sabre » de Bercy. L'opinion a sans doute été un peu plus convaincue que je n'étais vraiment pas quelqu'un de convenable. Pourtant, j'ai oublié de laisser filer les contrôles envisagés sur les autres associations du Marquis du Bocage vendéen !

R.S. : On pourrait vous le reprocher au nom de l'intérêt général, comme on pourrait vous reprocher de trop bien traiter les artistes : ce sont des citoyens comme les autres, ils ne sont pas au-dessus des lois !

M.C. : Si j'avais lancé un nouveau contrôle contre M. de Villiers, la presse aurait hurlé : « Vengeance ! » Si elle avait su que j'y avais renoncé, elle aurait dit : « Cadeaux ! » La lutte pour une information objective est un dur combat ! Quant aux artistes, l'immense majorité se conduit normalement au plan fiscal. Mais quelques-uns sont entourés de « margoulins » qui prétendent faire leurs déclarations et verser leurs impôts mais qui ne le font pas. J'ai donc créé pour les artistes un système particulier de retenue à la source que beaucoup ont accepté car ces contribuables ont des recettes irrégulières. Avec la retenue à la source l'Etat prélève ce qui lui revient au fur et à mesure et en temps réel.

R.S. : Vous affirmez donc ne jamais vous être servi des contrôles fiscaux comme une arme politique.

M.C. : Qu'on me dise pour qui et à quel moment j'aurais fait preuve de bienveillance pour des amis politiques, et contre qui j'aurais utilisé le contrôle fiscal. D'ailleurs, si j'avais agi comme on me le reproche — sans aucune preuve et pour cause — tout le monde l'aurait su. L'Administration fiscale est aux ordres du Gouvernement et de la loi, pas à ceux du parti au pouvoir. Elle n'est pas à la disposition du ministre afin qu'il exerce ses petites vengeances ou qu'il règle ses comptes personnels avec tel ou tel. Le ministre se déconsidérerait s'il y dérogeait. Certes il serait obéi, mais tout se saurait. Le très sérieux *Canard Enchaîné* m'aurait consacré un numéro spécial et les autres médias auraient suivi...

R.S. : Pourquoi vous êtes-vous acharné contre la loi Evin interdisant la publicité sur le tabac ?

M.C. : Acharné est un grand mot. Je n'aime pas beaucoup les lois d'interdiction systématique. Dès lors qu'on observe les règles de politesse et de convivialité pour ne pas gêner ceux qui ne fument pas, je ne vois pas quoi interdire. En outre, les lois antitabac ne réduisent pas la consommation : à peine 4% à 5% de moins. La publicité pour le tabac n'incite pas à fumer, ou à fumer plus, contrairement à ce que serinent les grands cerveaux de la médecine qui jouent les ayatollahs de la lutte antitabac : elle modifie seulement les parts de marché à l'intérieur de la clientèle des fumeurs, en « transportant » les consommateurs d'une marque à une autre. J'avais signalé à Michel Rocard les inconvénients de son projet de loi mais il avait été inflexible :

— Je ne peux pas faire autrement : j'ai commandé un sondage et 70% des Français sont pour.

— N'importe quel sondage te dira que 100% des Français souhaitent supprimer les impôts et que 50% aimeraient que tu quittes Matignon. N'oublie pas que le tabac rapporte beaucoup de taxes à l'Etat. On ne peut pas décider tous les jours de nouvelles dépenses et tarir nos sources de financement. Dans les ressources de l'Etat, il y a tous les produits du vice : tabac, alcool, jeux, casinos, etc.

Il faut avoir une bonne dose d'angélisme pour croire qu'on supprimera les vices par la loi. C'est déjà difficile pour ceux qui tuent, comme la drogue, qui mobilise beaucoup de moyens et qui demande un grand courage. Mais pour les vices qui ne tuent pas, ou lentement, c'est une autre histoire : la vie elle-même finit par tuer. Quand on a le temps de voir venir, on a tendance à multiplier les excès. Les hommes sont ainsi faits et il y a plus de 2 000 ans que ça dure. On ne les changera pas en lisant les sondages et en parlant vrai.

R.S. : Le tabac provoque le cancer du poumon et il coûte cher à la Sécurité sociale.

M.C. : Certes. Mais combien ont un cancer, au poumon ou ailleurs, sans avoir jamais fumé ni vécu dans une ambiance de tabagie ? Je ne suis pas le seul à dire que le tabac rapporte sans doute plus qu'il ne coûte. La SEITA, alors entreprise d'Etat, emploie des milliers de salariés. La logique de la loi antitabac aboutit à fermer des usines : si la SEITA ne peut plus faire de publicité pour ses produits, la consommation se reportera progressivement sur ceux de l'étranger. Nos concurrents feront des gros efforts sur les prix pour attirer le client d'une manière ou d'une autre. Ils sont solides et riches et peuvent faire quelques sacrifices pour dominer le marché. Et un jour, nos entreprises fermeront, mais la consommation de tabac n'aura pas diminué d'un iota. Nos fumeurs engraisseront les grands producteurs américains. Voilà l'enjeu. Aussitôt après le vote de la loi Evin, j'ai envoyé une liste de sites industriels à Matignon : « Si la loi Evin réussit, il faudra fermer des établissements de la SEITA : merci de me dire dans quel ordre je dois faire cette opération et ce qu'il faudra faire des chômeurs que nous aurons fabriqués. » Pas de réponse...

R.S. : Défendre la cigarette Chevignon en pleine discussion de la loi Evin, c'était quand même de la provocation ?

M.C. : Nous étions sortis de la discussion de la loi Evin. Elle venait d'être promulguée et la Chevignon a été lancée au moment des décrets d'application. J'exerçais, certes, la tutelle sur les sociétés d'Etat qui m'étaient rattachées — Loto et SEITA — mais je n'avais pas autant de pouvoir sur elles que sur l'Administration. Les entreprises publiques sont libres de conduire leur politique et leur stratégie. Un soir, j'ai reçu un coffret publicitaire avec les compliments de Bertrand de Gallé, P-DG de la SEITA. Il m'envoyait les échantillons d'une nouvelle cigarette qui devait être lancée dès... le lendemain matin. J'ai pris mon téléphone :

— Vous êtes tout de même d'une maladresse et d'une légèreté incroyables. Pensez-vous que ce soit vraiment le moment de lancer ce nouveau produit dans des paquets attrayants, utilisant toute la symbolique « Chevignon » — avions américains, blousons de pilotes, etc. — qui va faire un malheur chez les consommateurs et d'abord chez les jeunes ?

— Monsieur le Ministre, c'est une pure coïncidence de calendrier. L'opération a été soigneusement montée par des publicitaires avisés et au terme d'études de marché très sophistiquées. Et c'est notre dernière chance de reprendre des parts de marché aux Américains avant l'interdiction de la publicité. Ils sont en train de nous envahir et nous devons préserver nos ventes et nos emplois.

J'ai assumé en couvrant cette maladresse. L'intérêt national me semblait en jeu au-delà des fantasmes des combattants du tabagisme. Mais cette indiscipline d'une société d'Etat et d'un ministre était insupportable pour Michel Rocard. Il m'a mis en demeure d'arrêter l'opération. Chevignon subissait d'incroyables pressions pour rompre son contrat et j'ai obéi au Premier ministre — par devoir — la veille du jour où son P-DG a craqué après avoir reçu des menaces physiques. Chevignon a cependant été un succès formidable. Pendant quelques semaines, elle nous a permis de prendre presque un point de part de marché aux Américains.

R.S. : Vous vous êtes aussi battu afin que la publicité pour le tabac dans les grands prix automobiles soit autorisée...

M.C. : Je n'étais plus ministre. Redevenu sénateur, à l'automne 1992, j'ai convaincu mes collègues d'accepter une disposition dérogatoire pour poursuivre les grands prix automobiles et sauver le Grand Prix de France de Formule I. Avec la loi Evin, on ne pouvait plus prendre de photos ni transmettre d'images télévisées faisant apparaître une publicité pour le tabac. Cette dérogation reste valable tant que l'Europe n'aura pas arrêté une réglementation uniforme pour toute la Communauté. Nous n'en sommes pas encore là.

R.S. : Le Grand Prix de France se tient à Magny-Cours, dans la Nièvre, département du Président Mitterrand.

M.C. : Le Grand Prix de France peut se courir ailleurs demain. On ne peut pas priver le sport automobile français des ressources dont disposent les circuits étrangers.

R.S. : Vous avez donné parfois l'image d'un ministre « populiste ».

M.C. : J'emploie un mode d'expression simple, je préfère être compris par le plus grand nombre. Le peuple n'a pas besoin de grands mots ni de raisonnements alambiqués. Cependant, je préfère être jugé sur ce que j'ai fait et non sur les apparences.

R.S. : Regrettez-vous certains écarts de langage ? Quand par exemple vous avez traité deux journalistes de la Cinq de salopes ?

M.C. : La réalité est différente. J'ai conclu ainsi cet incident le 19 octobre 1988 à la tribune de l'Assemblée nationale :

— La seule chose que j'ai dite, et j'en suis sûr, c'est que je n'ai jamais dit ce qu'on a dit que j'aurais dit ! Rien ne peut donc autoriser quiconque de bonne foi à dire que j'ai dit ce que je n'ai pas dit, d'autant plus que je redis que ceux qui continuent à dire ce que j'aurais dit n'étaient pas présents au moment et à l'endroit où j'aurais dit ce que je n'ai pas dit.

Voilà pourquoi je ne peux rien dire de plus par rapport à ce que j'ai dit sur ce que je n'ai jamais dit. J'espère seulement que, dans le passé, même récent, aucun de ceux qui me reprochent aujourd'hui de dire ce que je n'ai pas dit n'a fait, sans le dire, ce que je dis que je n'ai pas dit.

R.S. : Ce qui a fait scandale à la télévision, c'est surtout la manière dont vous vous exprimiez, votre goût de la provocation.

M.C. : Je n'allais pas à la télévision pour soigner mon image mais parce que j'avais quelque chose à dire. J'ai refusé des centaines d'émissions de radio ou de télévision. Les sujets ne m'intéressaient pas ou je n'avais rien à annoncer à ce moment-là. Combien de politiques se précipitent sur les micros et les caméras, les sollicitent même parfois ? Je suis passé rarement sur les chaînes pendant plus de quatre ans au Budget, moins d'une dizaine d'émissions de télévision, autant à la radio. Mais, comme je ne parle pas une langue de bois, les Français semblent s'en souvenir. Cela veut dire aussi que mes messages ont été reçus.

R.S. : Comment réagissait François Mitterrand ?

M.C. : A part une sévère remontrance — lorsque je me suis disputé publiquement avec Pierre Arpaillange — le Garde des Sceaux menaçait de démissionner et Michel Rocard était hors de lui — le Président ne m'a fait qu'une seule remarque, après m'avoir entendu un matin sur Europe 1 : « Quand vous dites “ merde ”, on a compris. Vous n'avez pas besoin de le répéter trois fois. » Je me le suis tenu pour dit !

R.S. : Vous dites que la presse ne vous fait pas de cadeau. Mais autant elle vous a reproché vos méthodes et vos manières, autant elle a reconnu que vous étiez un ministre du Budget rigoureux, compétent, qui a participé à la tentative d'endiguement des déficits. Lorsque vous avez quitté le Gouvernement, en octobre 1992, Alain Vernholes écrivait dans *Le Monde* : « Pour le sérieux de son action, il sera pardonné à Michel Charasse beaucoup d'écarts de langage. » C'était, de la part d'un journal qui ne vous a pas ménagé, un beau compliment !

M.C. : Il y a des hommages auxquels j'ai été sensible, celui que vous citez et d'autres. Et je n'oublie pas le petit mot manuscrit de Pierre Bérégovoy du 4 octobre 1992 :

« Mon cher Michel, tu as choisi de siéger au Sénat conformément à l'engagement que tu avais pris devant tes électeurs. Cela t'a conduit à démissionner du Gouvernement. J'ai parfaitement compris ta décision et je tiens, à cet instant, à te remercier chaleureusement pour l'œuvre que tu as accomplie au Ministère du Budget. Ta rigueur, ta compétence, ta maîtrise des dossiers et ton sens du dialogue avec le Parlement, sont unanimement appréciés. Tu vas me manquer, mais je sais que je pourrai toujours compter sur ton concours et cela me réconforte. Crois, mon cher Michel, à ma fidèle affection. »

R.S. : En fait, vous êtes un bon gestionnaire parce que vous êtes un Auvergnat, donc un peu radin...

M.C. : Peut-être. Je n'aime pas dépenser les fonds publics à la légère, que ce soit dans ma commune, dans mon département ou au service de l'Etat. Personne n'a le droit d'utiliser l'argent des contribuables avec désinvolture.

Quand je vois, au Conseil général, régional ou municipal, des élus pourtant avisés engager allègrement des sommes considérables pour des futilités, je me dis : « Penseront-ils enfin un jour au malheureux qui paye ses impôts et qui finira par se demander si nous ne sommes pas devenus fous. » Des milliards d'économies restent possibles dans ce pays. Les contribuables supportent trop de dépenses superflues dans un pays qui a six millions d'exclus.

R.S. : Est-ce qu'il est vrai que vous parlez toujours en anciens francs, comme les vieux ?

M.C. : Souvent.

R.S. : Même quand vous faisiez le budget vous-même ?

M.C. : J'étais obligé de parler en nouveaux francs. Mais il m'arrive de parler en centimes. 50 millions de francs, c'est autre chose lorsque ça devient 5 milliards de centimes !

R.S. : Finalement, quel jugement portez-vous sur votre action au ministère ?

M.C. : Pendant quatre ans et trois mois, j'ai travaillé douze à quinze heures par jour, samedis et dimanches compris. Sans oublier d'épuisantes séances de nuit au Parlement ou à Strasbourg quand, à l'automne 1989, sous présidence française de la Communauté, j'ai dû défendre le budget européen. J'ai pris des centaines de décisions, signé des milliers de lettres. Mais si je m'en tiens aux grandes questions, je retiendrai que j'ai réalisé l'harmonisation fiscale européenne : épargne, TVA et accises, à travers une masse de textes considérable qui a fortement réduit nos prélèvements obligatoires. Au lieu de grimper d'un point par an comme avant, ils sont passés de 43,8 à 43,6% entre 1988 et 1992.

Cela paraît peu mais représente un beau paquet de milliards car le produit national a beaucoup augmenté pendant cette période. Pour la seule TVA, j'ai supprimé les taux de 33 1/3, de 28, de 22 et de 7 : tout a été ramené à 18,6% ou à 5,5% et même à 2,1% pour les médicaments. Nous avons perdu beaucoup d'argent : en 1993, sans ces mesures, la TVA aurait rapporté 100 milliards de francs de plus ! Et je ne parle pas de nos pertes sur la fiscalité de l'épargne ou sur l'impôt sur les sociétés abaissé à 33 1/3. La taxe d'habitation a été allégée ou supprimée pour plus de 4 millions de contribuables modestes, et j'ai fait voter des dizaines de mesures de simplification. Nous avons supprimé les contrôles aux frontières et j'ai dû réorganiser toute l'administration des Finances en modifiant la répartition des tâches entre Impôts et Douanes. Tout a été fait sans drame et en préservant nos intérêts nationaux : j'ai convaincu l'Europe d'adopter le système de déclaration et de perception de la TVA intra-communautaire imaginé par le directeur général des Douanes de l'époque, M. Weber. Nous avons ainsi évité la dilution de nos ressources dans la « caisse commune » dont rêve Bruxelles. J'ai également préservé la mission de protection de nos grands intérêts confiée à la Douane : ses pouvoirs en matière de lutte contre les grands trafics, spécialement la drogue, ont été renforcés. En quittant le Ministère, à l'automne 1992, elle réalisait 5 à 6 fois plus de saisies qu'en 1988. La loi sur le blanchiment de l'argent sale a créé la cellule « Tracfin », qui centralise les renseignements et dont l'efficacité est redoutable contre les grands trafiquants. D'août 1990 à septembre 1992, nous avons réalisé la révision générale des bases des impôts locaux : des millions d'immeubles et de terrains ont dû être réévalués, car la dernière révision datait de 1966 ou de 1970 et la répartition de l'impôt est de plus en plus injuste. Hélas ! Pour ne pas contrarier le tiers qui ne paye pas assez, on a refusé jusqu'ici d'alléger les charges des deux tiers qui payent trop : le travail considérable réalisé par les élus et les services dort toujours dans les cartons de Bercy. Malgré de fortes sollicitations des ministres et de la majorité, j'ai réussi à tenir le budget : les dépenses n'ont pas augmenté plus vite que la croissance. Pourtant nous avons financé des charges importantes, comme le RMI passé en quatre ans de 5 à 18 milliards de francs, ou les plans en faveur de la Fonction publique, sans parler de l'Education nationale dont le budget représentait en 1993 une bonne centaine de milliards de francs de plus qu'en 1988. J'ai fait de grandes réformes sans ruiner la France ni pressurer les contribuables : le déficit public est à 4% aujourd'hui alors que j'avais réussi à le ramener à 1,2% en 1989, 1,6% en 1990 et 2,2% en 1991. Il est remonté ensuite car la crise a fait chuter les recettes. A mon départ, les prélèvements obligatoires — impôts et cotisations sociales — étaient de 43,6% contre 44,7% en 1996 ! Comme ministre j'ai réalisé beaucoup de projets. J'avais la durée — plus de quatre ans — mais aussi la confiance du Président de la République, l'amitié de Pierre Bérégovoy et le soutien de la majorité. Mais rien n'est jamais fini.

R.S. : Vous n'avez pas dû vous amuser tous les jours.

M.C. : La vie gouvernementale n'est pas toujours triste. Pour l'opinion, le moment fort de la semaine, c'est le Conseil des ministres avec son côté solennel et mystérieux. La réalité est tellement plus simple : rien n'est plus ennuyeux que le Conseil — sauf lorsque le Président s'exprimait, surtout sur la politique extérieure — et il fallait s'occuper. Personne n'écoutait, chacun faisait son courrier et en profitait pour régler ses petits problèmes avec ses collègues : Alain Decaux a raconté avec beaucoup d'à-propos comment des dizaines de petits papiers circulaient autour de la table, en évitant soigneusement le Président dont il était entendu qu'il ne « ferait pas passer » à son voisin. Ce manège m'amusait, surtout à partir du moment où Louis Mexandeau nous a rejoints. Chargé des Anciens Combattants, il n'avait jamais oublié son précédent ministère des PTT. Avant de faire suivre les petits papiers qui passaient entre ses mains, il dessinait... un timbre sur l'envoi ! On m'a raconté que quand il était aux PTT, il collait carrément de vrais timbres !

Au Parlement, les débats étaient parfois ennuyeux et je m'efforçais de détendre l'atmosphère. Lorsque j'ai proposé de rétablir l'impôt sur la fortune, à l'automne 1988, j'ai dû affronter une levée de boucliers de l'opposition, qui cherchait à faire croire qu'il n'y avait plus aucun riche en France. Le 19 octobre 1988, je suis monté à la tribune de l'Assemblée et j'ai dit aux députés de droite : « Vous me rappelez l'ancien curé des Minimes, la paroisse la plus bourgeoise de Clermont-Ferrand. L'abbé Chaumette, qui était un homme simple et plein de bon sens, avait déclaré un jour : “ Lorsque je vois, du haut de ma chaire, tous ces beaux manteaux de fourrure, je me dis : mais où sont les pauvres de la paroisse ? Mais quand je compte ensuite le produit de la quête, je me dis : mais où sont les riches de la paroisse ? ” » Je n'ai pas emporté l'adhésion de nos adversaires, mais le climat était plus détendu. J'ai eu aussi des moments joyeux au Ministère : ainsi lorsqu'on m'a annoncé, un jour, l'arraisonnement par la douane d'un bateau rempli de drogue au large de la Bretagne. Nous suivions ce navire depuis plusieurs jours, remontant le long de nos côtes. Nous savions que son équipage, composé de véritables bandits, n'hésiterait pas à tirer et à tuer. J'avais donc recommandé la prudence et je craignais qu'il n'y ait de la casse. Or, on m'annonce que tout s'est bien passé, au-delà même de nos espérances : la vedette des douanes, approchant du navire suspect, avait vu l'équipage sortir les mitraillettes, les armer, les pointer puis brutalement les jeter toutes par-dessus bord. Tandis que les gangsters lèvent les bras, les douaniers montent intrigués sur un bateau et les interrogent. L'équipage répond :

— Mais impossible de résister avec les moyens que vous employez.

— Mais lesquels ?

— Ceux-là, derrière !

Et les douaniers se retournant ont vu, stupéfaits, un sous-marin britannique qui croisait par hasard à quelques encablures. Il avait fait surface au moment de l'assaut, sans doute pour assister à l'altercation. Les trafiquants avaient pensé que toute l'armée était à leurs trousses !

R.S. : Vous êtes parti sans regrets ?

M.C. : J'ai eu de la peine en quittant Bercy. Mon départ n'était pas une surprise puisque je l'avais programmé d'emblée. J'avais dit au Président de la République, en juin 1988, lorsqu'il m'avait nommé, que je souhaitais retourner au Sénat en octobre 1992. Mais j'aimais ce que je faisais et surtout diriger l'administration des Finances dont je vous ai dit combien elle a le souci du service de la France.

R.S. : Le Président n'a pas essayé de vous retenir ?

M.C. : Si, et Pierre Bérégovoy aussi. J'avais préparé le dernier budget de la législature, qui devait passer en octobre-novembre au Parlement et le Premier ministre craignait une discussion difficile. J'étais « rodé » et je le rassurais. Courant juillet, je lui ai rappelé que je partirais le 2 octobre si j'étais réélu sénateur. Il a insisté pour que je reste mais je me voyais mal, à peine élu, laisser la place à mon suppléant, le faire démissionner au printemps suivant et déranger une nouvelle fois les grands électeurs du Puy-de-Dôme.

Courant août, Pierre Bérégovoy s'est aperçu que le Premier président de la Cour des Comptes, Pierre Arpaillange, prenait sa retraite le 13 mars 1993 et il m'a suggéré de renoncer au Sénat pour la présidence de la Cour. Il en a parlé au Président qui a répondu : « C'est une bonne solution. Il fera merveille là-bas. » J'étais assez flatté mais je ne m'imaginais pas, à cinquante et un ans et demi, endosser les fourrures de la première juridiction financière du pays pour plus de seize ans, jusqu'à soixante-huit ans ! J'aime le Parlement, le Sénat, les mandats électifs locaux et pouvoir m'exprimer librement. Je craignais de m'ennuyer à la longue à la Cour. Et je m'interrogeais : comment vont réagir les magistrats quand ils verront le plus haut poste de leur juridiction bloqué jusqu'en juillet 2009 ?

R.S. : Vous avez réussi à y échapper !

M.C. : Ce ne fut pas sans mal : le Premier ministre y tenait et le Président m'avait confirmé son accord au lac Chauvet en août. J'ai alors eu l'idée d'en parler à Pierre Joxe, lui-même conseiller à la Cour, qu'il se préparait à rejoindre puisqu'il avait renoncé à briguer un nouveau mandat de député. Il a fait savoir qu'il était intéressé et je n'ai eu alors aucun mal à me retirer devant lui. Le budget bouclé, il restait à le faire voter. Il fallait quelqu'un qui connaisse parfaitement les procédures législatives et qui ait la confiance du Président et du Premier ministre. Chargé des relations avec le Parlement, connaissant à merveille les règlements parlementaires et les chausse-trappes des débats, proche de François Mitterrand et de Pierre Bérégovoy, Martin Malvy me remplaça. C'était l'homme idoine. Il a eu peu de temps pour s'affirmer mais il a laissé un excellent souvenir.

CHAPITRE 9

R.S. : Quand Jean-Louis Bianco, le 15 mai vers quatorze heures, a annoncé aux principaux conseillers de l'Elysée qu'Edith Cresson devenait Premier ministre, la consternation a été générale !

M.C. : Aussitôt après l'annonce de la démission de Michel Rocard, nous avions évoqué plusieurs hypothèses dont celle d'Edith Cresson. Beaucoup de collaborateurs de l'Elysée, qui me croyaient associé au choix du Premier ministre, me pressaient : « Il faut que tu montes voir le Président pour lui expliquer que le choix d'Edith n'est pas possible ! » J'ai répondu : « Non, je n'interviendrai pas, c'est le choix personnel du Président. Il fait ce qu'il juge bon de faire et cela ne regarde personne. » Finalement, après plusieurs minutes, Gérard Colé et Jacques Pilhan ont décidé de faire une ultime démarche. Ils n'ont pas eu le temps de finir de poser le problème qu'ils se sont fait renvoyer sèchement.

R.S. : On a dit que vous vous étiez écrié : « Elle est folle, elle est folle ! »

M.C. : Entièrement faux ! Je n'ai rien dit pour ne pas critiquer devant des tiers un choix qui ne relève que du Président. En outre, je savais que François Mitterrand me demanderait de rester au Gouvernement. Si j'avais commencé à crier « quelle horreur, quelle catastrophe ! »

— ce que je ne pensais pas — j'aurais difficilement pu travailler avec elle par la suite. Je me suis contenté d'être plus fataliste : « De toute façon, elle s'y fera comme les autres. Et il faudra bien qu'on s'y fasse aussi ! »

R.S. : Jusque-là, quelles relations aviez-vous avec Edith Cresson ?

M.C. : Bonnes. Je la connaissais depuis longtemps, j'avais de l'estime pour elle, pour son autorité et pour la force de sa volonté et de ses convictions. J'avais fait avec elle une de ses toutes premières campagnes législatives à Châtellerault, contre M. Abelin, personnalité nationale respectée et très bien implantée dans sa circonscription. Edith m'avait alors impressionné. Plus tard, au Gouvernement, je l'avais souvent trouvée formidable, notamment face aux meutes paysannes qu'elle avait contrées courageusement au point que, dans les campagnes, on l'admirait plus qu'on ne la détestait.

R.S. : Le Président vous a-t-il expliqué son choix ?

M.C. : Dans l'après-midi du 15 mai, il m'a fait venir pour me confirmer :

— Finalement, j'ai choisi Edith Cresson. Qu'en pensez-vous ?

— Elle est courageuse et dynamique. C'est une fonceuse. Quand vous lui demanderez quelque chose, elle le fera aussitôt. Si elle n'est pas de votre avis, elle vous le dira en face, vous ne l'apprendrez pas par des communicants anonymes. Ce sera moins compliqué pour vous que ces derniers temps.

— Vous restez au Gouvernement. Je vous demande de l'aider.

— Comptez sur moi.

Ce que j'ai fait jusqu'au bout. Dès le dimanche suivant sa nomination, elle est venue déjeuner discrètement chez moi, à Puy-Guillaume, avec son mari. Pendant trois heures, nous avons parlé du Gouvernement, de ce qu'il faudrait faire, je lui ai donné des avis, des éléments sur des dossiers qu'elle connaissait mal, ainsi que sur la situation budgétaire et celle des finances sociales. Je lui ai dit : « Je suis à ta disposition, n'hésite pas. » Même s'il m'est arrivé de râler, j'ai toujours été amical et loyal avec elle.

R.S. : Vous avez dû être pris entre deux feux. Comment être loyal à la fois avec le Premier ministre et avec votre ministre de tutelle, Pierre Bérégovoy, puisqu'ils ne pouvaient pas se voir ?

M.C. : Je me sentais parfois un peu embarrassé mais j'ai réussi à ne me brouiller ni avec l'une, ni avec l'autre.

R.S. : Pierre Bérégovoy ne pensait-il pas que c'était son tour d'être Premier ministre ?

M.C. : Il l'avait cru. Il avait souvent parlé avec le Président du départ de Michel Rocard et de ce que le nouveau Gouvernement devrait faire pour que le pays sente un changement, et il avait tellement rencontré l'accord de François Mitterrand sur ses analyses qu'il a assez mal ressenti ce choix. Désabusé, la gorge serrée, il m'a confié dans la soirée du 15 mai que le Président lui avait dit : « Votre tour viendra, mais pas encore ! » Pierre a ajouté : « Tu sais, je finirai sans doute par être Premier ministre. Mais quand il me nommera, ce sera trop tard ! » Il ne s'est pas trompé !

R.S. : On a dit et écrit que Bercy n'avait cessé de mettre des bâtons dans les roues d'Edith Cresson...

M.C. : Bien que je sois ministre délégué et donc soumis à l'autorité du ministre d'Etat, Pierre Bérégovoy m'avait laissé le champ libre, et il intervenait très peu dans mon domaine. Les questions fiscales, douanières et comptables au jour le jour, ainsi que les arcanes du budget n'étaient d'ailleurs pas ses préoccupations. Il préférait de très loin les questions économiques, la croissance, l'emploi, la monnaie, le crédit, le commerce extérieur, l'Europe même. Je ne suivais absolument pas ces secteurs et j'ignore comment réagissait quotidiennement l'équipe du ministre d'Etat. Toujours est-il que Gérard Moine, directeur de cabinet du Premier ministre, avait de très bons rapports avec mes collaborateurs et a très vite constaté que je ne cherchais pas à gêner Edith, au contraire. Mais, comme ministre du Budget, j'avais à tenir des comptes et j'étais bien obligé de lui dire de temps à autre : « Si tu décides ça, ça va coûter très cher, nous ne pourrons pas faire face. » J'étais dans mon rôle et elle dans le sien. Elle arbitrait courageusement, en râlant : « Vous m'em... à Bercy, vous êtes des ordinateurs à pattes. » Je répondais parfois : « Edith, tu n'as pas cette réaction lorsque tu es dans ton fauteuil de maire, or, la gestion de Châtellerault, c'est comme celle de la France. Mais tu es le Premier ministre, c'est à toi de décider. J'exécuterai. » Tous les chefs de gouvernement prennent des décisions difficiles à appliquer. Ils en sont parfaitement conscients mais disent à leurs ministres : « Débrouillez-vous ! » Si on y arrive, c'est que la décision de Matignon était bonne, et le Premier ministre est certain d'être le meilleur. Si on échoue, ce n'est jamais la décision qui est mauvaise, mais les ministres qui sont incapables. Edith avait dans son cabinet deux ou trois collaborateurs qui passaient leur temps à la remonter contre tout le monde. Elle donnait parfois l'impression de gouverner contre la terre entière : les ministres, l'Administration, l'opinion, la presse, les députés, les syndicats, le Parti socialiste, etc. Elle s'imaginait entourée d'ennemis.

R.S. : Difficile de gouverner ainsi !

M.C. : En tout cas, assez éprouvant. Elle avait fini par ressentir une profonde hostilité à l'égard de l'Etat, qui devait se dresser souvent contre elle. Elle le considérait comme une sorte d'adversaire et le combattait avec acharnement à travers la technocratie : grave erreur ! Un technocrate, c'est un technicien qui n'est investi par personne mais qui doit se substituer à son ministre pour gouverner à sa place. Un ministre à la tâche, présent à son bureau, qui lit tous ses dossiers, qui décide et prend ses responsabilités, n'a jamais de technocrates dans son entourage, il n'a que des techniciens. Les technocrates ne sont que le sous-produit des défaillances des politiques.

R.S. : Pourtant, Edith Cresson avait bien démarré...

M.C. : Pendant quelques jours, son style, sa personnalité, ses idées claires, plaisaient incontestablement. Et puis, elle a été de plus en plus attaquée — plus qu'on n'aurait jamais osé le faire pour un homme ! — et elle a dégringolé dans l'opinion.

R.S. : Il faut dire que dès son entrée en fonctions, elle a dû décider des mesures impopulaires que Rocard n'avait pas prises pour sauver — provisoirement — les comptes sociaux...

M.C. : ... et la majorité le lui a reproché alors qu'elle n'y était pour rien : il fallait bien que quelqu'un le fasse ! Mais elle a aussi commis des erreurs qui auraient pu être évitées : ainsi son discours d'investiture devant l'Assemblée nationale. Trop long, sans ligne directrice, parfois confus. Elle avait demandé des notes à chaque ministre, puis son cabinet a pris une paire de ciseaux et un pot de colle. Et elle l'a lu dans un registre vocal beaucoup trop aigu...

R.S. : François Mitterrand s'est-il rendu compte de la gravité de la situation ?

M.C. : Les premiers temps, il prenait les choses avec philosophie : « Les médias, l'Administration, les députés, le Parti, elle a tout le monde contre elle parce qu'elle est une femme. Mais elle finira par s'imposer. » Un peu plus tard, au début de l'automne : « Elle est bien et elle va réussir. Mais les rocardiens ne la supportent pas et font tout pour la démolir. A travers elle, c'est moi qu'ils attaquent parce que j'ai renvoyé Michel Rocard. » Vers la fin de l'année, il y croyait encore un peu : « C'est quand même injuste. Elle a des qualités. Vous l'aidez, j'espère ! » Et puis il a fini par se rendre compte, après les fêtes, à travers les notes de ses collaborateurs, les journaux et les témoignages de ses visiteurs, que le Gouvernement ne marchait pas.

R.S. : Mais il n'aimait toujours pas qu'on le lui dise ?

M.C. : Il avait choisi Edith — peut-être contre l'avis de certains — et cela revenait à lui faire reconnaître qu'il s'était trompé. Comme beaucoup, il admettait difficilement qu'il avait pu faire une erreur, d'autant plus que la nomination d'Edith Cresson concluait une longue réflexion personnelle. En outre, il avait une réelle affection pour elle et n'a jamais pu se résoudre à être sévère avec ceux qu'il aimait. Aussi était-il très remonté contre ceux qui défilaient dans son bureau pour dénigrer le Premier ministre : Pierre Bérégovoy m'a dit qu'il ressentait un froid chaque fois qu'il abordait le sujet.

R.S. : Vous lui avez donné votre avis ?

M.C. : Je prenais d'autant plus de précautions que j'avais fini par apprendre que je m'étais trouvé un moment en concurrence avec elle pour Matignon. Je ne voulais pas donner le sentiment que j'avais de la rancœur.

R.S. : François Mitterrand a effectivement pensé à vous. Pour remobiliser l'électorat de gauche, à deux ans des législatives, pour redonner un élan au septennat, il cherchait un successeur qui tranche avec la « grisaille » rocardienne et qui n'ait pas peur de prendre des risques. Bref, quelqu'un qui décoiffe. Vous aviez le profil. Le Président a-t-il fait allusion devant vous à votre possible désignation ?

M.C. : Jamais, ni avant, ni après. J'ai su plusieurs semaines après la nomination d'Edith qu'il aurait demandé à Jacques Pilhan des sondages à mon sujet et qu'ils n'auraient pas été mauvais. Des amis m'ont affirmé que le Président avait évoqué mon nom devant eux, pour les tester. D'autres m'ont expliqué que de beaux esprits lui avaient vivement déconseillé de m'appeler à Matignon : « C'est un rustre qui nous coupera de l'intelligentsia, de la France qui crée, qui imagine, qui brille... »

R.S. : Quand vous parliez avec le Président du successeur de Rocard, vous n'évoquiez pas de nom ?

M.C. : Je n'ai jamais cherché à intervenir sur le choix du Premier ministre. Sous la Ve République, c'est une décision discrétionnaire du Président, comme le droit de grâce. C'est un acte très personnel, un peu comme prendre femme ou mari. Je lui ai seulement donné mon sentiment sur le profil : « Il nous faut quelqu'un de courageux, qui ose prendre les mesures nécessaires et exercer l'autorité de l'Etat. Il n'y a plus de temps à perdre d'ici aux législatives. Et il vous faut aussi quelqu'un de fidèle qui ait l'oreille du Parti. »

R.S. : C'était un autoportrait !

M.C. : Non. Je sentais que ces qualités étaient indispensables, mais je n'ai jamais eu la prétention ou l'ambition de croire que je pourrais aller à Matignon. En 1988, j'étais entré au Gouvernement en marche arrière. Je n'avais pas voulu aller dans le premier Gouvernement de Michel Rocard, car j'aurais dû renoncer au Sénat et me soumettre à une nouvelle campagne auprès des grands électeurs du Puy-de-Dôme si nous avions perdu les législatives. Le Président avait accepté d'attendre les élections et le poste du Budget était resté libre. J'avais conservé le secret espoir que les contraintes politiques l'obligeraient ensuite à faire un autre choix et que je resterais dans l'ombre de l'Elysée. J'étais donc loin d'imaginer que je pourrais me retrouver un jour à Matignon. Mais le Président a pu croire que j'étais au courant de ses hésitations me concernant. Peut-être est-ce pour cette raison qu'il ne m'a pas parlé du choix d'Edith avant de la nommer.

R.S. : S'il vous avait nommé, vous n'auriez pas dit non !

M.C. : Cette fonction ne se refuse pas et je l'aurais exercée pleinement. S'il est vrai que mon nom fut évoqué alors, les « visiteurs du soir » du Président en ont peut-être décidé autrement. Ne refaisons pas l'Histoire.

R.S. : Revenons à Edith Cresson. Dès l'automne, il était évident qu'elle tirait le Président vers le bas. Elle l'a fait plonger dans les sondages...

M.C. : Effectivement !

R.S. : Et François Mitterrand a dû reprendre les choses en main lui-même.

M.C. : Il la conseillait souvent et pilotait beaucoup plus qu'avec aucun autre de ses Premiers ministres. Sous la Ve République, ce n'est pas le rôle du chef de l'Etat. Cette situation, connue à la longue, n'arrangeait pas l'image ni l'autorité d'Edith.

R.S. : Cela dit, Edith Cresson a eu de bonnes intuitions : les délocalisations, la formation professionnelle, les emplois de proximité...

M.C. : Malheureusement, elle a été constamment contestée par ses ministres et par sa majorité. Les hommes politiques ont une manie : ils font des promesses audacieuses dans leurs programmes, mais ont du mal ensuite à les appliquer. Ainsi pour les délocalisations qui faisaient, avec la décentralisation, partie intégrante du programme des socialistes et des 110 propositions. Le jour où Edith a décidé de délocaliser, après un travail remarquable de son cabinet, elle s'est heurtée à plusieurs ministres, qui avaient oublié notre programme, et à la technostructure, qui ne voulait pas quitter Paris. Trop de ministres avaient peur de dire à leurs fonctionnaires : « Vous êtes payés par les contribuables pour servir la France là où l'Etat vous envoie. Ne discutez pas et partez en province ! » Je trouvais cette attitude lamentable pour l'autorité de l'Etat. La Nation ne peut tout de même pas être aux ordres de ses fonctionnaires ! Ils sont à son service, et pas l'inverse. On devait installer à Clermont-Ferrand l'Ecole du Génie rural et le Cemagref, un centre d'études du machinisme agricole. Ces deux institutions n'ont rien à faire à Paris. Elles y sont encore et j'ai appris que Clermont-Ferrand finira par en avoir de petits morceaux, mais que l'essentiel restera à Paris. On continuera ainsi à faire manœuvrer des tracteurs agricoles à Antony, aux portes de Paris, où il n'y a plus une vache depuis la Commune !

Certains de mes collègues ministres se sont érigés en porte-parole de leurs syndicats pour s'opposer aux transferts en province. Edith a vaillamment pris toutes les décisions. La plupart d'entre elles sont restées lettre morte. Je pense que si elle n'avait pas quitté Matignon peu après, nous n'en serions pas là aujourd'hui. Naturellement, les socialistes ne l'ont absolument pas soutenue dans son œuvre d'aménagement du territoire. Il faut dire que les syndicats faisaient le siège des députés qui, tout en approuvant les délocalisations, soutenaient les revendications des « travailleurs ». Comment voulez-vous que les électeurs comprennent quelque chose à cette logique très particulière ? Nos élus exigeaient des emplois pour leur province et protestaient contre l'engorgement de la région parisienne, mais il ne fallait surtout pas obliger qui que ce soit à quitter Paris. Le combat était terrible. Dans cette affaire comme dans d'autres, Edith a été trahie et son action sabordée.

R.S. : Puisqu'il était évident qu'elle ne pouvait pas redresser la situation, pourquoi François Mitterrand l'a-t-il gardée si longtemps ?

M.C. : Par leur nature, les institutions de la Ve République interdisent d'user un Premier ministre en quelques mois. On l'a vu récemment avec M. Juppé, qui aurait certainement quitté Matignon à l'automne 1995 s'il n'y avait pas été nommé seulement six mois plus tôt ! Le Président aurait sans doute fait une erreur s'il avait demandé à Edith Cresson de démissionner au début de l'année 1992. Nous aurions quand même perdu les cantonales et les régionales et cet échec aurait atteint le nouveau chef de Gouvernement. Elle est donc partie début avril, après la victoire prévisible de la droite dans toutes les régions sauf une, et dans les quatre cinquièmes des départements. Mais elle n'était pas la seule responsable de cet échec.

CHAPITRE 10

R.S. : La succession d'Edith Cresson était très difficile. Pierre Bérégovoy est arrivé en pleine tourmente à moins d'un an des législatives.

M.C. : Il savait bien qu'il n'aurait pas beaucoup de temps. Il s'est donc fixé une mission simple : apaiser le climat et limiter les dégâts électoraux. Il s'y est employé intelligemment et a bien réussi jusqu'à l'automne.

Cependant, dès le mois de juin, les services fiscaux qui réglaient la succession de Patrice Pelat, m'avaient alerté : le dossier comportait une reconnaissance de dette d'un million de francs signée par Pierre Bérégovoy et enregistrée chez un notaire de Nevers. Ce fut le premier grain de sable dans l'engrenage. J'ai dû aller voir le Premier ministre, qui a commencé à s'inquiéter. Il m'a expliqué : « En 1986, alors que j'étais député, Patrice voulait me faire un don pour m'aider à acheter un appartement à Paris. J'ai refusé. Mais il a tellement insisté que j'ai fini par accepter un prêt personnel, sous réserve qu'il soit enregistré devant notaire. Les délais de remboursement courent jusqu'en 1996. » Il m'a aussi précisé qu'il avait déjà remboursé environ la moitié de la somme en nature : des livres rares, une armoire normande du XVIIe siècle, deux très anciens chenets de cheminée. Mais Pierre Bérégovoy et Patrice Pelat avaient cependant commis l'erreur de se mettre d'accord directement sur une évaluation, sans expertise ni papier officiel.

R.S. : Il n'y avait donc aucune preuve de ce remboursement ?

M.C. : Non, hormis un brouillon manuscrit écrit à la hâte sur une nappe de restaurant. Mais lorsque la succession a été réglée, la famille Pelat, qui a été d'une droiture et d'une fidélité exemplaires, a confirmé cette transaction et a payé les droits sur tous les biens en cause. Il n'y a donc pas eu de suites fiscales et j'ai pu rassurer Pierre Bérégovoy. J'ai réussi à apaiser ses craintes totalement infondées, mais j'ai bien vu qu'il avait accusé le coup.

Après mon départ du Gouvernement et mon retour à l'Elysée, à l'automne 1992, le juge Jean-Pierre, à la suite d'une dénonciation du côté de Nevers, est tombé sur cette reconnaissance de dette. J'en ai été informé par Pierre Bérégovoy lui-même. Le 17 novembre 1992, un service de renseignement m'a prévenu qu'une campagne de presse pourrait être engagée contre le Premier ministre vers la mi-janvier 1993 « pour une histoire d'argent avec Patrice Pelat ». J'ai aussitôt fait le rapprochement et mis Pierre Bérégovoy en garde : à partir de ce moment, il a été miné par cette affaire.

R.S. : C'était visible ?

M.C. : Il avait l'esprit ailleurs. Il a totalement perdu l'initiative politique qui lui avait permis de faire, jusqu'à l'automne, un parcours tellement honorable que le Président — il n'était pas le seul — commençait à penser à lui pour la future campagne présidentielle de 1995. Le Premier ministre s'est mis à reculer sur des dossiers auxquels il attachait pourtant une grande importance : ainsi pour l'avenir des régimes spéciaux de retraite. Le « Livre blanc » de Michel Rocard avait convaincu le Premier ministre qu'il fallait agir avant la fin du siècle. Il en a parlé plusieurs fois au Président et ils ont imaginé ensemble un système très astucieux : apporter le capital du secteur public en garantie aux caisses de retraite. Cette formule présentait deux avantages : en premier lieu, elle assurait aux régimes une évolution sans drame et évitait des cotisations supplémentaires démesurées. Ensuite, les futurs gouvernements de droite ne pourraient plus privatiser sans accorder aux organismes de retraite les contreparties financières indispensables. C'était une sorte de « bombe à retardement » très intelligemment construite. Pressé par le Président, le Premier ministre avait préparé un projet de loi pour faire l'opération avant les élections, fin décembre 1992 ou début janvier 1993. Mais Pierre Bérégovoy y a renoncé. Il n'avait plus le cœur à affronter un débat parlementaire difficile, dans lequel le concours de la majorité — toujours très hésitante sur le sujet — risquait de lui être chichement mesuré.

R.S. : D'autres gros dossiers ont-ils été enterrés comme celui-là ?

M.C. : Le dossier des retraites est sans doute celui auquel le Président tenait le plus. Mais il y eut aussi celui de la proportionnelle. A l'automne 1992, le Président avait demandé à Pierre Bérégovoy d'étudier un retour au scrutin proportionnel pour les législatives de 1993. Comme je vous l'ai dit, le Président n'était pas spécialement attiré par ce système. Il savait cependant qu'en cas de poussée nationale forte, le scrutin majoritaire augmente, dans des proportions déraisonnables, la victoire de celui qui gagne, alors que le scrutin proportionnel a plutôt tendance à la modérer. Tous les sondages montraient alors que le Parti socialiste se trouverait, en mars 1993, en grande difficulté. Les évaluations nous donnaient entre 40 et 70 sièges, tandis qu'avec la proportionnelle, nous pouvions compter sur 120 à 140 députés. Pierre Bérégovoy en était convaincu. Mais le Parti socialiste et son groupe parlementaire étaient hésitants, et pour tout dire, hostiles. Chaque député sortant se disait, comme il se doit : « Moi, je serai réélu dans ma circonscription mais mon voisin est cuit. Si nous passons à la proportionnelle, c'est lui qui sera désigné par le Parti et je perdrai mon siège. Conclusion : la proportionnelle est dangereuse pour moi et je la refuse. » Le Premier ministre aurait pu forcer le passage vers la fin du mois de décembre 1992. Mais il n'était plus alors en état psychologique d'affronter un nouveau combat politique qui aurait, naturellement, déchaîné la droite et les médias. On a vu la suite : nous sommes passés de plus de 270 députés à moins de 60, et tous ceux qui, sûrs d'être élus, étaient les plus opposés à la proportionnelle, ont chuté. L'Assemblée nationale élue en mars 1993 est l'une des plus déséquilibrées et des moins représentatives que le pays ait connues. Le Président sentait venir l'ouragan et pensait que la démocratie allait en souffrir. Mais il n'a pas réussi à convaincre les dirigeants du Parti, encore plus opposés que les députés au retour à la proportionnelle ! Quand on voit comment les électeurs de mars 1993 ont traité nos amis de la rue de Solferino, ça laisse rêveur !

R.S. : Donc le Premier ministre était paralysé !

M.C. : Plus nous approchions de la mi-janvier, plus il s'inquiétait. Quand la presse a tout déballé, début février 1993, ce fut la descente aux enfers. Pierre Bérégovoy a immédiatement offert sa démission au Président qui l'a refusée : « A deux mois des élections, vous n'y pensez pas ! Battez-vous. Vous n'avez commis aucune malhonnêteté. Un prêt privé, c'est banal, c'est parfaitement légal, surtout s'il est enregistré. Vous n'avez rien camouflé et ce n'est pas de l'argent volé, battez-vous ! »

R.S. : Pierre Bérégovoy a essayé au début, il a tenté de s'expliquer, de convaincre l'opinion de sa bonne foi...

M.C. : Non, il n'avait pas vraiment le cœur à se battre. Le fait qu'on puisse le soupçonner, lui, petit prolétaire qui s'était élevé par le travail et l'effort, d'avoir acheté un appartement dans le 16e avec cent « briques » venant de Patrice Pelat, dont la réputation avait été malheureusement atteinte par la suite, c'était trop ! Plusieurs d'entre nous l'avons pourtant soutenu jusqu'au bout, mais rien n'y faisait. Nous lui disions : « Tiens bon. Après les élections, cette affaire n'intéressera plus personne. Le dossier du juge est vide et il n'y aura aucune suite judiciaire. C'est un coup politique avant les élections » ; et il est vrai que, passé les législatives, on n'en a plus parlé. Mais il ne pensait plus qu'à ça. Dans les réunions électorales, des ouvriers lui lançaient : « Béré, t'as pas cent balles ? » ou encore « Tu prêtes à combien ?

0% ? D'accord ! » Il était malheureux, blessé, et se sentait outragé. Chaque fois qu'il revenait d'un meeting, il proposait sa démission au Président...

R.S. : Après son départ du Gouvernement, l'avez-vous revu ?

M.C. : Oui, à plusieurs reprises. Après notre échec, il a repris sa place à l'Assemblée. Au comité directeur du Parti qui a révoqué Laurent Fabius, le 3 avril, il n'a pas été bien accueilli par nos camarades. Il en a ressenti beaucoup de peine et d'amertume, et s'est replié sur lui-même. Depuis la mi-février, il était dépressif. Il interrogeait tous ses interlocuteurs sur un seul sujet : son prêt, et n'écoutait pas les réponses. Il appelait au téléphone, pour ne rien dire, ses amis de l'Elysée, les ministres qui avaient sa confiance. Aussi longtemps qu'il était resté à Matignon, la pression du pouvoir, les lourdes obligations quotidiennes, les visiteurs à recevoir, l'obligeaient à sortir de son obsession. Mais quand il s'est subitement retrouvé tout seul dans son petit bureau de l'Assemblée nationale, il n'était plus que face à lui-même et à sa conscience qui le taraudait. Il a passé un mois d'avril épouvantable.

Le vendredi soir, veille du 1er mai, je suis passé voir le Président avant de partir en Auvergne.

— Alors, Charasse, quoi de neuf ?

— Monsieur le Président, le rapport de la commission Raynaud, qu'Edouard Balladur a chargé de dresser l'état de la France après notre gestion, va sortir la semaine prochaine. D'après mes renseignements, ses conclusions seront équilibrées et donc plutôt bonnes pour nous. Mais il faut tout de même que quelqu'un se prépare à monter au créneau. On ne sait pas comment ce document sera exploité par la droite et par la presse.

— Dites à Bérégovoy de se tenir prêt.

— Je doute qu'il puisse agir efficacement. Car en ce moment, il est dans un état lamentable.

— Mais je l'ai eu au téléphone et je n'ai pas senti cela. Nous sommes convenus de déjeuner lundi prochain 3 mai.

— Monsieur le Président, je suis très inquiet. Je crois bien qu'il a vu un médecin hier.

— C'est bien triste, ce que vous me dites. Qu'est-ce que je peux faire ?

— Je crois qu'il a d'abord besoin d'amitié et de ne pas se sentir seul. Invitez-le quelques jours à Latche avec sa femme pour lui parler et le sortir du microcosme parisien. Peut-être pourriez-vous vous mettre d'accord avec M. Balladur pour lui confier une mission en Asie pendant un mois ou deux. Il irait à Pékin, à Séoul, au Vietnam, à Hong Kong, il serait une sorte d'ambassadeur itinérant et vous lui donneriez des messages personnels pour les chefs d'Etat.

J'explique alors au Président qu'il téléphone aux uns et aux autres, qu'il marque des silences interminables au bout du fil, qu'il est dans un autre monde, presque dans une autre logique.

— Mais alors, c'est vraiment si grave ?

— Monsieur le Président, pardonnez-moi de vous parler aussi directement. Je le connais depuis plus de vingt ans. Je sens assez bien son état d'esprit. Il est à bout et s'il trouve une arme, il va se tirer une balle dans la tête !

— A ce point ? Bon, je verrai lundi avec lui comment faire. Passez un bon week-end. Au revoir !

R.S. : Vous aviez vraiment un pressentiment ?

M.C. : Oui, je ressentais une sourde inquiétude. Le lendemain, samedi 1er mai, j'étais attendu vers dix-neuf heures dans une petite commune voisine de Puy-Guillaume, Saint-Sylvestre-Pragoulin, pour la fête traditionnelle du Parti socialiste local. Je devais prendre la parole devant les militants et, dans cette période difficile, un mois après des élections où nos candidats avaient été laminés, on attendait ce que j'allais dire. Au moment où j'arrive devant la porte de la salle où devaient se dérouler les discours, le téléphone de ma voiture sonne. Je décroche. Le Président, la voix grave :

— Eh bien ! Vous avez vu juste pour Bérégovoy hier soir. Ça y est, c'est fait !

— Mais qu'est-ce qui est fait ?

— Il vient de se tirer une balle dans la tête.

— Mais où ? Quand ? Est-il mort ?

— Il a fait cela dans la Nièvre. Il est entre la vie et la mort à l'hôpital de Nevers. On doit le ramener en hélicoptère au Val-de-Grâce dans la soirée. Je suis en liaison avec son équipe médicale et je vous tiendrai au courant.

J'ai annoncé aussitôt la triste nouvelle aux camarades qui m'attendaient. J'étais tellement malheureux et choqué que je n'ai pas pu faire le discours prévu. Je suis reparti immédiatement en téléphonant un peu partout, pour essayer d'en savoir plus. C'est alors que France-Inter m'a appelé et que j'ai fait en direct l'une des premières déclarations de la soirée : « Si j'étais juge ou journaliste, ce soir je dormirais mal ! »

R.S. : Cette mort dramatique a bouleversé la France entière...

M.C. : ... parce qu'il n'avait commis aucune malhonnêteté, rien fait de mal : le dossier du juge ne comportait aucun grief sérieux. C'était un montage fabriqué, une cabale politique. On m'a reproché, à l'automne 1995, d'avoir été trop modéré à la télévision à propos du logement d'Alain Juppé. Je pense si souvent à Pierre Bérégovoy que je n'ai envie de faire à aucun Premier ministre ce qu'on a fait à Pierre. Que la justice fasse son œuvre s'il le faut. Je ne veux pas en rajouter.

R.S. : Quelles étaient vos relations avec Pierre Bérégovoy ?

M.C. : Très amicales. Simple, plein de bon sens, il raisonnait juste. Je me suis toujours bien entendu avec lui. Nous avons travaillé ensemble à l'Elysée dès 1981, sans un nuage dans nos relations. Quand le Président l'a nommé ministre des Affaires sociales en 1982, il m'a dit : « Viens avec moi. » François Mitterrand lui avait donné son accord pour que je sois « son » secrétaire d'Etat à la Sécurité sociale. J'ai refusé car je n'étais pas attiré par les rituelles discussions à perte de vue avec les partenaires sociaux. Il a compris et ne m'en a pas voulu. Mais je lui ai fait une autre proposition : qu'il me confie l'ensemble du budget social de la Nation et pas seulement le régime général. Je souhaitais mettre un peu d'ordre dans les régimes spéciaux d'assurance-maladie et de retraite et revoir certaines de leurs dispositions qui pesaient trop injustement et sans justification sur les contribuables, et d'abord sur les salariés les plus modestes. L'ancien gazier Pierre Bérégovoy a sursauté : « Tu vas mettre la révolution ! » Et il n'a plus insisté.

Pendant la campagne de 1988, nous nous sommes retrouvés dans l'équipe du Président, puis je l'ai ensuite rejoint au ministère des Finances. Nous avions en commun une même fidélité à l'égard de François Mitterrand, une même passion pour le service de la France, un même idéal social de générosité et de solidarité. Il nous arrivait d'avoir de petites « frictions ». Mais nos problèmes se réglaient entre vieux amis qui ont toute confiance l'un dans l'autre.

R.S. : Vous étiez, bien sûr, à l'enterrement à Nevers quand François Mitterrand a dénoncé « les chiens » ! Qui visait-il ?

M.C. : Il a dit : « On a jeté l'honneur d'un homme aux chiens. » Qui est « on » : celui qui a donné le dossier de justice à la presse et qui a violé le secret de l'instruction. Qui sont les « chiens » : ceux qui ont exploité ce délit. Et pour une « affaire » qui n'existait pas : le juge Jean-Pierre n'avait aucun élément pour renvoyer Pierre Bérégovoy devant un tribunal. Tout ce que Pierre avait fait était légal et la Cour de cassation a confirmé que tous les actes du juge étaient illégaux.

Le Président avait des sanglots dans la voix. C'est rare. Il savait se dominer. Je ne l'ai vu que deux fois au bord des larmes : à Nevers, en public, pendant quelques secondes, mais il s'est vite repris, et à l'enterrement de Patrice Pelat, à La Ferté-Saint-Aubin. Son vieil ami de captivité et de Résistance descendu dans la tombe, nous nous sommes éloignés lentement dans les allées du cimetière. En passant derrière une rangée de thuyas, seuls et à l'abri des regards, François Mitterrand m'a pris le bras, l'a serré très fort et j'ai vu couler deux ou trois larmes sur ses joues. Pour Patrice Pelat aussi, le Président avait le sentiment que la médiatisation du dossier avait été outrée.

R.S. : Si on compare à des affaires qui ont eu lieu sous la

IIIe ou la IVe République, il n'y a pas eu un véritable acharnement de la droite, ni même d'un journal, mais tout le monde, c'est-à-dire le serpent médiatique qui se mord indéfiniment la queue — radios, quotidiens, télés, hebdos, radios, etc. — a traité de « l'affaire du prêt », si bien que Pierre Bérégovoy a dû juger qu'on ne parlait que de lui !

M.C. : Apparemment, c'est vrai. On ne peut pas dire que la droite en ait ouvertement rajouté. Mais en sous-main, dans les dîners en ville et les conversations privées, ses dirigeants et ses candidats aux législatives ne se privaient pas de glisser, au détour d'une phrase : « Ces socialistes ne sont tout de même pas honnêtes, voyez l'affaire Bérégovoy. » Cependant, la classe politique a été plutôt discrète. En revanche, entre le début du mois de février et les élections de mars, la presse n'a parlé que de ça. Pas un éditorialiste n'a défendu Pierre Bérégovoy, aucun n'a pris la peine de regarder objectivement le dossier pour démonter la manœuvre et dire : « C'est vide, on arrête tout ! » Le tambourinage — qui n'existait pas à un rythme aussi soutenu sous les IIIe et IVe Républiques ! — n'a pas cessé, dominé par la volonté de nuire surtout à François Mitterrand et à la majorité sortante. Pierre Bérégovoy l'a très vite compris. Il pensait qu'en restant à Matignon, il serait responsable de l'échec de la gauche aux législatives. C'est pour cela qu'il remettait sans cesse sa démission au Président. Mais le Premier ministre a été maladroit dans l'importance qu'il a accordée à cette polémique et a ainsi incité la presse à en rajouter. Il se levait très tôt pour écouter les radios et lire les journaux. Chaque fois qu'il repérait un article désagréable, il appelait ses amis : « Tu as vu, ce matin, *Le Figaro, France-Soir, L'Express, Le Point* ? Tu as écouté France-Info, Inter, Europe ? » Il passait des heures à décortiquer la presse et à lire les scripts des radios et des télévisions. Il baignait dans cette fange du matin au soir et il en avait perdu le sommeil.

R.S. : Après la mort de Pierre Bérégovoy, certains médias ont insinué que François Mitterrand avait une part de responsabilité dans son suicide, parce qu'il l'aurait laissé tomber.

M.C. : Comme vous dites, l'insinuation a été faite. Pourtant François Mitterrand ne l'a jamais abandonné et ils devaient déjeuner ensemble, le 3 mai. Mais Pierre Bérégovoy a quitté le Gouvernement à la fin du mois de mars et le Président a dû gérer aussitôt le début de la cohabitation. Il voyait donc moins son ancien Premier ministre. Pierre Bérégovoy, reclus dans son bureau à l'Assemblée, tentait d'aborder une autre vie. Il ne cessait d'appeler ses amis pour revenir obstinément sur le passé : « Le Parti a perdu à cause de moi. Le Président aurait dû me laisser partir en février ! » Il se torturait, s'imaginait que la gauche lui en voulait. Qu'un des nôtres le croise dans un couloir du Palais-Bourbon en le saluant distraitement, et il se braquait aussitôt : « Untel m'en veut ! » Dans son esprit, toutes les erreurs commises par la majorité et par le Parti socialiste, qu'il dénonçait pourtant avec la finesse de son esprit d'analyse, n'étaient rien à côté de ce qu'il avait fait. Il avait créé un nouveau péché originel : en choisissant d'habiter le 16e arrondissement, le pauvre qu'il était avait cédé à la tentation du riche, et avait croqué la pomme. Il pensait que la gauche ne se laverait plus jamais de cette faute !

Tous ses amis remarquaient l'évolution pitoyable de son état psychologique et alertaient l'Elysée. Je me souviens d'un message angoissé du patron du restaurant Chez Edgar, que m'a transmis Maurice Benassayag deux ou trois jours avant le 1er mai.

R.S. : La meilleure réponse est venue de la famille de Pierre Bérégovoy et notamment de Gilberte, sa femme...

M.C. : Elle sait bien que l'affection du Président n'a jamais manqué à son mari. Le 10 mai 1993, quelques jours après la mort de Pierre, le Président a réuni ses plus proches amis pour fêter l'anniversaire de son élection de 1981. Il ne manquait que Pierre Bérégovoy. Le Président nous a demandé à penser à lui et s'est éloigné un instant pour téléphoner à Gilberte. Quand il nous a rejoints, il était bouleversé. Pour le premier anniversaire de la mort de Pierre, sa femme a invité le Président à aller se recueillir sur sa tombe à Nevers. Mme Bérégovoy avait fait savoir que ce jour-là, elle préférait que François Mitterrand vienne seul, sans les dirigeants du Parti.

R.S. : Les dernières semaines avant les législatives ont dû être terribles pour François Mitterrand qui relevait de sa première opération.

M.C. : Il y eut effectivement trois ou quatre mois difficiles. Rien n'allait plus. Pierre Bérégovoy et Laurent Fabius étaient décriés dans l'opinion. Des allusions à la vie privée du Président commençaient à sortir dans la presse, et le juge Jean-Pierre tournait autour de l'Elysée. Mais même aux pires moments, François Mitterrand a fait face. Après un automne 1992 assez pénible, il avait remonté la pente et veillait à tout. Trois jours après le premier tour des élections, catastrophiques pour notre camp, le 23 mars, Jacques Chirac avait déclaré que l'intérêt de la France, une fois la gauche battue, était que le Président s'en aille. François Mitterrand a improvisé une réunion de son équipe de l'Elysée, avec Pierre Bérégovoy, dans le bureau d'Hubert Védrine. Nous étions assis en cercle autour de lui : « Organisez immédiatement le contre-feu. Je suis élu président de la République pour sept ans et le comportement de M. Chirac n'est pas convenable. Faites savoir que je tiendrai compte de cette prise de position pour choisir le Premier ministre. » Nous nous sommes aussitôt répandus dans tout Paris pour faire passer le message.

Edouard Balladur tenait une réunion publique le lendemain jeudi après-midi en province. Il se sentait en piste pour être Premier ministre, ayant habilement préparé le climat politique pour être incontournable. Le hasard a voulu que je prenne, le même jeudi matin, donc entre les deux tours, mon petit déjeuner chez un ami industriel très proche de M. Balladur. J'ai naturellement évoqué la réaction du Président à la suite des propos de M. Chirac : « Si on en reste là, je ne suis pas certain que le Président choisira le prochain Premier ministre dans les rangs du RPR. » Je n'ai pas eu besoin d'en dire plus. Quelques heures plus tard, Edouard Balladur, dûment informé par mon commensal du petit matin, a pris nettement ses distances vis-à-vis des positions extrêmes du président du RPR. C'est ce qui lui a définitivement ouvert la porte de Matignon.

R.S. : Comment a réagi le Président le soir de la défaite de ses amis ?

M.C. : Il a simplement dit : « En fait, ils n'ont pas gouverné ! Les Français le leur font payer. »

CHAPITRE 11

R.S. : Au cours du premier septennat, vous avez été en charge du dossier corse.

M.C. : On l'a peu su, mais le Président s'est intéressé de très près à la Corse. Il a vite remarqué que l'Etat ne se faisait pas respecter dans l'île : la démission de l'autorité publique incombait certes à des responsables locaux défaillants, mais aussi aux administrations centrales qui ne soutenaient pas leurs services sur place. Manifestement terrorisé par la Corse, Paris était toujours prêt à se rallier à la solution la plus lâche pourvu qu'il en résulte la paix, fût-elle artificielle et provisoire.

Le Président s'est rendu en voyage officiel en Corse en mai 1983. Ce qu'il a découvert était pire encore que ce qu'il croyait. Pourtant, après avoir préparé son déplacement, Jean Glavany et moi l'avions déjà largement éclairé. N'importe qui pouvait faire n'importe quoi. C'était l'anarchie ! François Mitterrand a dit : « Seule l'application rigoureuse et sans faiblesse de la loi républicaine fera reculer le terrorisme. » A son retour d'Ajaccio, il a décidé de prendre directement le dossier en main et m'en a chargé.

R.S. : Quel était votre rôle ? Quels étaient vos pouvoirs ?

M.C. : Tout ce qui concernait la Corse devait d'abord passer par l'Elysée. Le Président m'a donné instruction d'adresser les directives nécessaires aux administrations. C'était une révolution, personne ne voulait obéir car tous étaient terrorisés. De juin 1983 à mars 1986, j'ai rendu compte à François Mitterrand, tous les quinze jours, de notre action et de ses résultats. Précisons cependant que le Président admettait parfaitement que la Corse bénéficie d'un statut adapté à son insularité. Mais ce statut ne devait pas être considéré comme une nouvelle faiblesse de l'Etat. Les facilités accordées à la Corse devaient seulement constituer la compensation objective et équitable de son handicap par rapport aux autres départements métropolitains. Pendant toute cette période, le Président a malheureusement été très seul et bien mal obéi, malgré le concours sur place d'un courageux préfet de Région, M. Paul Bernard, qui a failli laisser sa santé et sa vie familiale dans l'aventure. Les difficultés quotidiennes du préfet me rappelaient ce que le conseiller d'Etat Miot, envoyé sur place par Napoléon Ier pour remettre un peu d'ordre, avait écrit à son retour à l'Empereur : « Aucune mission ne me fut plus pénible. »

R.S. : Mal obéi par qui ?

M.C. : Par tout le monde, les administrations et leurs ministres ! Ainsi personne n'a jamais osé poursuivre en justice un paysan qui avait utilisé une subvention du ministère de l'Agriculture pour construire... une boîte de nuit plutôt qu'une écurie. Après 1986, j'ai vu bien des préfets proposer de passer systématiquement l'éponge sur de vrais scandales. Ils ne voulaient aucun ennui.

Petit à petit, après juin 1983, nous avons repris les choses en main. Un préfet de police spécifique a été institué en Corse et nous avons expédié sur place celui qui était alors le commissaire Broussard. Il a fait un excellent travail. Avec une équipe remarquable, il a réussi à réveiller l'ardeur des forces de l'ordre, qui cherchaient et qui trouvaient. J'ai fait donner des moyens importants à la police et à la gendarmerie pour acheter des renseignements (car si on paye, les Corses parlent comme ailleurs...) et on a commencé à en savoir plus sur les réseaux clandestins. J'ai demandé au Président la tête du recteur dont les services avaient édité des poèmes en langue corse constituant de véritables appels au meurtre. Ces manuels du crime, distribués dans les écoles aux frais de la République, apprenaient aux enfants comment organiser un attentat, tuer un représentant de l'ordre ou de la République, un préfet, un ministre, le Président de la République... Le pauvre recteur ne s'était aperçu de rien ! J'ai aussi proposé à François Mitterrand de changer le procureur général de Bastia. Plutôt brave homme, il impressionnait tout le monde en jouant volontiers les matamores. Mais en réalité, c'était un « tigre de papier » qui composait et manquait totalement de fermeté. En fait, il était terrifié et craignait pour sa vie, de sorte qu'il mobilisait en permanence des forces de police impressionnantes pour sa garde personnelle. Il était, en public, entouré et protégé comme un chef d'Etat. Son parquet général était devenu une officine à la disposition des plastiqueurs qui l'utilisaient comme base de renseignements, pour prévenir l'action de la police visant leurs amis. Quelques vacataires bien placés — et connus de tous — au greffe du tribunal et de la cour d'appel de Bastia, utilisaient nuit et jour la photocopieuse pour diffuser à l'extérieur toutes les pièces d'instruction ou d'enquête préliminaire et permettre aux uns et aux autres de disparaître ou de cacher leurs armes, leurs explosifs, etc. Et malgré un taux record d'attentats et d'exactions de toutes sortes, le parquet général de Bastia était devenu le haut lieu de la « non-élucidation » ou du « classement sans suite ». Le commissaire Broussard n'en pouvait plus et il fallait en finir. Mais le Président connaissait le procureur général personnellement depuis le lendemain de la guerre, lorsqu'ils se sont retrouvés à l'UDSR. Il l'aimait bien, si bien que ce magistrat a atterri à Rouen, poste prestigieux, alors que j'avais proposé de le mettre dans un « placard » à la Cour de cassation.

Enfin, j'ai donné, au nom du Président, et avec son accord exprès, des instructions strictes aux préfets pour qu'ils démettent d'office certains maires coupables d'irrégularités. Du jamais vu en Corse !

Hélas, cette action énergique n'a pas duré, et l'alternance de 1986 a tout détruit. Le préfet Broussard a quitté son poste alors qu'il commençait à infiltrer les réseaux clandestins et qu'on savait que des têtes allaient tomber. Il faut dire que beaucoup de responsables corses — toujours si prompts à s'indigner parce que l'Etat est faible — ne le supportaient plus parce qu'il allait finir par mettre son nez dans leurs petites affaires. Jusques et y compris dans l'entourage de Gaston Defferre, un chargé de mission, pourtant très proche du Président, s'attachait à démolir minutieusement tout ce que nous construisions à partir de l'Elysée. J'ai failli me retrouver, à cause de lui, au centre d'un véritable scandale puisqu'il avait interrompu, en mon nom mais sans m'en parler, une procédure judiciaire à la suite de la découverte, dans un caveau du cimetière de L'Ile-Rousse, d'un véritable arsenal : armes, munitions, explosifs, etc. Ce chargé de mission avait appelé les gendarmes de Bastia : « Arrêtez tout. Cette tombe est celle de la famille de M. Charasse. » Or, je n'ai jamais eu aucune famille, aucun parent à L'Ile-Rousse et, à plus forte raison, aucune concession au cimetière de cette ville. C'est dire la difficulté de notre tâche pour surmonter les interventions souterraines et les ordres contradictoires.

En 1986, malgré les avertissements du Président au Premier ministre et au ministre de l'Intérieur — « C'est votre responsabilité, mais vous allez au-devant de graves ennuis, car votre candidat n'a pas les qualités que vous croyez... » — M. Pasqua a tenu à nommer comme préfet de Région à Ajaccio... l'ancien procureur général de Bastia dont nous nous étions débarrassés à Rouen. Charles Pasqua connaissait bien ce magistrat. D'origine corse comme lui, il avait réussi à circonvenir le ministre de l'Intérieur. Il lui avait expliqué que son éviction était une vengeance politique parce qu'il était trop proche du RPR et qu'il engageait des poursuites gênantes pour le pouvoir socialiste... Si Charles Pasqua avait pris la précaution d'interroger ses policiers, et notamment le préfet Broussard, il aurait vite su ce qu'il en était. Mais lui aussi, comme le Président, aimait bien ce vieux magistrat en fin de carrière et n'imaginait pas qu'il puisse le tromper à ce point. Il est donc parti à Ajaccio. C'est la seule fois où j'ai vu le Président, pendant la cohabitation, signer avec autant de réticence la nomination d'un préfet. Nous n'avons pas attendu longtemps. Les attentats ont repris de plus belle, la pagaille s'est partout réinstallée et l'Etat a de nouveau cessé d'être respecté. Tout ce qui avait été fait si péniblement pendant trois ans a été ruiné en quelques semaines. Moins d'un an après, ayant dû révoquer ce préfet, Charles Pasqua a reconnu : « J'ai vraiment eu tort de ne pas écouter le Président. »

R.S. : Quand la gauche revient au pouvoir en 1988, reprenez-vous le dossier corse ?

M.C. : En accord avec le Président, j'ai repris l'action de moralisation politique, mais surtout dans le cadre de mes responsabilités au ministère du Budget. La Corse était pillée en toute impunité par de véritables mafias. Les lois fiscales et financières leur ont été appliquées sans faiblesse après 1988 et j'ai soutenu fermement l'action des services. Chaque fois que nous relevions des affaires irrégulières, le Parquet était saisi. Le ministre de la Justice, Henri Nallet, avait dépêché un nouveau procureur général à Bastia, M. Nadal. Scrupuleux et courageux, ce magistrat avait une haute conception du rôle de l'Etat. Malgré son niveau élevé dans la hiérarchie judiciaire, il a accepté un petit sacrifice de carrière en rejoignant, à Bastia, un poste moins prestigieux que celui qu'il aurait pu normalement briguer. De lourds redressements fiscaux ont été opérés — au total beaucoup plus de 50 millions de francs — sur de véritables truands qui ont été renvoyés en correctionnelle et condamnés à des peines de prison ferme, fait rare en matière de fraude fiscale et rarissime en Corse. Jusqu'au jour où le président de droite du Conseil général de Haute-Corse, président de la chambre de commerce de Bastia, a été lui aussi concerné. La commission des infractions fiscales a proposé de le poursuivre en justice pour des fraudes concernant certaines de ses sociétés. J'ai déposé plainte comme la loi l'impose, mais il ne s'est rien passé. Un juge d'instruction de Bastia avait purement et simplement décidé de laisser dormir le dossier et d'attendre — qui sait ? — la prescription ! L'avocat local du Trésor, insulaire lui aussi, semblait terrorisé et ne bougeait pas. J'ai dû le remplacer par mon propre avocat, mon ami le bâtonnier Gilles-Jean Portejoie du barreau de Clermont-Ferrand. Pour la Corse, c'était impensable, voire provocateur : un avocat du continent venait s'occuper dans l'île d'affaires fiscales et pénales. J'ai dû faire protéger Me Portejoie qui avait reçu des menaces de mort et je suis allé à Bastia, début 1992, pour faire le point avec le Parquet. Huit ou dix dossiers de fraude fiscale concernant des personnalités importantes étaient bloqués et les juges n'instruisaient rien. J'ai fait publiquement part de ma surprise dans les termes que vous imaginez, en vertu des principes républicains que j'ai toujours défendus. Mes propos ont naturellement provoqué un communiqué indigné de l'éternel Syndicat de la Magistrature : « Pression inadmissible sur les magistrats. » Je n'ai pas accordé la moindre importance à cette agitation microscopique, — malgré un coup de téléphone « vengeur » et « anonyme » reçu le samedi suivant à la mairie de Puy-Guillaume pour me mettre en garde « au nom des magistrats corses » ! Devant ce comportement inadmissible des juges locaux, j'ai demandé à la Cour de cassation de dessaisir Bastia. La haute juridiction a désigné un juge parisien et le dossier a été transféré dans la capitale. Mais à nouveau, plus rien ! En 1994, François Mitterrand a fait publiquement allusion à cette étrange mansuétude au cours d'une réception chez le président de l'Assemblée nationale : « Il y a deux poids et deux mesures. Qu'est-ce que cela signifie ? J'admets qu'on poursuive les uns, mais on pourrait aussi s'occuper des autres ! C'est tout de même étonnant qu'il n'arrive rien à ce président du Conseil général qui fait l'objet de plusieurs plaintes ! » A la suite de cette déclaration, un juge parisien a enfin mis l'intéressé en examen. J'ignore où en est l'affaire mais M. Natali est toujours à son poste alors que tant d'autres élus ont été condamnés et déclarés inéligibles, parfois pour beaucoup moins. Et le ministre du Budget a remplacé Me Portejoie en 1993 après notre départ.

R.S. : Sous le Gouvernement Rocard, il y a eu une grève très dure en Corse contre la vie chère...

M.C. : Oui, et nous avons découvert, entre autres, que les

pétroliers et les pompistes corses avaient conclu une entente illégale pour ne pas répercuter, dans le prix à la pompe, la totalité des réductions de taxes sur les carburants que la loi accorde à la Corse. En clair, les intéressés captaient au passage l'argent que les contribuables destinaient aux consommateurs. La Commission de la concurrence a fini par les condamner à de lourdes amendes. Le préfet d'Ajaccio me suppliait au téléphone de fermer les yeux et d'accorder la remise, car les pompistes refusaient de payer l'amende et menaçaient de descendre dans la rue. Ils étaient naturellement soutenus par une partie de la population, celle-là même qui hurlait quelques mois auparavant contre la vie chère. Le préfet s'affolait et je me suis fâché : « La vie quotidienne de la Corse a été perturbée pendant plusieurs semaines à cause de la vie chère, on a découvert et condamné plusieurs responsables de cette situation et les Corses demandent aujourd'hui de cesser le feu ? Et vous osez vous faire le porte-parole de ces veuleries ? »

R.S. : En fait, les fonctionnaires avaient peur.

M.C. : Oui, car les autonomistes avaient pris l'habitude de les menacer dans le cadre de ce qu'ils avaient baptisé la « corsisation des emplois ». Cette revendication prétend obliger les fonctionnaires non corses à partir, surtout s'ils sont dévoués et compétents, pour les remplacer par des Corses auxquels il faut parfois forcer plus ou moins la main. Et quand ils sont les meilleurs dans leur spécialité ils refusent absolument de rentrer dans leur île. Tout ceci porte atteinte à la qualité de certains services extérieurs de l'Etat. Lorsque des groupuscules locaux expédiaient des lettres anonymes comminatoires : « Monsieur, vous êtes fonctionnaire français et si vous ne quittez pas l'île immédiatement, vous partirez les pieds devant ! », la réaction habituelle des administrations centrales était de céder sur-le-champ. Pendant que j'étais à Bercy, on a tiré sur la voiture d'un inspecteur des impôts de L'Ile-Rousse. J'ai réagi : « Si nous cédons, aucun agent des administrations financières ne pourra plus faire normalement son métier en Corse. Je n'accepte pas la mutation de l'intéressé et je vais le faire protéger. »

J'ai téléphoné à ce fonctionnaire, suis allé le voir sur place pour le rassurer et j'ai fait savoir haut et fort qu'il ne partirait pas et que nous ne nous laisserions pas intimider. Je l'ai aussitôt fait garder par les gendarmes, après une vive altercation avec le préfet de police d'Ajaccio. Ce haut fonctionnaire m'avait expliqué benoîtement qu'il n'avait pas les moyens d'assurer ce type de protection : « Pas les moyens, alors que tous vos services de sécurité sont en sureffectifs ? Très bien, ne vous dérangez pas, les douaniers s'en chargeront. » Le sang du préfet n'a fait qu'un tour : « Surtout pas, je vais m'arranger. » Parler des douaniers — même en Corse — à des policiers ou à des gendarmes, c'est ouvrir la guerre. A partir de ce jour-là, les menaces sur cet inspecteur des impôts ont cessé. Beaucoup plus tard, il a été muté à Nice comme il le souhaitait, mais dans le cadre d'un mouvement normal et sans céder au chantage. Hélas, les autres administrations n'ont pas suivi cet exemple.

R.S. : Pendant la grève en Corse, Michel Rocard, qui était alors Premier ministre, s'est-il montré assez ferme ?

M.C. : Absolument ! Mais lui aussi était trop seul. Les négociations avec les grévistes se sont déroulées d'une façon ahurissante. On a laissé envahir les préfectures, les manifestants campaient dans les couloirs, où ils faisaient griller des sardines, et personne ne les chassait. Il n'y avait plus d'Etat ! Au début du conflit, j'appelais les préfets tous les jours pour faire le point : « C'est insupportable : vous avez obtenu tous les renforts nécessaires pour faire respecter l'ordre public et vous refusez de les utiliser. » Ils balbutiaient au téléphone, impuissants et dépassés et aussi peut-être paniqués à l'idée que, s'ils tapaient trop fort, Paris les lâcherait. Ils n'avaient sûrement pas tort. En tout cas, j'ai fini par rompre avec eux : « Je ne vous reconnais plus comme mes représentants ! » Je suis alors passé au-dessus de leurs têtes pour régler directement les problèmes des services locaux du ministère : l'administration des Finances a pu continuer à accomplir les tâches indispensables, rien n'a été volé dans les bureaux et elle fut la première à redémarrer. Les préfets étaient dans un tel état que j'ai dû donner moi-même les ordres nécessaires pour faire rouvrir les portes de la Trésorerie générale de Bastia : les grévistes les avaient soudées au chalumeau au début du conflit, sous l'œil impassible des gardes mobiles que le préfet refusait de mettre en marche. Le TPG de Bastia a été formidable — dans la grande tradition des Finances — et a reçu la Légion d'Honneur dès le 14 Juillet suivant !

Parallèlement, je suis allé « au créneau » dans la presse en donnant une longue interview au *Figaro.* Mes déclarations ont fait monter la pression en Corse — c'était inévitable — mais ont surtout conduit les Français à s'interroger sur la bonne foi des revendications insulaires — ce qui était mon but. J'avais notamment rappelé ce que la Corse coûtait à la Nation et démontré comment une bonne partie de cet argent était détournée par une minorité ou gaspillée. Nos compatriotes ont vite compris, ce qui a mis les Corses en fureur. Mais au lieu de réclamer le châtiment des voleurs — largement connus sur place — les grévistes exigeaient que le contribuable national paye pour eux ! Je suis devenu la tête de Turc des cortèges, qui ont brûlé mon effigie — cigare compris ! — devant la préfecture d'Ajaccio. Mes collaborateurs s'inquiétaient, d'autant que j'avais l'intention d'aller personnellement sur place pour imposer la réouverture des services financiers et braver les manifestants. Je les rassurais : « Laissez-les faire. Je connais la musique de là-bas : “ Commediante, tragediante ! ” » Naturellement, le cabinet du Premier ministre m'a interdit d'aller à Ajaccio et j'ai dû ronger mon frein dans mon bureau parisien.

Quelques mois plus tard a été découverte l'entente pétrolière qui confirmait les accusations que j'avais portées. Et une réforme de l'Office des Transports a mis un terme à d'étranges comportements. Mes assertions furent donc largement confirmées mais en Corse, la vérité dérange encore plus qu'ailleurs.

Une fois la grève terminée, dans des conditions humiliantes pour l'Etat et ses contribuables, Michel Rocard a décidé, comme je l'avais souhaité, que les jours de grève ne seraient pas payés. J'ai appris cependant que la Douane locale était passée outre et j'ai appelé son directeur à Ajaccio :

— Monsieur le Directeur régional, avez-vous sous les yeux les horaires des avions pour Paris ?

— Oui, Monsieur le Ministre.

— Pouvez-vous me dire à quelle heure est le prochain vol pour Paris ?

— A treize heures.

— Bien, merci. Prenez-le.

— A vos ordres, Monsieur le Ministre. Que dois-je faire ensuite en arrivant à Paris ?

— Y rester. Vous êtes rappelé puisque vous avez payé les jours de grève.

J'ai beaucoup regretté et je regrette toujours cette décision brutale à l'égard d'un fonctionnaire estimable et bien noté. Car tous les autres chefs de service de l'Etat — Finances exclues — n'ont tenu aucun compte des directives du Premier ministre et ont payé les jours de grève, sans être sanctionnés.

R.S. : Vous n'aimez pas beaucoup les préfets ? Pourtant, à l'Elysée, vous participiez à leur nomination ?

M.C. : J'ai toujours eu beaucoup d'estime et de respect pour le corps préfectoral, qui est l'un des plus grands corps de l'Etat. Et le fait que les préfets en poste en Corse à cette époque n'aient pas maîtrisé correctement la situation n'a pas rejailli — dans mon esprit — sur l'ensemble de ces hauts fonctionnaires. La première vertu des préfets, c'est l'obéissance au Gouvernement et un total dévouement à l'Etat dont ils sont localement porteurs de tous les intérêts. Les préfets sont généralement courageux et ils ont souvent tenu seuls l'Etat dans les moments difficiles. Comme les ambassadeurs, les grands chefs militaires et les directeurs d'administration centrale, ils sont révocables à tout moment et les gouvernements ne s'en privent pas. Mais ce n'est pas la cause de leur dévouement. En fait, ils ont la passion du service de l'Etat. Je n'oublie pas l'exemple donné par Jean Moulin, qui n'a pas hésité à braver l'ennemi plutôt que de manquer à l'honneur.

R.S. : Revenons à la Corse. Votre fermeté à l'égard des problèmes de l'île était peu connue, jusques et y compris au sein du Gouvernement.

M.C. : Détrompez-vous. Elle l'était et mes collègues ministres craignaient mes « sorties » sur le sujet en réunion gouvernementale. Je me souviens d'avoir demandé à Edith Cresson de prélever sur les crédits d'aménagement et d'entretien des routes corses — qui ont pourtant bien besoin de travaux — l'argent nécessaire pour reconstruire le bâtiment d'une direction locale de l'équipement détruite par un attentat. Le ministre responsable se tortillait sur son siège et n'était évidemment pas d'accord, mais la courageuse Edith a imposé mon point de vue. Précédemment, avant 1986, j'avais fait de même en prélevant sur les crédits d'électrification rurale de la Corse les fonds nécessaires au remplacement d'un alternateur destiné à la centrale EDF de Vazio que des manifestants avaient pu tranquillement — c'est-à-dire devant les forces de l'ordre impassibles — jeter dans le port d'Ajaccio. Les élus locaux de Corse étaient furieux car l'île était privée de plusieurs millions nécessaires à la desserte électrique. Ce genre de décision fait toujours réfléchir et permet à certaines langues de se délier et de dénoncer les coupables. Hélas, c'est une attitude trop rare de la part de l'Etat qui généralement paye sans commentaire.

En arrivant rue de Rivoli, j'avais fait un saut à Ajaccio pour confirmer « urbi et orbi » que si le Centre d'Informatique de la Trésorerie explosait une nouvelle fois — on venait à peine de le reconstruire —, il serait aussitôt transféré sur le continent, avec tout son personnel. On imagine les réactions des syndicats locaux. Mais je n'ai plus jamais eu d'inquiétude pour le sort de cet immeuble administratif, surtout lorsque les Corses ont appris que j'avais définitivement supprimé une recette des impôts détruite, dans l'Aude, par un attentat soi-disant fomenté par certains milieux viticoles. Tous les élus faisaient pression sur moi pour que je la reconstruise et j'ironisais : « Mais si cette recette était vraiment utile aux viticulteurs, ils ne l'auraient pas plastiquée... »

Pendant ce temps, les viticulteurs enrageaient, car ils devaient faire plusieurs centaines de kilomètres pour aller chercher leurs acquits à Narbonne ou à Carcassonne. Ils n'ont pas tardé à féliciter chaleureusement ceux qui avaient eu la bonne idée de provoquer l'Etat...

Et je ne vous cite pas toutes les remises en ordre effectuées en Corse pour mettre un terme à des situations inacceptables. Ainsi, dans beaucoup de villages où tout le monde porte le même nom et parfois le même prénom, j'avais remarqué que, si les bulletins de pensions arrivaient toujours normalement à leurs destinataires, sans erreur ni retard, les avertissements d'impôts locaux étaient retournés en masse à la perception avec la mention « nom erroné » ou « inconnu » ou « n'habite pas à l'adresse indiquée », etc. J'ai fait faire le pointage des contribuables dans chaque bourg et le taux de recouvrement s'est rapproché de la normale. La Nation a donc cessé de payer les communes corses à la place des contribuables locaux qui ont trop longtemps profité de ces petites manœuvres.

Mais rien n'était simple. Le préfet d'Ajaccio s'était un jour ouvert de ses difficultés pour faire appliquer les jugements des tribunaux condamnant à la démolition les immeubles construits un peu partout sans permis. Notre dialogue a été savoureux :

— Mais réquisitionnez les entreprises de travaux publics pour les faire démolir.

— Ce serait trop simple, Monsieur le Ministre. Aucune ne veut y aller. Elles ont trop peur des représailles.

— Bien ! Nous allons procéder autrement. Etablissez-moi une liste de maisons à raser, je vais dégager les crédits nécessaires pour vous envoyer deux ou trois entreprises du continent qui feront le travail. Nous les expédierons par transport militaire et elles feront l'aller-retour en vingt-quatre ou quarante-huit heures.

— C'est une solution, Monsieur le Ministre ! Je vais réfléchir et je vous en reparlerai !

Ce préfet a quitté la Corse sans avoir achevé ses réflexions sur le sujet...

Michel Rocard connaissait ma fermeté. Au retour de

l'enterrement du maire de Soveria, lâchement assassiné, le Premier ministre m'a fait appeler dans l'avion par Guy Carcassonne afin que j'aille directement, dès mon arrivée à Paris, au journal télévisé de vingt heures. Il s'agissait de rappeler l'indignation du Gouvernement et de souligner sa volonté d'agir. J'ai conclu en langue corse quelque chose comme « à bon entendeur, salut ! ». Dans les milieux autonomistes, on a ironisé sur mon accent et mon vocabulaire mais on s'est dit aussi « Et si c'était vrai ? »

R.S. : Quelle a été votre réaction quand Pierre Joxe a proposé de reconnaître le « Peuple corse » ?

M.C. : Pierre Joxe a tout tenté pour ramener la paix en Corse et je comprends qu'il ait pensé à cette formule pleine de symboles même pour une infime minorité de la population insulaire. Mais cette notion m'a toujours paru contraire à l'unité de la République et par conséquent à notre Constitution. J'ai donc alerté le Président, gardien de l'unité nationale. Il était lui aussi très réservé. Ne voulant pas compliquer le travail de son ministre de l'Intérieur, il s'est contenté de le convaincre d'accepter une modification. Il a fait préciser, en Conseil des ministres, que le projet traiterait du « Peuple corse » en ajoutant « composante du Peuple français ». Plusieurs ministres avaient du mal à admettre ce que Pierre Joxe proposait. Je me souviens de l'intervention de Jean-Pierre Chevènement, toute pétrie d'esprit républicain ! Je suis moi-même intervenu en ce sens le même jour, mais sans trop insister. J'étais certain que le Conseil constitutionnel annulerait cette disposition dangereuse au nom des grands principes. Ce qu'il a fait.

R.S. : Aujourd'hui, diriez-vous que l'Etat est davantage respecté en Corse ?

M.C. : Quelques faits récents sont plus éloquents qu'un long discours. Lorsque des contrôleurs de la Communauté européenne ont découvert des fraudes massives en Corse — des primes importantes accordées à des éleveurs et à des troupeaux fantômes — Bruxelles a aussitôt suspendu ses aides et prié la France de faire le « ménage » parmi les paysans locaux. L'émotion a été si grande en Corse — les

Méditerranéens l'ont à fleur de peau et la larme y est facile — que l'Etat s'est aussitôt couché : le contribuable français a payé à la place de l'Europe, y compris pour les fraudeurs.

Depuis le retour de la droite en mars 1993, la situation s'est dégradée dans l'île. L'Etat a été moins présent, plus laxiste et peut-être plus complice. L'habile Charles Pasqua a certes tenté de maintenir un minimum de dialogue avec certaines branches autonomistes, et une paix relative a paru s'installer en Corse pendant qu'il était place Beauvau. Mais c'était une paix fragile fondée, comme toujours dans ce cas, sur la démission de l'Etat. En Corse, lorsqu'on discute, il est provocateur d'appliquer la loi. Et comme depuis quelque temps on ne cesse pas de dialoguer, on n'applique plus jamais la loi. Même le procureur général Rassayguier, qui a récemment quitté son poste, s'est en vain époumoné à lancer des avertissements prémonitoires. A la fin 1995, les attentats et les assassinats ont repris un peu partout. On tue librement tous les jours ou presque et la République n'est plus chez elle en Corse, sauf pour payer...

Il faut cesser de larmoyer sur le sort des Corses et de les considérer comme les plus malheureux de l'Hexagone. Leur magnifique région bénéficie d'un des taux de chômage les plus bas de France, les créations d'emplois y ont été ces derniers temps plus nombreuses qu'ailleurs, et le revenu par tête est supérieur à celui de bien d'autres régions françaises — la Picardie par exemple. Car la Corse est arrosée de subventions de toutes parts : c'est la région française la plus aidée par habitant, par l'Etat comme par l'Europe. Les concours nets dépassent 10 milliards de francs pour 200 000 habitants à peine qui bénéficient d'avantages de plus en plus importants : pas d'impôt sur les successions, tabac et essence à tarif réduit, droits indirects au rabais, TVA réduite, exonérations de taxes professionnelles et non bâties, etc. L'Etat renonce à un bon milliard d'impôts de toutes sortes en Corse chaque année et on en rajoute tous les jours, sans jamais se soucier de ce qu'il advient de tout cet argent ni dans quelles poches il tombe.

Qu'a rapporté le « dialogue » avec les autonomistes à l'Etat et à la Nation ? Rien ! Mais à la Corse, des paquets de millions supplémentaires après chaque contact avec les clandestins, sans qu'on en finisse jamais. Un jour, une tendance semble se rapprocher de l'Etat et accepte de discuter. En signe de bonne volonté, le Gouvernement lâche quelques millions. Les interlocuteurs demandent à réfléchir, empochent et s'évanouissent dans le maquis. C'est alors que d'autres factions, qui n'ont rien « touché », apparaissent, dialoguent, se font payer et disparaissent. Peu après, les premiers ressortent, reviennent bavarder à leur tour, se refont payer, s'éclipsent et ainsi de suite. Mais, malgré un incroyable empilement d'avantages financiers et fiscaux, on continue à plastiquer et à tuer. Il faudra bien finir par s'interroger sur la sincérité de ces interlocuteurs successifs qui continuent à mettre la Corse à feu et à sang.

Surtout, personne ne croit plus qu'il soit impossible, en Corse où tout le monde se connaît, d'élucider un attentat ou un crime et d'attraper enfin un terroriste ou un assassin. Est-ce que des centaines d'hommes armés jusqu'aux dents et en cagoules auraient pu tranquillement défiler devant les forces de l'ordre au garde-à-vous si la police n'avait pas reçu instruction de ne rien voir ? Est-ce qu'on pourrait continuer à se promener tranquillement dans les rues de Bastia ou d'Ajaccio bardé de tout un arsenal si la police, la gendarmerie et les parquets avaient reçu l'ordre d'appliquer la loi républicaine à tous ces dangereux matamores ?

Aujourd'hui, à la date où je m'exprime (avril 1996), il n'y a plus vraiment de problème financier en Corse. L'île est gavée de milliards et le fait qu'ils tombent tous ou presque dans les mêmes poches n'empêche pas les plastiqueurs de dormir. Il ne servirait à rien d'en rajouter encore. Maintenant qu'est constitué le magot sur le dos des « cochons de payants » du continent, les minorités violentes souhaitent désormais une deuxième étape : car ceux qui passent à la caisse ne supportent plus que l'argent public soit encore un peu contrôlé avant d'être distribué. Pourtant, en Corse, l'Etat est peu regardant et quand il découvre des irrégularités, il fait plutôt semblant de ne rien voir... Mais ces contrôles lointains sont encore trop pour ceux qui s'adressent à la France pour lui dire : « Il n'y a que ton argent qui m'intéresse. »

Alors ils ont trouvé la solution : l'extension de la loi Pons, dont les abus outre-mer font rêver en Corse ; et surtout la zone franche qui permettra aux mafias locales de prospérer à l'abri de toute curiosité fiscale !

Voilà ce qu'il en coûte lorsque la puissance publique est à la remorque d'une minorité violente à l'idéologie indigente et pour laquelle la menace, le racket et le crime tiennent lieu de programme politique. Pourtant les insulaires — qui sont en majorité honnêtes et très attachés à la France — écrasent régulièrement cette poignée d'agités et d'assassins aux élections : plus ils sont battus dans les urnes, plus l'Etat traite avec eux.

Que se passera-t-il lorsque les Français en auront assez de payer ces sanglantes fantaisies et d'alimenter le banditisme avec leurs impôts ? Qu'arrivera-t-il si la situation corse donne des idées dans d'autres régions ? Et qu'attend la droite pour réagir, elle qui était si sévère en 1981, 1986, 1988 et 1993 alors que l'autorité publique n'est jamais tombée aussi bas qu'en ce printemps 1996 ?

CHAPITRE 12

R.S. : Le premier Conseil des ministres de la deuxième cohabitation, vous l'avez vécu dans votre petit bureau, à côté du Salon Murat...

M.C. : C'était beaucoup plus décrispé qu'en 1986. Tout le monde avait fini par s'habituer à la cohabitation, le Président comme la droite. En outre, on savait que François Mitterrand ne se représenterait pas et plusieurs ministres avaient fait campagne, comme lui, pour le « oui » à Maastricht.

R.S. : Quel rôle avez-vous joué pendant cette deuxième cohabitation ?

M.C. : Le même qu'au cours de la première. Le Président nous avait confirmé ses consignes de 1986 : « On ne téléphone plus dans les ministères, on ne gère pas, j'exerce mes prérogatives et vous devez veiller à ce que je puisse le faire normalement. » La liaison avec Matignon passait essentiellement par Hubert Védrine, en particulier pour les grandes questions militaires et internationales. Ce qui concernait l'institutionnel et la politique générale, c'est-à-dire ce qui touchait au fonctionnement de l'Etat et notamment les Conseils des ministres passait par Anne Lauvergeon et moi-même.

R.S. : Qui était votre interlocuteur ?

M.C. : Principalement Nicolas Bazire, directeur de cabinet d'Edouard Balladur, pour les questions politiques, et Renaud Denoix de Saint-Marc, secrétaire général du Gouvernement, pour les questions techniques. Hubert Védrine et Anne Lauvergeon traitaient des questions européennes, internationales et de défense.

R.S. : Tous les mercredis, avant d'être reçu par François Mitterrand, Edouard Balladur venait dans le bureau d'Hubert Védrine où vous l'attendiez avec Anne Lauvergeon, Maurice Benassayag et Pierre Chassigneux.

M.C. : Le Secrétaire général du Gouvernement transportait les gros dossiers et le Premier ministre se contentait d'un petit cartable très plat ne contenant que quelques feuilles de papier à lettres, deux ou trois notes et une liste de questions dont il devait s'entretenir avec le Président. Nous le recevions autour d'un guéridon couvert de tasses, de pots de café et de thé, de tartines et de croissants. Contrairement à ses prédécesseurs qui se laissaient généralement tenter par un café, Edouard Balladur n'y a jamais touché. Peut-être craignait-il de céder à trop de familiarité.

R.S. : Et ça se passait comment avec lui ?

M.C. : Pas plus qu'avec le Président, on n'avait l'idée de familiarités avec M. Balladur. Courtois, bien élevé, il est agréable, intelligent et cultivé, sans doute plus timide que prétentieux comme on l'a dit un peu injustement. Il a le comportement et les réactions d'un véritable homme d'Etat. Il garde ses distances, mais a de l'humour et sait être drôle à sa manière. Passé les deux ou trois premières rencontres, où nous nous observions, nos rendez-vous du mercredi matin étaient devenus un peu plus décontractés. Le Premier ministre a compris que nous n'étions pas là pour lui créer des problèmes, ni d'ailleurs pour l'aider, mais seulement pour veiller à ce que tout fonctionne normalement au sommet de l'exécutif.

Pendant cette période, j'ai toujours été très prudent dans mon expression publique, notamment en tant que sénateur, pour ne pas risquer de nuire à la cohabitation. Ma seule intervention remarquée au Sénat a été pour expliquer pourquoi je voterais la révision constitutionnelle de l'automne 1993, nécessaire pour appliquer la Convention de Schengen. A cette occasion, j'ai dû me distinguer du groupe socialiste et ce ne fut pas très agréable. Mais c'était pour moi une question d'honnêteté. Le Président, que je servais, était constitutionnellement l'auteur de la révision — qu'il approuvait sans enthousiasme — et la Convention de Schengen avait été négociée, signée et ratifiée par un Gouvernement auquel j'appartenais.

Ce fut ma seule vraie intervention publique dans le débat politique. Je n'ai donc pas apprécié que Matignon m'accuse à mots couverts, vers la fin de l'année 1994, d'être responsable de fuites dans l'affaire Maréchal. J'ai envoyé, à l'époque, une lettre personnelle indignée à Nicolas Bazire — avec copie à Nicolas Sarkozy — pour lui dire que je n'acceptais pas ces accusations et lui rappeler que le Président ne m'avait pas chargé de m'occuper de basses besognes. Une enquête m'a permis de découvrir que les fuites en direction du *Point* étaient vraisemblablement parties de l'entourage de Matignon. Après avoir été très fortement soupçonné pendant huit jours, j'ai fini par convaincre mes accusateurs — Charles Pasqua, lui, savait à quoi s'en tenir depuis le début — que je n'étais pour rien dans cette affaire. Je m'en suis même ouvert à Edouard Balladur, un mercredi matin :

— C'est indigne !

— Cela vous a gêné ?

— Non, Monsieur le Premier ministre. Je crois que nous travaillons en confiance, chacun dans le respect de nos convictions. Le service de l'Etat est notre mission commune. Cette accusation ne m'a pas gêné. Elle m'a fait beaucoup de peine.

R.S. : Vous étiez victime de votre réputation. On vous créditait d'avoir des informateurs partout.

M.C. : En matière d'écoutes, les choses se passaient de la manière suivante : l'Elysée recevait les comptes rendus de toutes les écoutes touchant à la sécurité publique : RG, DST, DGSE et éventuellement Douanes. Ces renseignements étaient adressés au directeur de cabinet du Président — et à personne d'autre — qui en tirait la sélection nécessaire pour le Président. En fait, ces comptes rendus étaient relativement peu nombreux et François Mitterrand n'en était pas très friand : André Rousselet, Gilles Ménage puis Pierre Chassigneux ne lui passaient donc que le strict minimum indispensable à son appréciation. L'habitude a été prise aussi, bien avant 1981, de transmettre également à la Présidence le listing des écoutes ordonnées par les juges. Celles-ci sont beaucoup plus nombreuses que les autres car la Justice a tendance à abuser des facilités que lui donne la loi. Dans ce cas, toutefois, il ne s'agit pas de comptes rendus mais seulement de longues listes sorties d'ordinateurs et ne comportant que les noms des personnes écoutées et ceux des demandeurs, juges ou police judiciaire. Ces listes, très longues et inexploitables en l'état, n'étaient jamais présentées au Président. Le directeur de cabinet ne les regardait même pas et les mettait au coffre dès leur arrivée. Comment imaginer que le 15 novembre, quand la police est censée avoir écouté M. Maréchal, l'Elysée ait pu repérer cet illustre inconnu, dont le nom est apparu beaucoup plus tard dans la presse, au milieu de centaines de noms ? Décidément, on me prête toujours la responsabilité des menées les plus douteuses.

R.S. : Au début, les commentateurs ont dit : C'est la cohabitation de velours, tout se passe bien entre François Mitterrand et Edouard...

M.C. : Lors de la première cohabitation, leurs relations étaient courtoises. Au Conseil des ministres, M. Balladur, ministre d'Etat, donc n° 2 du Gouvernement, était assis à la droite du Président. Pendant la réunion, souvent ennuyeuse, ils échangeaient des regards ou des petites remarques, généralement drôles et subtiles, que le Président nous rapportait parfois en sortant du Salon Murat.

R.S. : Pendant la seconde cohabitation leurs relations se sont dégradées. Quand et pourquoi ?

M.C. : Lorsque M. Balladur a pris quelques initiatives personnelles malheureuses en matière de politique étrangère sans solliciter vraiment l'accord du Président : le voyage en

Chine, l'expulsion des Iraniens réclamée par la Suisse, etc. La presse glosait alors sur M. Balladur, « chef de la politique extérieure », ou « Président-bis ». François Mitterrand a dit au Premier ministre : « Je vous rappelle que le premier chef de la politique extérieure, c'est moi. Je vous demande d'en tenir compte. »

R.S. : Il y a eu aussi la révision constitutionnelle à propos de la loi Pasqua sur l'immigration.

M.C. : Oui. La tension a duré plusieurs semaines. Heureusement, je m'entendais bien avec Nicolas Bazire qui avait la confiance du Premier ministre, et j'avais celle du Président. En août 1993, le Conseil constitutionnel a annulé plusieurs articles d'une des lois de Charles Pasqua sur les étrangers. La majorité voulait en découdre avec l'Elysée et pensait même à un référendum sur l'immigration. Le Premier ministre et le Président n'en voulaient pas car le sujet était trop délicat et virtuellement explosif. Jacques Chirac espérait gêner M. Balladur en poussant à la révision constitutionnelle. Le Premier ministre a fini par la proposer au Président, seul maître en la matière selon l'article 89 de la Constitution. François Mitterrand lui a répondu : « Tout dépendra du texte. » En fin de compte, la Constitution a été complétée par un article 53 bis comportant deux paragraphes.

Le premier, rédigé par le Premier ministre, pouvait recevoir l'accord du Président sans difficulté. Il permettait à la France de respecter, malgré sa Constitution, la Convention de Schengen dans les termes voulus par ses signataires. Charles Pasqua y tenait beaucoup et cette situation amusait François Mitterrand : « Le RPR a ferraillé contre la Convention de 1990, a tout fait pour s'opposer à sa ratification et a même demandé au Conseil constitutionnel de l'annuler. Et le voilà aujourd'hui son plus ardent zélateur. Quelle ironie ! »

Mais le droit d'asile était en cause. Le Président a donc exigé un second alinéa pour préserver, quels que soient les accords internationaux auxquels nous adhérions, le droit imprescriptible de la France d'accueillir sur son sol ceux qu'il appelait les « combattants de la Liberté ». Il a fallu convaincre Edouard Balladur. Sans ce deuxième alinéa, pas de révision. En passant, j'insistais ironiquement sur le revirement du RPR sur Schengen. Le Premier ministre, qui n'avait envie de se battre ni avec François Mitterrand, ni avec Jacques Chirac, s'est laissé convaincre. Après des semaines de palabres et un détour par un avis du Conseil d'Etat qui n'avait rien arrangé, tout s'est réglé en quelques minutes. Le Président partait en voyage dans le quart d'heure, il fallait trancher auparavant. Le Premier ministre était en déplacement quelque part en banlieue. Debout à côté de François Mitterrand, assis à son bureau, j'avais Nicolas Bazire en ligne, qui lui-même s'entretenait avec son patron sur un autre téléphone. Nous avons convaincu les deux chefs de l'exécutif qu'il fallait conclure. Edouard Balladur a accepté l'ajout exigé par le Président, lequel a confirmé son accord sur l'ensemble, le tout sous le regard ébahi de... Jean-Pierre Elkabbach, témoin involontaire de cette scène, alors qu'il achevait une conversation avec François Mitterrand. Nicolas Bazire a été remarquable de gentillesse et d'efficacité.

L'incident majeur a pu être évité. Je suis certain, en effet, que si le Président n'avait pas pu donner son accord à la révision souhaitée par le Gouvernement, M. Chirac aurait incité la majorité à déposer et à voter une proposition de loi constitutionnelle. Or, une révision issue de l'initiative parlementaire doit obligatoirement être ratifiée par référendum. La procédure du Congrès ne s'applique qu'aux projets du Président de la République. François Mitterrand se serait opposé au référendum et le Gouvernement aurait essayé de passer en force. Nous aurions eu une partie de bras de fer au sujet des compétences du Président de la République en matière de recours au référendum. La logique des institutions ne fait aucun doute, mais les textes peuvent être interprétés de diverses façons.

R.S. : Le Président a aussi refusé d'inscrire à l'ordre du jour de la session extraordinaire du Parlement la révision de la loi Falloux qui aurait permis aux collectivités locales de subventionner les établissements privés sous contrat.

M.C. : François Mitterrand a toujours fait preuve d'une extrême vigilance sur ce dossier. Dès 1988, il avait constaté qu'un mouvement se développait jusque dans les rangs de la « deuxième gauche » en faveur de l'abrogation de la loi Falloux. En 1990, Michel Rocard avait posé le problème : ne faut-il pas faire évoluer cette législation très ancienne et trop rigide ? Pas question, a fait savoir François Mitterrand. Et l'affaire ressort sous le gouvernement Balladur, au grand étonnement de la hiérarchie catholique qui, semble-t-il, n'avait rien demandé et craignait un débat national sur ce sujet épineux. En fait, l'opération paraît avoir été montée du côté de l'Hôtel de Ville de Paris par tous ceux qui cherchaient à créer des difficultés au Premier ministre. Ils voulaient ainsi l'obliger à une cohabitation de combat avec le Président de la République.

En session ordinaire, le chef de l'Etat ne peut rien interdire au Parlement. Le Gouvernement et les chambres agissent librement. Mais en session extraordinaire, la situation est très différente. La Constitution n'oblige pas le Président de la République à convoquer le Parlement en session extraordinaire — le général de Gaulle l'a expliqué avec éclat en 1960 — ni à accepter l'ordre du jour qu'on lui propose. Il a donc écarté la proposition de loi de la droite concernant la réforme de la loi Falloux : « Cette loi a cent quarante-trois ans. Elle peut attendre jusqu'à la session ordinaire d'octobre. »

A la session d'octobre, les pressions de l'Hôtel de Ville ne s'étaient pas relâchées et le Gouvernement a dû violenter le Sénat pour qu'il vote le texte à la hussarde. Quelques jours après, le Conseil constitutionnel a démantelé le texte et on n'a plus entendu parler de la loi Falloux. Il y a cependant eu une belle manifestation de rues à Paris dont le Gouvernement se serait bien passé.

R.S. : Au début de la cohabitation, François Mitterrand a donné l'impression qu'il jouait Balladur contre Chirac. Puis, quand le Premier ministre est devenu le grand favori des sondages, qu'il donnait des signes en faveur de Chirac contre Balladur...

M.C. : Pendant les premiers mois, alors que M. Chirac n'était pas donné favori, l'Hôtel de Ville nous faisait passer des messages désabusés : « Pourquoi François Mitterrand privilégie-t-il autant Edouard Balladur ? » Il n'en était rien évidemment, mais leurs fonctions les obligeaient à être souvent ensemble. Puis Matignon s'est inquiété car le Président a dû rencontrer Jacques Chirac en plusieurs occasions : en août 1994 pour l'anniversaire de la Libération de Paris, à l'automne au Congrès des maires de France, en janvier 1995 pour les vœux à l'Elysée, au printemps suivant pour l'inauguration de la Grande Bibliothèque, et j'en passe... Chaque fois, le chef de l'Etat et le maire de Paris avaient des apartés décontractés, qui avaient le don d'irriter Matignon. Pourtant, François Mitterrand ne faisait que son métier et s'en tenait à une ligne claire : « Le camp de la droite n'est pas le mien et je souhaite son échec. J'ai bien peur qu'elle gagne, mais je ne ferai rien pour favoriser l'un plutôt que l'autre. » Chaque semaine, lorsqu'il recevait Edouard Balladur, avant le Conseil des ministres, le Président évoquait familièrement la campagne du Premier ministre et pesait ses chances et ses risques. Il est arrivé qu'il lui remonte le moral. De même, lors du Congrès des maires en novembre 1994, le Président m'avait dit en arrivant au Palais des Congrès : « Puisque le maire de Paris va m'accueillir à l'entrée de la salle, débrouillez-vous pour lui faire savoir qu'en ce qui concerne la présidentielle, je ne lui veux aucun mal. Je n'ai l'intention ni de lui nuire, ni de l'aider. » En quittant le Congrès, j'ai profité de la cohue pour attraper M. Chirac par la manche et lui glisser la commission du Président à l'oreille. Il a souri : « J'avais en effet cru le remarquer. »

R.S. : Très tôt, François Mitterrand a vu venir l'affrontement Balladur-Chirac.

M.C. : Oui. Il a observé cette situation avec curiosité et il enrageait, répétant au Premier ministre : « Si j'avais seulement cinq ans de moins, je serais candidat et je vous battrais tous car je sais encore comment faire. » Il n'ignorait pas que la droite allait gagner et M. Balladur lui paraissait bien placé pour réussir. Il le considérait comme un homme d'Etat et avait de l'estime pour lui. Mais malgré le souvenir de la période 1986-1988, il avait aussi une certaine sympathie pour M. Chirac : c'est un « battant » qui ne laisse pas indifférent. Quand, courant 1994, le maire de Paris, lâché par la plupart de ses amis, s'est retrouvé coupé de tout, enfermé dans son Hôtel de Ville avec une poignée de fidèles et contraint de parcourir la province à la rencontre des petites foules ou de présenter ses livres à la sauvette au journal télévisé, le Président pensait souvent à sa triste situation. Elle devait lui rappeler ce qu'il avait vécu lui-même, après l'affaire de l'Observatoire ou au lendemain de mai 1968 et de l'échec de la FGDS, lorsqu'il était désespérément seul, entouré d'une petite équipe qui perdait chaque jour un peu plus espoir. Il avait fini par admirer M. Chirac qui persistait dans ses intentions en dépit de tous et à qui la presse n'était pas particulièrement favorable. Le Président a toujours eu de l'inclination pour ceux qui, contre vents et marées, n'abdiquent pas et ont le ressort de résister au gouffre qui menace de les engloutir.

R.S. : Edouard Balladur est persuadé qu'il a perdu à cause de l'affaire Halphen-Maréchal. François Mitterrand a joué un rôle dans cette affaire.

M.C. : Il a fait son devoir comme le lui imposait la Constitution.

Le jour de son départ en vacances de Noël, fin décembre 1994, il m'a appelé dans la matinée : « Garant de l'indépendance de l'autorité judiciaire, je ne peux pas accepter qu'on fasse pression sur un juge. Que puis-je faire ? J'attends vos propositions pour aujourd'hui. »

Après avoir consulté les textes, je lui ai fait une brève note :

1) Vous êtes garant de l'indépendance des juges, Article 64, premier alinéa, de la Constitution ;

2) Vous êtes assisté par le Conseil supérieur de la magistrature, même article, second alinéa ;

3) L'article 20 de la loi organique vous autorise à demander une enquête au Conseil supérieur.

Il décide sur-le-champ :

— C'est ce que je vais faire.

— Monsieur le Président, il faut éviter de précipiter les choses. C'est une démarche grave qui ne doit pas être interprétée comme une mauvaise manière faite au Gouvernement. D'autant que nous ne savons rien du fond de l'affaire, nous ignorons s'il y a vraiment des pressions et qui en serait l'auteur. Rien ne permet d'affirmer que le Premier ministre ait l'intention de dessaisir le juge Halphen. La procédure que vous envisagez sera une première dans l'histoire de la Vᵉ République et vous ne pouvez pas l'engager sans en parler d'abord avec MM. Balladur et Méhaignerie. Ils ne seront pas surpris et ce que vous ferez ne leur paraîtra pas équivoque.

— Convoquez le Premier ministre et le Garde des Sceaux pour ce soir dix-huit heures. Pas plus tard : je pars en vacances vers dix-neuf heures.

Revenu à mon bureau, j'ai demandé à Nicolas Bazire de faire le nécessaire pour que le chef du Gouvernement et son Garde des Sceaux viennent voir le Président à l'heure dite, ajoutant : « Nous n'avons aucun intérêt à avoir une pleine cour de journalistes à la sortie du cabinet du Président. Tenons donc cette audience confidentielle. A l'Elysée, personne n'est au courant, à l'exception d'Hubert Védrine que je viens de prévenir. »

Hubert et moi étions en confiance : je savais qu'il ne dirait rien !

Ponctuels, le Premier ministre et le Garde des Sceaux sont arrivés avant dix-huit heures, ont bavardé cinq minutes avec nous dans le bureau d'Hubert et se sont enfermés avec le Président à l'heure dite. L'entretien a duré quarante-cinq minutes. Puis, MM. Balladur et Méhaignerie sont repartis souriants et décontractés en nous souhaitant de bonnes fêtes de fin d'année. Tout semblait s'être bien passé.

Le Président nous a aussitôt appelés : « Nous nous sommes expliqués. Ils m'ont affirmé qu'ils n'avaient pas l'intention, pour le moment, de dessaisir le juge. Nous sommes convenus d'un délai de réflexion jusqu'au lendemain des fêtes. Pour le moment, je ne bouge pas. »

Cette phrase à peine terminée, ont alors surgi Jean-François Mary et Muriel de Pierrebourg, porteurs d'une dépêche AFP datée de dix-huit heures quarante-cinq, tombée donc juste au moment où le Premier ministre et le Garde des Sceaux quittaient l'Elysée.

Il s'agissait d'une déclaration prêtée à M. Burgelin, procureur général de Paris, laissant entendre que la procédure pour dessaisir M. Halphen était en marche. Le Président tombait des nues : « Je ne peux pas croire que le procureur général se soit exprimé sans l'accord de la Chancellerie. Donc, on m'a menti. » Il a aussitôt fait appeler le Premier ministre. M. Balladur n'avait pas eu le temps de rejoindre Matignon et était encore en voiture. L'explication a été rude, à voir les réactions du Président, car nous n'avions évidemment pas d'écouteur. Le Premier ministre semblait désemparé. Il expliquait au Président n'être au courant de rien et ignorer cette dépêche. Protestant de sa bonne foi, il soulignait que la déclaration de M. Burgelin ne correspondait pas aux instructions qu'il avait lui-même données.

Le Président avait le regard dur, la mâchoire serrée : « Je ne vous accuse pas mais je constate. On a menti au chef de l'Etat. Je suis dans une situation inacceptable. » Et le Président a dicté lui-même — je ne l'avais jamais vu faire cela en quatorze ans — une lettre certes courtoise, mais sévère, au Premier ministre. Il l'informait qu'il n'attendrait pas le début de l'année suivante pour agir et il a ordonné : « Préparez-moi immédiatement la saisine du Conseil supérieur de la magistrature. »

Avec Louis Joinet, appelé en renfort, nous avons rédigé une lettre pour l'ambassadeur Graf, président-délégué du Conseil. Cette demande était inédite : serait-elle jugée recevable ? J'ai pensé : « Si j'induis le Président en erreur, tant pis. Je ne vois pas comment il peut remplir autrement sa mission constitutionnelle. »

Le Conseil supérieur a été très honoré : il allait enfin siéger pour autre chose que des nominations de magistrats ou des actions disciplinaires. Les conseillers ont sacrifié leurs vacances de Noël pour mener leurs investigations sans tarder et ont conclu, dès janvier, qu'ils ne voyaient aucune raison de dessaisir le juge. Certes, ils n'ont émis qu'un avis. Le Garde des Sceaux pouvait saisir la Cour de cassation qui aurait peut-être tranché différemment. M. Méhaignerie en est resté là et M. Halphen a continué à instruire l'essentiel du dossier.

Cette affaire a malheureusement semblé être dirigée contre M. Balladur et elle a coïncidé avec le début de sa chute dans les sondages. Ce n'était pourtant pas le but recherché par le Président. Je persiste à penser que le Premier ministre était de bonne foi et qu'un jeu étrange s'est déroulé à son insu.

R.S. : Au cours de cette deuxième cohabitation, les attaques contre François Mitterrand n'ont pas cessé. Il y a eu la polémique sur sa santé : était-il en état de gouverner ? Et celle sur son passé, après la sortie du livre de Pierre Péan. A-t-il été très touché ?

M.C. : Dès la campagne législative de 1993, les attaques ont pris un tour assez vif. Ensuite, comme il était le seul survivant d'une équipe battue, le Gouvernement et sa majorité ont tout de suite essayé de régler des comptes : ainsi en cherchant à nourrir un procès à travers les travaux de la commission Raynaud, chargée d'établir le bilan 1988-1993. En définitive, ce rapport a démontré que nos résultats n'étaient pas aussi noirs que l'affirmaient les polémiques.

Le suicide de Pierre Bérégovoy a estompé pour un temps les attaques personnelles. Tout a repris à l'automne 1993, quand certains à Matignon ont répandu l'idée que le Président ne faisait plus rien et que M. Balladur menait désormais la politique extérieure. Et puis, à l'automne 1994, il y eut les ragots sur sa santé, sur son passé, sur sa vie privée.

R.S. : Qu'est-ce qui a le plus atteint le Président ?

M.C. : Les attaques sur sa santé l'ont plutôt amusé. Il regardait les articles d'un air goguenard et disait : « Vous avez vu ça, il n'y a plus qu'à appeler le curé. » Il plaisantait : « Qu'est-ce qu'ils croient ? Je saurai partir avant qu'on me pousse dehors. » Ou encore : « Il faudra bien qu'ils s'y fassent, mon mal ne se situe pas exactement pour l'instant au niveau des lobes du cerveau ! »

R.S. : Et la révélation de l'existence de sa fille Mazarine ? On a dit que, finalement, il a été soulagé...

M.C. : Il a été meurtri. Non parce qu'on levait le voile sur sa vie privée : il s'inquiétait bien plus des conséquences que pouvait avoir ce déballage pour une si jeune fille. Il avait une réaction de père inquiet pour son enfant. Il l'avait soigneusement protégée pour qu'elle mène une vie familiale normale. Brillante élève, reçue dès la première fois à l'Ecole Normale Supérieure, elle était subitement sous les feux de la rampe, traquée par les « paparazzis ».

R.S. : A-t-il réellement voulu, comme on l'a dit à l'Elysée, poursuivre *Paris-Match* qui avait publié les photos de la jeune fille sans l'autorisation de celle-ci ?

M.C. : Sur un ton faussement ennuyé, *Paris-Match* a fait savoir qu'il détenait une série de photos de Mazarine. Le Président a prié Roland Dumas d'entreprendre, en qualité d'avocat, les démarches nécessaires pour stopper la publication. Sans qu'il soit besoin d'aller devant un juge, le journal n'a pas insisté. Mais il n'avait pris aucun engagement écrit pour l'avenir. Quelques semaines plus tard, nous avons appris que d'autres photos seraient publiées le lendemain par cet hebdomadaire. Roland Dumas a immédiatement contacté le Tribunal de Paris, dont la présidente a fait savoir qu'elle était prête à siéger jusque très tard dans la nuit. Un jugement ordonnant la saisie de la publication était tout à fait possible voire plausible, mais il fallait surmonter deux difficultés. Tout d'abord, il n'était pas interdit de photographier le Président, personnage public, et François Mitterrand s'était engagé à ne jamais poursuivre aucun journal ni aucun journaliste. Seule Mazarine pouvait donc déposer plainte. Or, son père ne voulait pas la traumatiser davantage en l'engageant dans une procédure judiciaire. En second lieu, les médias auraient largement couvert l'audience, y accordant un surcroît de publicité.

En outre, si le tribunal avait ordonné la saisie en pleine nuit, la Justice n'aurait pas été en mesure, pour de banales raisons matérielles, d'interrompre la diffusion du journal et de s'emparer des exemplaires dans tous les kiosques de France et de Navarre avant la fin de la matinée du lendemain. Les radios auraient tambouriné en tous sens et l'hebdomadaire se serait arraché partout dès les premières heures. Ainsi Mazarine se serait soumise à une démarche pénible qui n'aurait en rien empêché un immense retentissement.

Après réflexion, le Président a donc renoncé. *Paris-Match* a aussitôt sauté sur l'occasion pour affirmer qu'il était d'accord. C'est une tromperie supplémentaire !

Cet événement survenait après la seconde opération du Président, physiquement affaibli et recru de souffrance. Je ne trouve pas d'autre mot, c'était dégueulasse.

R.S. : Ce qui a le plus blessé le Président, c'est la polémique sur son passé sous l'Occupation qui a suivi la sortie du livre de Pierre Péan...

M.C. : Il a été écœuré, particulièrement par plusieurs articles du *Monde* trafiquant la vérité. Il m'a dit : « Lisez et résumez-moi les Mémoires de Joseph Barthélemy, Garde des Sceaux de Vichy. » Je me suis plongé dans ce gros livre, il fourmille de renseignements très intéressants, tus, voire ignorés, par les auteurs de ces articles. Ainsi apprend-on que Maurice Couve de Murville, Jacques Chaban-Delmas ou Michel Debré, par exemple, ont prêté serment au Maréchal ! Les deux premiers étaient dans l'Administration ou les cabinets de Vichy et le troisième au Conseil d'Etat. Des personnalités aussi éminentes que le maréchal Juin ou Antoine Pinay ont, un temps, servi Vichy. Michel Junot fut, lui, chef du cabinet de Pierre Laval au ministère de l'Intérieur, bien avant de collaborer avec M. Chirac à la mairie de Paris. François Mitterrand répétait : « Pourquoi me faire ça à moi ? Je n'étais qu'un petit fonctionnaire contractuel si modeste que je n'ai pas eu à prêter serment au Maréchal. J'ai quitté Vichy bien avant que de futures personnalités du gaullisme le fassent, parties elles, à la mi-1943 ou plus tard. » J'ai fait rechercher les noms de tous ceux qui ont servi dans les cabinets de Vichy et une petite équipe, réunie par Hubert

Védrine, a retrouvé une énorme documentation démontrant la mauvaise foi des attaques. Ainsi l'article très sévère d'une « historienne » paru dans *Le Monde.* Cette dame appartient à une vieille famille gaulliste qui abhorre le Président et est l'épouse d'un préfet révoqué en 1990. Elle a publié quelques années auparavant un livre patronné par l'Assemblée nationale dans lequel elle a quelques faiblesses pour les collaborateurs. Le comité de lecture avait même envisagé d'interdire la parution sous le « label » de l'Assemblée. Son article était tellement tendancieux que *Le Monde* a dû ouvrir ses colonnes, quelques jours plus tard, à René Rémond qui tenait à rappeler solennellement l'éthique des historiens, que la dame semblait ignorer. J'ai également retrouvé — et le Président en fut très intéressé — les travaux de la Commission d'épuration de la Justice, réunie à la Libération. L'une de ses premières décisions a consisté à dire que le fait, pour des magistrats, d'avoir condamné des juifs pour le motif qu'ils étaient juifs, ne serait pas considéré comme... une cause d'épuration. Ce qui a permis de blanchir du même coup des magistrats collaborateurs qui avaient mis en œuvre, dans leur Palais de Justice, la politique antisémite d'Hitler et du Maréchal. On porte aujourd'hui les juges aux nues. Ceux qui ont vécu les années 1940-1944 se souviennent de cette époque où mieux valait éviter de tomber entre leurs mains. A l'exception d'un seul d'entre eux, tous les magistrats avaient prêté serment au Maréchal.

R.S. : Pourquoi n'avez-vous pas rendu publiques toutes ces informations ?

M.C. : Hubert Védrine centralisait tout et faisait distribuer des dizaines d'argumentaires aux journalistes. Mais rien n'est jamais paru. Et pourtant, certains documents en valaient la peine. Ainsi le passé d'Hubert Beuve-Méry, le très respecté fondateur du *Monde.* Jeune correspondant de presse en Autriche, il avait écrit un ouvrage intitulé *Vers la grande Allemagne* publié avant la guerre. Il expliquait benoîtement que le national-socialisme avait certes des défauts, mais qu'il avait aussi des vertus et, donc, était un mal nécessaire. Plus tard, le même Beuve-Méry, devenu professeur au centre vichyste d'Uriage, écrivait et distribuait des tracts à la gloire du Maréchal. Nous en avons diffusé quelques-uns auprès des journalistes, mais personne ne les a publiés. Même s'il a rompu ensuite avec Vichy et s'il s'est réfugié en Espagne, M. Beuve-Méry a été plus séduit par l'hitlérisme et la Révolution nationale que ne l'a jamais été François Mitterrand.

Cela fut d'autant plus injuste pour le Président qu'il fut un résistant courageux — tous les survivants de cette époque le disent — risquant sa vie et échappant de justesse, à plusieurs reprises, aux griffes de la Gestapo. Croyez-vous, du reste, que le général de Gaulle aurait choisi un homme aux titres contestables pour faire partie des quinze personnalités chargées de rétablir la légalité républicaine en août 1944 et qui ont constitué le premier gouvernement provisoire sur le sol libéré ?

Aucune attaque ne lui a fait plus de mal que celle-là. Elle prétendait raconter aux Français une tranche d'Histoire que beaucoup ignorent ou dont ils ont à peine entendu parler.

R.S. : Ce que certains à gauche ont le plus reproché à François Mitterrand, c'est d'avoir continué à voir Bousquet, l'ancien secrétaire général de la police de Vichy, alors qu'il savait...

M.C. : A plusieurs reprises, le Président nous a dit : « Je n'ai pas connu Bousquet pendant la guerre, mais bien après son acquittement par la Haute Cour. Celle-ci n'était pourtant pas tendre avec ceux qu'on lui renvoyait. Dans les années 50, il a été relevé de l'indignité nationale, on lui a rendu ses décorations et il est entré à *La Dépêche du Midi*. Un des rares journaux qui soit à gauche à l'époque et qui le soit resté. Bousquet siégeait dans d'innombrables conseils d'administration et appartenait aux milieux financiers les plus en vue à Paris. Il a fréquenté beaucoup de monde, certains plus que moi. Ils ne sont pas les derniers à m'accabler aujourd'hui pour se faire pardonner. Son journal m'a soutenu à l'occasion de mes campagnes présidentielles. »

Quand on a commencé à avoir de sérieux doutes sur son rôle dans la rafle du Vél d'Hiv plusieurs années avant que la Justice ne soit saisie de son cas, le Président a rompu toute relation avec Bousquet. Les atermoiements des plaignants ont été nombreux avant que ceux-ci ne se décident à déposer plainte, car on s'est longtemps contenté des actes commis par son adjoint Legay ou par le sinistre Darquier de Pellepoix, commissaire aux Questions juives à Vichy. L'arrêt de la Haute Cour et la réhabilitation du personnage sous la IVe République — tout de même peuplée d'anciens résistants — ont troublé beaucoup de monde et ont rendu Bousquet presque insoupçonnable. Voyez la surprise d'Antoine Veil, dont la réaction fut elle aussi tardive, lorsqu'il s'est rendu compte qu'il était assis, dans un important conseil d'administration, et depuis des années, à côté de Bousquet sans se douter de rien.

R.S. : Ce qui a étonné précisément, c'est que le Président de la République, qui doit être l'homme le mieux informé de France, l'ait été si tard ! C'est cela que l'opinion n'a pas compris.

M.C. : Mais le passage par l'Elysée n'a jamais fait partie du chemin habituel des dossiers de justice. Le Président a appris par la presse l'essentiel de ce qui se murmurait sur Bousquet, et les Gardes des Sceaux successifs ne lui disaient pas grand-chose. Une fois de plus, François Mitterrand a été victime de l'« establishment » parisien. L'occasion était trop belle. En l'attaquant sur Vichy, ses détracteurs ont vite découvert que des hommes, qui se sont ensuite illustrés dans la Résistance et le gaullisme — de ce fait insoupçonnables — avaient exercé à Vichy des responsabilités bien plus éminentes que les siennes. Attaquer François Mitterrand sur Vichy, c'était risquer d'atteindre aussi, par ricochet, des gaullistes. Or chacun sait que, par principe, ils sont incontestables ! On a donc jugé plus prudent de laisser tomber Vichy et on s'est rabattu sur ce qui restait : Bousquet et le péché de jeunesse.

R.S. : D'authentiques mitterrandistes ont été troublés en apprenant que François Mitterrand, avant la guerre, n'était pas loin des idées de la Révolution nationale.

M.C. : Il avait vingt ans. Vous n'êtes pas frappé par tous

ceux qui, à cet âge, sont péremptoirement d'extrême gauche pour se retrouver ensuite, vingt ou trente ans plus tard, parfois moins, à droite, voire à l'extrême droite ? Voyez le parcours de certains depuis mai 1968. Et je ne parle pas de ceux qui, contemporains de François Mitterrand, ont suivi un itinéraire inverse du sien : les socialistes Marcel Déat, Adrien Marquet et Marceau Pivert — entre autres — sans oublier Pierre Laval, qui avait montré la voie beaucoup plus tôt. Laval, né à Châteldon, le chef-lieu du canton que je représente au Conseil général du Puy-de-Dôme, a longtemps milité à gauche dans sa commune natale avant d'acquérir le château. Il était conseiller municipal de son village, et on a conservé la table de la salle des délibérations. A sa place, Pierre Laval gravait, à longueur de temps avec un couteau de paysan, des slogans révolutionnaires qui sont restés dans le bois. Avocat de la CGT, il était de tous les combats pour les travailleurs. La même table porte encore la trace d'un calicot fabriqué à la peinture par Pierre Laval pour une manifestation de rue. Il a déteint sur le bois et on y lit clairement encore aujourd'hui : « Honte à Clemenceau le fusilleur. Honneur à ses victimes. » Or, François Mitterrand a fait le chemin inverse, ce qui est plus rare. Les jeunes socialistes qui le critiquent sévèrement aujourd'hui oublient — l'ont-ils seulement appris un jour ? — que les pleins pouvoirs ont été accordés à Pétain et à Laval par l'Assemblée du Front populaire. L'écrasante majorité du groupe socialiste de l'époque les a votés. Sans la gauche, le compte n'y aurait peut-être pas été le 10 juillet 1940...

R.S. : Beaucoup ont déploré aussi que François Mitterrand n'ait pas exprimé le moindre regret au nom de la République.

M.C. : Contrairement à la plupart de ceux qui le critiquent, François Mitterrand a vécu ces événements. Il savait de quoi il parlait quand il disait qu'il ne prononcerait jamais aucun mot de regret au nom de la France ou de la République. Sur ce point, il a toujours été du même avis que le général de Gaulle. Il pensait qu'en présentant les excuses de la France, il commettrait une erreur historique majeure.

J'ai recherché ce qui s'est exactement passé à Vichy le 10 juillet 1940. Le Gouvernement du Maréchal disposait déjà des pleins pouvoirs, sauf en matière constitutionnelle. Ils avaient été accordés à l'exécutif dès 1939 et pour la durée de la guerre. L'Assemblée nationale a, de fait, commis l'erreur de se prononcer sous la pression de l'ennemi, alors que la France était envahie et que beaucoup de ses membres avaient été empêchés de rejoindre Vichy. Mais en déléguant le pouvoir constituant à Pétain, elle n'a fait que compléter les pleins pouvoirs (économiques, policiers, etc.) qu'il avait déjà. Le soir du 10, le Président Lebrun a promulgué la loi constitutionnelle. Elle est parue au *Journal Officiel* du 11 juillet et, dès le lendemain, 12 juillet, le Maréchal a pris ses premiers actes constitutionnels. Il a révoqué Albert Lebrun, s'est installé à sa place, et s'est arrogé tous les pouvoirs institutionnels, abrogeant de fait la Constitution de 1875. Il est allé voir Lebrun et lui a dit : « Je ne suis pas votre successeur. C'est un nouveau régime qui commence. » Lebrun s'est retiré sans démissionner. Contrairement à la volonté clairement exprimée par l'Assemblée nationale, le peuple n'a jamais été invité à ratifier les actes constitutionnels et les Français n'ont donc pas approuvé cette manœuvre honteuse. Il faut tout de même avoir l'honnêteté de relire les débats. Les chambres ont obligé Laval à prévoir expressément dans son texte la consultation des Français. Si elle n'avait pas obtenu cette modification, l'Assemblée nationale n'aurait peut-être pas approuvé le projet de Laval. Il s'agit donc d'un véritable coup d'Etat. Mais il a eu lieu le 12 et non pas le 10 juillet, et ses auteurs sont Pétain et Laval et non l'Assemblée nationale. L'un des rapporteurs du projet avait clairement souligné, le 9 juillet 1940, qu'il s'agissait de donner au maréchal Pétain le pouvoir d'agir « dans la légalité républicaine ». Nous sommes donc passés en une nuit de la République à l'Etat français sans le consentement, ni du peuple, ni de ses représentants. Le vrai coup de force s'est opéré en dehors des députés et des sénateurs. La loi du 10 juillet 1940 n'autorisait rien de cela.

R.S. : Donc ce n'est pas la responsabilité de la République.

M.C. : Pas plus de la République que des Français. Le Maréchal et Pierre Laval se sont bien gardés de les consulter sur les actes constitutionnels, comme le leur imposait la loi.

R.S. : Donc François Mitterrand a désapprouvé la prise de position de Chirac qui est pourtant bien passée dans l'opinion...

M.C. : Absolument, comme celle de certains de ses amis et de tous ceux qui, méconnaissant l'Histoire, ont applaudi, à tort, les déclarations du Président Chirac. Quant à l'opinion, personne n'a pris la peine de lui expliquer la vérité historique. Elle n'est pas à la mode.

R.S. : Mais l'Administration de la République, la Justice — vous l'avez dit tout à l'heure — la police, sont devenues celles de l'Etat français. Et d'ailleurs, après la Libération, les mêmes sont redevenus les fonctionnaires de la République.

M.C. : L'Administration et même la Justice ont servi Vichy, puis à nouveau la République. Le pouvoir avait alors les moyens pour tout imposer par la force. On ne peut tout de même pas frapper tous les fonctionnaires, de l'agent d'assiette des impôts au facteur des PTT, d'indignité nationale. Il y avait d'ailleurs beaucoup de résistants dans les services publics — même à la Justice — qui fournissaient des renseignements précieux à Londres. Et n'oubliez pas que le général de Gaulle lui-même avait demandé aux fonctionnaires de Vichy de rester à leurs postes. Enfin les magistrats qui ont jugé Pétain et Laval leur devaient leurs postes et leur carrière.

R.S. : Apprendre que le Président de la République, l'ancien patron du Parti socialiste, le leader de la gauche, a été proche de l'extrême droite dans sa jeunesse, puis a travaillé à Vichy, admettez que ça ait pu provoquer un vrai traumatisme dans le pays et notamment chez les sympathisants de gauche !

M.C. : Certains ont été troublés de bonne foi parce qu'ils

connaissent mal l'Histoire, notamment celle de Vichy. Mais ce sont ceux qui haïssent François Mitterrand depuis toujours qui se sont le plus acharnés. Ils ne lui pardonnent pas son parcours atypique, de droite à gauche. D'habitude, on fait l'inverse, et beaucoup de ses détracteurs en savent quelque chose. Et puis il y a eu la deuxième gauche et ceux qui ont toujours rêvé de gouverner avec le centre. Ils ne supportent pas que le Président ait gagné contre leurs prédictions et, pire, qu'il ait été réélu malgré eux. Aucun grand résistant, aucun compagnon de la Libération n'a fait le procès de François Mitterrand. Ce n'est pas un hasard. Eux savent comment les choses se sont passées. Plusieurs grandes figures de la Résistance ont proposé au Président de lancer un appel national pour rappeler sa conduite et son courage pendant la guerre. Il a refusé. Cette polémique l'a d'autant plus meurtri qu'il était alors très malade. Ses camarades de guerre ont saisi toutes les occasions de venir à l'Elysée, notamment lors des remises de décorations, pour lui témoigner, en public, leur fidélité et leur solidarité.

R.S. : Le Président a quand même tenu à s'expliquer à la télévision...

M.C. : Après l'émission, il nous a dit : « Il fallait absolument que je donne cette explication aux millions de Français qui m'ont fait confiance et qui m'aiment bien. Les réactions du *Monde,* je m'en fiche. Mais je ne veux pas que mes compatriotes puissent penser qu'ils ont voté pour un homme sans honneur, pour un traître. »

R.S. : Le Président a commis ce soir-là quelques maladresses, notamment lorsqu'il a parlé des « juifs français », comme pour les opposer aux autres. Il a confié après l'émission qu'il n'a pas dit tout ce qu'il a voulu dire ce soir-là...

M.C. : Il était épuisé et souffrait beaucoup. Cette émission fut un véritable acte de bravoure. Dans son état, beaucoup auraient été alités à l'hôpital. Pourtant son message est passé dans l'opinion et tout le monde a compris ce qu'il expliquait, lapsus inclus !

R.S. : Une partie de la presse et de la classe politique a

espéré que le vieux Président, malade, affaibli, ne résisterait pas à cette nouvelle épreuve et qu'il partirait.

M.C. : Beaucoup, parfois à gauche, ont souvent dit : « Il ne restera pas quatorze ans. » Il a toujours considéré que son devoir était d'aller au terme de son mandat, mais à une condition : être en état de gouverner. Un soir, à l'automne 1994, après la séance quotidienne de signatures que nous lui imposions avec Anne Lauvergeon, il m'a dit : « Si un jour je ne suis plus en état, dites-le-moi. »

R.S. : Auriez-vous osé le lui dire ?

M.C. : Certainement. Hubert Védrine, Pierre Chassigneux, Anne Lauvergeon et Maurice Benassayag aussi. Si nous avions remarqué une diminution de ses capacités d'analyse et de réflexion, des pertes de mémoire, nous le lui aurions dit tout de suite. Je passais des heures à son chevet et j'y ai parfois pensé. J'aurais naturellement fait le point avec ses médecins pour bien vérifier que je n'interprétais pas son état d'une façon inexacte et qu'il s'agissait bien de lésions irréversibles. Puis je lui aurais parlé et dit la vérité.

R.S. : Malgré, j'allais dire, la vénération que vous lui portiez ?

M.C. : Je l'aurais fait, comme ses autres collaborateurs, avec gentillesse et affection. Nous étions décidés à lui éviter à tout prix l'humiliante procédure d'empêchement que certains attendaient avec gourmandise. Il fallait qu'il maîtrise la situation jusqu'au bout et qu'il lui reste assez de souffle et de conscience pour déclarer lui-même dignement au pays : « Ma santé ne me permet plus de continuer. Je pars. »

R.S. : Après le terrible échec des socialistes aux législatives de 1993, le Président a-t-il eu la tentation de partir ?

M.C. : Il a été surpris par son ampleur, non par la défaite elle-même. Il a pensé qu'il devait rester pour remplir son contrat avec le peuple en continuant à servir la France et son camp. Les chances du candidat socialiste d'obtenir un bon résultat n'étaient pas vaines, pour peu que la présidentielle ait lieu à sa date normale, c'est-à-dire le plus tard possible après les législatives. Les divisions de la droite étaient prévisibles, et l'affrontement de MM. Chirac et Balladur inéluctable. Mais il fallait du temps pour que la querelle explose au grand jour. Curieusement, beaucoup de responsables socialistes ne l'ont pas compris et auraient voulu qu'il n'achève pas son mandat.

R.S. : A-t-il pensé que Jacques Delors avait une chance de gagner ?

M.C. : A l'automne 1994, pendant la montée en puissance de Jacques Delors dans les médias et dans les sondages, je lui ai confié à plusieurs reprises : « C'est trop beau pour être vrai, car il n'ira pas jusqu'au bout. » Le Président me disait régulièrement : « Je suis de votre avis. Il s'arrêtera en cours de route. » Mais il ajoutait aussitôt : « J'espère me tromper. » Il aurait tellement aimé qu'un socialiste lui succède, même s'il n'avait pas exactement les mêmes convictions que lui sur tous les sujets. Qu'il s'appelle Michel Rocard, Laurent Fabius, Jacques Delors ou Lionel Jospin !

CHAPITRE 13

R.S. : Le PS a échappé à François Mitterrand au lendemain même de sa réélection triomphale en mai 1988. Le Président a donné son onction à Fabius pour diriger le Parti, et celui-ci lui a préféré Mauroy. C'est un événement capital qui a pesé très fort sur le second septennat.

M.C. : En 1981, c'est le Premier secrétaire du PS qui a gagné la présidentielle. François Mitterrand a donc appliqué le programme de « son » parti et les socialistes sont arrivés au pouvoir soudés par leur long combat commun autour de leur chef.

En 1988, François Mitterrand a gagné presque seul. Sa « Lettre à tous les Français » est de sa plume. Elle n'engage que lui et le slogan « La France Unie » aussi. Le PS n'a pas été invité à se prononcer sur les orientations et les thèmes de la campagne présidentielle. Il a simplement soutenu le Président sans être le coauteur de la victoire comme en 1981. L'opinion publique l'a senti et les militants aussi. Sur le terrain, beaucoup se sont énormément investis pendant la campagne. Mais l'appareil a parfois été défaillant. Je me souviens d'une visite inattendue du Président à son « quartier général » de la rue Franco-Russe pour secouer tout le monde entre les deux tours. En effet, on avait fini par s'en remettre entièrement à lui, sachant qu'il faisait une bonne campagne et qu'il était finalement le meilleur artisan d'une victoire que chacun sentait jouée d'avance.

Au lendemain de sa réélection, François Mitterrand a souhaité que le Parti socialiste ne soit pas trop hégémonique à l'Assemblée nationale. Mais le Président s'est inquiété en vain. Malgré l'écrasante victoire du 8 mai 1988, le Parti socialiste, livré à lui-même et, en quelque sorte, « décollé » du Président, a peiné pour obtenir une majorité que les Français lui ont chichement mesurée. En 1988, le peuple a réélu le Président, pas son parti. Les socialistes ont alors compris qu'ils ne pouvaient plus compter que sur eux-mêmes. Au PS, l'après-Mitterrand a commencé le soir même de sa réélection. La défaite de Laurent Fabius à la tête du Parti est donc le premier acte de rébellion contre François Mitterrand.

R.S. : Comment a-t-il réagi ?

M.C. : « Qu'au moins Laurent Fabius soit président de l'Assemblée nationale. » S'agissant d'un vote à bulletins secrets, François Mitterrand avait dépêché plusieurs de ses collaborateurs dans les couloirs du Palais-Bourbon pour veiller à ce qu'aucune voix ne manque. Car quelques membres du groupe avaient des états d'âme. Ils ne partageaient pas la préférence du Président pour Laurent et refusaient, par principe, un candidat imposé par « le Château ». Il fallait donc convaincre la poignée d'hésitants. Notre majorité était si courte que nous n'étions sûrs de rien.

Après cet épisode, les liens du Président avec le PS n'ont plus été aussi étroits et il a vu beaucoup moins Pierre Mauroy que, précédemment, Lionel Jospin.

R.S. : Avez-vous parlé avec lui de la rébellion du Parti socialiste ?

M.C. : Il ne se faisait plus d'illusions depuis longtemps. Il savait d'expérience que l'ingratitude est l'une des principales caractéristiques du genre humain, surtout dans certains milieux comme le monde politique ou celui des affaires. François Mitterrand a toujours su — et il l'a dit souvent après 1981 — qu'un jour, les socialistes — et surtout ceux qui lui doivent tout — découvriraient qu'ils n'avaient plus besoin de lui, et ne lui seraient donc pas fidèles. Je parle naturellement des dirigeants nationaux, pas des militants dont l'affection ne lui a jamais manqué. On a pu le constater lors de sa disparition.

R.S. : Le Parti avait-il beaucoup changé en sept ans ?

M.C. : Nombreux sont ceux qui l'avaient quitté. Le socialisme a commencé à fabriquer des déçus, comme chaque majorité, au lendemain de son installation. Des purs et durs sont partis et quelques opportunistes sont arrivés.

R.S. : Le Congrès de Rennes, en mars 1990, va marquer l'éclatement définitif du courant mitterrandiste. Le Président pouvait-il encore l'éviter ?

M.C. : Je crois que oui. Ce fut un de mes vrais désaccords avec lui. Je lui ai dit plusieurs mois à l'avance : « Le congrès va mal se passer. Convoquez vos amis — Lionel Jospin, Laurent Fabius, Jean Poperen, Louis Mermaz, Paul Quilès, Jean-Pierre Chevènement, etc. — pour parler des législatives et de la présidentielle qui suivra. Il n'y a que vous qui puissiez remettre de l'ordre dans le Parti. Il faut taper du poing sur la table, vous faire respecter. » Je suis sûr qu'il aurait trouvé une solution. De nous tous, il était celui qui avait le plus d'expérience et d'intuition. Est-ce le souvenir de son échec de juin 1988, lorsqu'il avait soutenu en vain Laurent Fabius, qui a été la cause de son refus ? Je pense encore que lui seul aurait pu empêcher le fiasco de Rennes.

R.S. : Bien qu'il s'en défende, n'a-t-il pas donné de petits signes en faveur de Fabius ?

M.C. : Il n'a pas voulu rester complètement absent et a fait quelques clins d'œil ici et là. Deux de ses proches, Roland Dumas et Edith Cresson, ont tenté jusqu'au bout d'éviter la cassure du « mitterrandisme ». Cependant ils n'étaient pas très à l'aise. Ni l'un ni l'autre n'était « fabiusien », et seule leur fidélité au Président les a dissuadés de rejoindre un autre courant. Dans cette affaire, François Mitterrand — fait rarissime — n'a pas su faire de sortie en force.

R.S. : Et le mitterrandisme a définitivement implosé...

M.C. : Résultat : désordre dans le Parti.

R.S. : Après le Congrès de Rennes, les jospinistes se sont déchaînés contre François Mitterrand. Entre eux, ils l'appelaient « Bourguiba » pour suggérer qu'il était victime des ravages de l'âge. En fait, Rennes c'est aussi la rupture avec Lionel Jospin.

M.C. : Lionel Jospin avait été un très bon Premier secrétaire. Pendant sept ans, la maison a été tenue et les socialistes ne peuvent que le remercier du travail souvent ingrat qu'il a alors accompli. Après la victoire de 1988, il a souhaité avoir d'autres responsabilités et entrer au Gouvernement. Espérait-il que François Mitterrand le nommerait à Matignon ? Le choix de Michel Rocard l'a peut-être rendu amer et a pu jouer un certain rôle lors du Congrès de Rennes.

R.S. : Lionel Jospin a été, quand même, le numéro deux du Gouvernement et en charge de l'Education nationale qui était la priorité des priorités du second septennat.

M.C. : Le Président avait proposé un fort accroissement du budget. Dans son esprit, c'était à parité, moitié pour les enseignants, moitié pour les élèves. Lionel a jugé ces engagements insuffisants et s'est lancé dans des discussions interminables avec les organisations syndicales. Malgré cela, la situation de la FEN et du syndicat des instituteurs s'est dégradée. Sous son impulsion, on est allé très loin et le budget de l'éducation a été augmenté plus que prévu, mais d'une manière déséquilibrée : les trois quarts de cette augmentation ont été versés aux personnels, surtout enseignants, et le reste aux élèves. Les moyens accordés aux collégiens, lycéens, étudiants — locaux, bourses, aide sociale — restaient trop modestes. Le Président était irrité. Les enseignants ont été revalorisés au-delà de leurs espérances, sans qu'on exige d'eux une meilleure qualité des prestations ou une amélioration sensible du service public. Alors que les milliards pleuvaient sur l'Education nationale, les étudiants et les lycéens ont fini par descendre dans la rue pour dire : « Et nous ? » Pour François Mitterrand, la forte revalorisation de la condition enseignante n'était qu'un élément d'une politique d'ensemble en faveur du service public. Pour Lionel Jospin, c'était presque l'essentiel. François Mitterrand a donc donné raison aux lycéens et aux étudiants et a invité le Gouvernement à leur accorder des crédits supplémentaires.

R.S. : C'est la petite phrase du Président recevant les leaders du mouvement lycéen, le 12 novembre 1990, en fin d'après-midi, après une journée de manifestation dans les rues de Paris. A l'un de ses jeunes interlocuteurs qui se demandait où étaient passés les milliards supplémentaires accordés, depuis 1988, à l'Education nationale, le Président a répondu : « Je m'interroge moi-même. » Les proches de Jospin ont accusé le Président de torpiller le Gouvernement, de jouer la politique du pire en humiliant publiquement le ministre de l'Education nationale. Ils ont parlé de « complot » et affirmé qu'il s'agissait d'un coup bas contre Jospin.

M.C. : Lionel Jospin avait sans doute fini par faire sienne l'idée qu'en 1988, François Mitterrand ne pouvait, en raison de l'état de l'opinion publique, éviter de nommer Michel Rocard. Mais en 1991, il a peut-être cru son heure arrivée. Plus tard, François Mitterrand nous a dit : « Il m'en veut de ne pas me devoir plus, parce que je ne l'ai pas nommé Premier ministre. »

R.S. : Quand vous étiez au Budget, vous avez eu des rapports tendus avec Lionel Jospin. Pour vous, c'était un dévoreur d'argent public.

M.C. : Pendant toute la période qui a précédé notre entrée commune au Gouvernement, j'avais toujours eu d'excellents rapports d'amitié avec lui. Très fidèle au Président, il avait un bon sens politique, était responsable, courageux et ennemi de toute démagogie. C'était un vrai chef, ce qui est assez rare. Il a fort bien exercé ses fonctions de Premier secrétaire. Au Gouvernement, je me suis retrouvé face à un homme différent. Malgré les milliards que le Gouvernement et le Parlement accordaient, il avait du mal à imposer l'autorité de l'Etat à l'Education nationale où subsistait un certain désordre et une tragique sous-administration.

R.S. : C'était quand même normal que la gauche, revenue au pouvoir, revalorise les salaires des enseignants !

M.C. : Le Président avait un plan d'ensemble pour l'amélioration globale de ce grand service public. Un incident avec le Rectorat de Paris a été, à mes yeux, symbolique d'une certaine impuissance. Quelques jours avant Noël 1991, *Paris-Match* a révélé que plus d'une centaine d'instituteurs, recrutés à la rentrée par l'Académie de Paris, n'étaient toujours pas payés. C'était exact et honteux. Naturellement, Bercy a été mis en cause. J'ai donc vérifié, ne pouvant imaginer une telle négligence. La trésorerie compétente m'a vite rassuré : « Nous ne pouvons pas payer des gens dont nous n'avons jamais entendu parler par l'Education nationale. » J'ai alerté Lionel Jospin qui a très mal pris mes remarques. Il a cependant accepté qu'une inspection commune Education nationale-Finances enquête sur le fonctionnement du Rectorat de Paris. Nos inspecteurs ont déposé un rapport accablant pour le rectorat et le service responsable : certains agents refusaient de travailler et jetaient même les dossiers à la corbeille pour partir plus vite en vacances. A ma connaissance il n'y a pas eu de sanctions à la hauteur.

R.S. : Le plan Université 2000 lancé par Lionel Jospin a été un vrai succès.

M.C. : L'Université française avait de gros besoins en locaux pour satisfaire l'afflux des étudiants. Les investissements jugés nécessaires représentaient 24 milliards de francs. Mais l'Etat avait tellement donné aux enseignants qu'il ne pouvait pas dégager plus de 6 milliards de francs. Lionel Jospin a donc eu l'idée de faire payer les collectivités locales. François Mitterrand était mécontent de ce mode de financement qui remettait en cause les principes de la décentralisation en transférant aux élus locaux des charges que l'Etat ne pouvait pas assumer. J'ai essayé, en vain, de modérer le coût du plan. Il aurait fallu, pour réussir, bousculer les universitaires et leur demander, par exemple, de travailler quinze jours de plus par an. Notre année universitaire est la plus courte au monde. En l'allongeant de deux semaines et en la mettant au minimum international on gagnerait, mécaniquement et sans frais, l'équivalent de

400 000 mètres carrés de locaux. Mais c'était beaucoup exiger ! Les personnels de l'Education ne nous ont pas été vraiment reconnaissants de ce qui a été fait en leur faveur. Je ne suis pas sûr qu'ils s'en souviennent encore. Quand on leur rappelle le taux de progression de leur feuille de paye entre 1988 et 1993, beaucoup ont oublié et pensent qu'ils n'ont rien perçu.

R.S. : L'opinion n'a pas pris conscience de l'énorme effort financier qui a été consenti pour l'Education nationale parce qu'elle n'a pas vu suffisamment de résultats tangibles.

M.C. : L'Histoire tranchera dans dix ou vingt ans. La gauche, outre le chômage qui ne lui est pas propre, aura connu un échec majeur : l'école. Pendant le premier septennat, elle a buté maladroitement ou naïvement sur l'enseignement privé, pendant le second, sur l'amélioration du service public. C'est avec Jean-Pierre Chevènement que la gauche a donné le sentiment de réussir à l'Education nationale. Bien qu'il n'ait pas engagé beaucoup de crédits supplémentaires, on garde de lui le souvenir d'un grand ministre, et de quelques mesures symboliques comme l'obligation de chanter *La Marseillaise*, qui n'a rien coûté.

Quand on sait ce que l'école peut représenter de libération et d'égalité des chances, on ne peut que regretter que la Nation n'ait pas eu les moyens financiers pour satisfaire les grandes ambitions de Lionel Jospin et du Parti socialiste.

R.S. : Vos relations personnelles avec le PS ont toujours été difficiles.

M.C. : Pas particulièrement. Mes relations avec le Parti et ses dirigeants ont été excellentes jusqu'en 1988. A partir de mon arrivée rue de Rivoli, elles sont devenues plus fréquemment sujettes à critiques, puisque j'étais un « camarade devenu ministre ».

R.S. : Mais Pierre Bérégovoy avait les mêmes !

M.C. : Premier responsable de la politique économique et financière, il a été beaucoup plus contesté que moi car je n'intervenais que pour une partie de cette politique. Les socialistes ont vivement regretté l'option monétaire européenne et la politique du franc fort voulue par le Président et que nous mettions en œuvre, Pierre Bérégovoy et moi. Mais à travers nous, c'était le Président qui était visé. Cette politique a été pesante pour notre action. Le 29 juin 1988, mon premier Conseil des ministres à peine terminé, Pierre Bérégovoy m'a dit : « Viens avec moi rue de Rivoli, je vais t'installer officiellement. » En voiture, il m'a prévenu : « Le Président veut absolument que je donne notre accord avant ce soir pour l'ouverture du marché des capitaux au niveau européen le 1er juillet 1990. » Les Etats membres avaient fini par adhérer à cette idée, mais ils devaient confirmer leur accord par écrit. Je me souviens qu'il a ajouté : « Cela nous oblige à harmoniser très vite la fiscalité de l'épargne. Tu devras t'en occuper sans perdre une minute. » Ce fut fait en supprimant tout contrôle des changes et toute frontière pour les capitaux. S'ils avaient été fiscalement matraqués, ils auraient fui. Nous avons donc choisi un système globalement conforme à la moyenne européenne de taxation du capital et de l'épargne et il n'y a pas eu d'évasion de capitaux. Mais la plupart des pays européens étant dirigés par des gouvernements conservateurs ou libéraux, notre réforme était plutôt « à droite ». J'ai souffert, en invitant la majorité à accepter ces mesures, et elle aussi en les votant. Les députés disaient : « Charasse nous place dans une situation impossible. Mais nous ne pouvons pas faire autrement. »

R.S. : Henri Emmanuelli avait quand même dénoncé votre « approche trop financière »...

M.C. : J'aime beaucoup Henri Emmanuelli, mais sa mémoire est parfois un peu courte. Au Budget avant moi, en 1983 comme secrétaire d'Etat de Jacques Delors, il fut un des hommes de la pause. Son approche était alors assez voisine de la mienne. Sur le plan personnel, mes relations avec les députés ont été cordiales et même amicales. Je n'ai jamais eu avec eux d'incident majeur. J'ai fait de gros efforts pour convaincre la majorité qu'il n'y avait pas d'autres solutions. Je disais : « Si vous avez une autre idée, je suis preneur. » Parfois, je ne voyais rien venir, mais j'ai aussi fréquemment retenu de bonnes idées qui venaient de nos parlementaires. En fait, j'ai été contesté par quelques dirigeants socialistes parce que je suis resté longtemps à l'Elysée. Ils ont fini par s'imaginer que j'exerçais un vrai pouvoir. C'est injuste à mon égard mais plus encore pour le Président. Car je n'ai fait qu'appliquer ses décisions. Je n'ai jamais dit, écrit, fait ou fait faire quoi que ce soit en son nom, sans qu'il l'ait expressément approuvé. J'ai suivi toutes les nominations et je me suis fait quelques ennemis. Quand il y avait dix candidats pour un poste, celui qui était retenu remerciait le Président et les neuf autres me tombaient dessus. Et pourtant, c'était bien le Président qui avait choisi. Idem pour les attributions de Légion d'Honneur ou de Mérite. J'ai donc capitalisé quelques petites rancunes.

R.S. : François Mitterrand a-t-il souffert de cette fronde jospiniste ?

M.C. : Il a surtout souffert en voyant son œuvre — le Parti — se déliter et lorsque certains de ses amis devenaient hostiles. Il en était malheureux. Mais il cachait sa déception et ne se lamentait pas.

R.S. : Quand Laurent Fabius a pris le contrôle du PS, après Pierre Mauroy, François Mitterrand a-t-il pensé qu'il pouvait encore redresser la situation ?

M.C. : Il pensait que ce serait difficile. Il avait construit un édifice : Laurent Fabius au Parti et Edith Cresson à Matignon. Mais Laurent Fabius a tardé à arriver au PS et Edith a échoué à Matignon. Le couple parti-gouvernement a bien fonctionné après la nomination de Pierre Bérégovoy, mais c'était trop tard. Il y a eu ensuite pour Laurent Fabius la terrible affaire du sang contaminé, et pour Pierre Bérégovoy l'ignoble polémique sur le prêt Pelat. Quand, pour des raisons aussi injustes, le chef du parti majoritaire et le chef du Gouvernement sont empêtrés simultanément, il est difficile de gagner des élections.

R.S. : A la fin du Gouvernement Bérégovoy, les socialistes n'obéissent plus. Ils ont tout refusé au Président et au Premier ministre...

M.C. : Le Président n'a pu imposer ni la proportionnelle, ni l'interdiction totale du financement des partis et des campagnes électorales par les entreprises. L'erreur majeure a été le refus de la proportionnelle.

R.S. : On ne va pas revenir sur les conditions dans lesquelles Michel Rocard a pris le Parti après la défaite. Simplement, François Mitterrand a-t-il vraiment eu peur que Rocard casse le PS, qu'il change son nom, qu'il change sa ligne, bref qu'il le dénature complètement ?

M.C. : Il a été inquiet, d'autant plus que ses relations avec le Parti étaient devenues distantes.

R.S. : Pour la présidentielle de 1995, on a le sentiment qu'il préférait que le candidat socialiste soit Emmanuelli plutôt que Jospin.

M.C. : Le Président n'a jamais cru aux sondages qui annonçaient un duel droite-droite au second tour. Il ne s'est pas trompé. Cependant, jusqu'à la mi-mars, il a pensé qu'Edouard Balladur aurait un léger avantage sur Jacques Chirac. De plus, plusieurs socialistes lui paraissaient capables de figurer honorablement au second tour. A tous ceux qui envisageaient de se présenter, il disait invariablement : « Vous êtes libre », mais il pensait que certains rencontreraient des difficultés avec le Parti. C'était le cas de Jack Lang. Il craignait que les laïcs ne lui pardonnent pas d'avoir signé un accord avec M. Cloupet sur l'école privée.

R.S. : Le fait que des proches comme vous se soient prononcés pour Henri Emmanuelli laisse quand même supposer qu'il avait choisi.

M.C. : Je n'ai pas agi sur ordre. Même s'il était très proche d'Henri Emmanuelli, le Président ne s'est mêlé de rien. Mais j'ai été choqué que Lionel Jospin annonce sa candidature avant même que le Parti n'ait arrêté les modalités de la désignation. Cela témoignait d'un certain mépris vis-à-vis des règles et je suis très légitimiste. Je n'ai pas apprécié non plus son attitude au moment des polémiques sur le livre de Pierre Péan. Certains de ses amis étaient déchaînés contre le Président, injustement. Il les a laissés faire. Le Président était dans une période physiquement et moralement éprouvante et Lionel n'a pas eu un mot pour le défendre. Je ne pouvais pas l'accepter. Mais ma démarche était personnelle et surtout sentimentale. Roland Dumas a réagi comme moi. Nous n'avons pas été les seuls.

R.S. : Après coup, vous ne pensez pas que c'était une erreur de soutenir Emmanuelli contre Jospin ?

M.C. : Henri Emmanuelli aurait sans doute fait une bonne campagne et son score aurait été à peu près identique.

R.S. : Lionel Jospin a eu une très bonne presse. Henri Emmanuelli n'aurait sûrement pas eu la même.

M.C. : Henri Emmanuelli n'appartient pas à la deuxième gauche qui soutenait Lionel Jospin. Cela a pesé dans les choix des médias, qui adorent le centre gauche un peu chrétien. Les journalistes pensaient que François Mitterrand préférait Henri Emmanuelli. Ils étaient donc heureux de contrer le Président une fois encore.

R.S. : Comment l'avez-vous jugée, cette campagne de Lionel Jospin ?

M.C. : Au début assez décevante, moyenne au milieu et excellente entre les deux tours. A sa décharge, le retrait de Jacques Delors l'a contraint à démarrer tard et lentement. La cascade de sondages plus ou moins trafiqués, et en tout cas erronés, a certainement démoralisé notre candidat. Après son succès du premier tour, on l'a senti libéré et il a fait partie égale avec Jacques Chirac pendant le débat télévisé. Nous étions cependant loin des campagnes de François Mitterrand en 1981 et 1988 ! J'ai regretté que les deux candidats n'aient abordé aucun — ou presque — des sujets qui intéressent le Président de la République et relèvent directement de ses compétences. Les Français n'ont rien su ce jour-là de ce que pensaient MM. Chirac et Jospin sur la Défense, l'Europe, la politique extérieure, la situation du monde, etc. Mais apparemment nos compatriotes étaient contents : les deux candidats avaient été tellement aimables et courtois ! Comme si l'apparence de l'unanimisme permettait de régler les problèmes.

R.S. : Et le Président, qu'a-t-il pensé ?

M.C. : Il a jugé que Lionel Jospin faisait une bonne campagne. Longtemps avant le premier tour, il m'a dit : « Il va faire 23%. » Les sondages donnaient alors 27% à Jacques Chirac, moins de 20% à Lionel Jospin et on se demandait même si le candidat du PS serait au second tour.

R.S. : Pensez-vous que Lionel Jospin puisse rénover le Parti et le conduire à la victoire aux législatives de 1998 ?

M.C. : Je l'espère. Les erreurs du Gouvernement, peut-être celles aussi du Président Chirac, sont telles que l'image du PS peut s'améliorer. La tâche de Lionel Jospin risque d'être plus facile qu'il ne le croit. Mais je suis certain qu'il va faire le maximum pour remettre le Parti en ordre de marche. Il connaît la Maison et prend le temps de réfléchir avant d'agir. Il souhaite apaiser les rapports entre les courants et les hommes. Lionel a compris que si les tensions perdurent, nous n'aboutirons pas. Pour l'instant, sa méthode est bonne. De convention en convention, le Parti avance dans sa plate-forme et ses propositions, sans connaître les fractures d'autrefois.

R.S. : Lionel Jospin et Laurent Fabius étaient un peu les deux fils spirituels de François Mitterrand. Pendant le premier septennat, le Président avait confié le Parti au premier et Matignon au second. Il a eu beaucoup de soucis avec l'un, quelques-uns avec l'autre. Mais finalement, c'est l'un des deux qui prend le relais.

M.C. : Oui, François Mitterrand était dans la situation d'un père de famille dont les deux enfants ont grandi et se sont éloignés pour vivre leur vie.

CHAPITRE 14

R.S. : Quand avez-vous appris que François Mitterrand était malade ?

M.C. : Tant que sa maladie n'est pas devenue évidente, François Mitterrand a toujours été discret. Une fois le mal révélé à sa demande expresse, il a tenu à ce que les Français n'en ignorent rien. Tout a donc été largement rendu public. Sa première opération date du 11 septembre 1992. Je n'en ai pas été informé avant. Mais j'ai pressenti quelque chose lorsqu'il a subitement été très fatigué à partir du mois de juillet.

R.S. : Il ne vous a fait aucune confidence à ce moment-là ?

M.C. : Non. Lorsque François Mitterrand a été élu, le 10 mai 1981, il était en excellente forme physique. Il sortait d'une campagne épuisante sans jamais avoir manifesté aucune fatigue anormale. Sa photo officielle, prise quelques semaines après son installation, le montre un peu empâté, mais ce n'était pas dû à un traitement. Il s'agissait des conséquences de la période agitée qu'il avait vécue à partir du mois de mars, au cours de laquelle il n'avait pas pu observer la stricte hygiène alimentaire qu'il a pratiquée toute sa vie. A peine en fonctions, il n'a pas pu se reposer et a dû attendre les vacances, qui ont été courtes. A la rentrée de septembre, il était apparemment toujours en bonne santé. C'est vers la mi-octobre 1981 qu'il a été victime d'un accident qu'il qualifiait lui-même de « mécanique » : un lumbago très douloureux dû, selon lui, à un geste trop violent pendant une partie de golf. Malgré des soins intenses, son mal ne passait pas. Il boitait et n'arrivait plus à trouver le sommeil, toutes les positions allongées lui arrachant de vives douleurs. Un soir, après que nous avions traité diverses affaires urgentes, il m'a parlé de ses souffrances et de l'incapacité de la médecine à le soulager. J'étais assez inquiet. J'avais, certes, totalement admis son explication — un banal problème vertébral — mais j'appréhendais le voyage qu'il devait faire à la fin du mois aux Etats-Unis, pour le bicentenaire de la bataille de Yorktown, puis au Mexique, pour la Conférence de Cancun, car ce long déplacement comportait de lourdes obligations. Puisque la médecine semblait impuissante et qu'il dormait mal, je lui ai proposé de faire venir mon ami Jean Moneyron. Pharmacien d'origine, il avait abandonné son premier métier pour choisir la kinésithérapie. Installé à Bellerive-sur-Allier, sa réputation s'étendait très au-delà des frontières de l'Auvergne et même de la France. On venait le consulter du monde entier. Le « don » qu'on lui prêtait avait guéri des milliers de malades qui n'avaient plus d'autre solution que la souffrance ou une opération aussi délicate qu'aléatoire. Après avoir hésité vingt-quatre heures, il a fini par me dire : « Faites venir votre rebouteux. S'il ne me fait pas de bien, il ne me fera pas de mal. »

Jean Moneyron a débarqué de Vichy vers onze heures du soir, avec un de ses assistants, dans l'appartement privé du Président à l'Elysée. Danielle Mitterrand était présente. La manipulation a duré une dizaine de minutes, sans que le Président ait besoin de s'allonger ou de quitter autre chose que son veston. Jean Moneyron lui a dit : « Marchez normalement, faites le tour de la pièce. » François Mitterrand a fait le tour du salon une dizaine de fois, sans boiter ni ressentir une douleur particulière. Ça ne lui était plus arrivé depuis deux ou trois semaines. Jean Moneyron est aussitôt reparti pour Vichy en lui disant : « Vous aurez encore une petite douleur au bas du dos parce que vous avez un traumatisme au niveau vertébral qui s'estompera progressivement. Je n'ai qu'une seule recommandation à vous faire : évitez les fauteuils mous et profonds, choisissez des sièges avec dossier à angle droit et calez-vous bien au fond. »

Le lendemain, le Président m'a dit qu'il avait enfin pu dormir presque normalement. La douleur a peu à peu disparu. Il a ainsi pu faire son voyage aux Etats-Unis sans problème.

En arrivant à Mexico, François Mitterrand s'est retiré dans un petit salon à la résidence de notre ambassadeur pour prendre quelques instants de repos avant la cérémonie officielle au Monument aux Morts. Machinalement, il s'est installé dans un fauteuil mou et profond. Il a donc fait ce que Jean Moneyron lui avait déconseillé. Il a ressenti aussitôt comme un coup de poignard au bas du dos et s'est remis à boiter. La cérémonie au Monument aux Morts a été pénible.

Lorsque je l'ai quitté le lendemain — puisque je n'allais pas à Cancun — il souffrait comme au premier jour et j'ai su qu'à son retour à Paris, il avait subi des examens plus approfondis. Par la suite, il s'est souvent plaint de douleurs dorsales. Mais il ne m'a jamais fait de confidences précises, ni à aucun de ses collaborateurs. Un peu avant Noël, je lui ai proposé, alors qu'il se plaignait devant moi, de faire revenir Jean Moneyron. Il m'a répondu, fataliste, que c'était inutile. Il prenait régulièrement une ou deux petites pilules colorées en disant : « C'est pour mon dos » ou encore « c'est pour ma décalcification ». Rien de plus !

Le Dr Gubler, qui l'accompagnait dans tous ses déplacements, venait le voir plusieurs fois par semaine à l'Elysée, parfois accompagné de Mme Joëlle Govin, infirmière biologiste. Il nous semblait normal que le Président soit suivi médicalement. Il assumait ses fonctions sans jamais faiblir et accomplissait des voyages qui épuisaient son entourage mais dont il rentrait, lui, toujours frais et dispos. Les kilomètres, les lourdes obligations, les courtes nuits, les décalages horaires semblaient n'avoir aucune prise sur lui. Nous mettions plusieurs jours à récupérer et lui poursuivait sa tâche comme si de rien n'était.

Jusqu'à sa première opération, je ne l'ai jamais vu alité.

En fait, il a eu quelques rares malaises en public lorsqu'il était en voyage à l'étranger. Mais son âge, les fatigues d'un long voyage avec décalage horaire et le climat souvent chaud et humide pouvaient en être la cause. Son courage physique lié à la haute idée de ses obligations officielles l'ont aidé à passer des caps difficiles.

Par référence à la maladie du Président Pompidou, François Mitterrand avait souhaité, dès son installation à l'Elysée, que son bilan de santé soit rendu public tous les semestres. C'est ce qui a été fait. Jusqu'à l'automne 1992, nous n'avions aucune raison d'être inquiets, puisque tous les bulletins confirmaient qu'il n'avait pas de problème majeur.

R.S. : Donc, au début de l'été 1992, vous l'avez trouvé très fatigué ?

M.C. : Oui. Mais j'étais loin d'imaginer la suite. Depuis son élection, les bruits les plus fantaisistes avaient couru sur son état de santé et, comme il le disait lui-même, sur son « cancer hebdomadaire ». Chaque fois qu'un de ses amis était hospitalisé, il allait lui rendre visite. On le voyait donc souvent dans les couloirs des grands hôpitaux parisiens, et cela alimentait les rumeurs sur sa propre santé.

En juillet 1992, je ne pressentais pas un mal aussi pernicieux qu'un cancer. Je pensais seulement à une accumulation de petites « misères » dues à l'âge. Après tout, il allait avoir soixante-seize ans et le pouvoir est une charge écrasante.

L'ayant observé pendant plusieurs semaines à l'Elysée et lors de notre rencontre rituelle du lac Chauvet, j'ai abordé le sujet à la sortie d'un Conseil des ministres fin août :

— Monsieur le Président, je ne me permettrais pas de vous poser des questions personnelles. Mais depuis quelques semaines, je vous trouve vraiment fatigué. N'en faites-vous pas un peu trop ? Est-ce que vos médecins s'en sont rendu compte ?

— Vous avez raison, mais ne vous faites pas de souci. Je sais ce que j'ai et je vais y remédier très vite. Maintenant, je sais ce qu'il faut faire.

Je n'ai pas insisté. Quelques jours plus tard, le 10 septembre 1992, veille de son opération — que j'ignorais ! — il m'a demandé de passer le voir dans l'après-midi. Ce fut bref. Il avait l'air préoccupé et pressé. « Marie-Claire Papegay va vous donner mes instructions. Je compte sur vous pour les suivre. » Je ne me suis pas interrogé et suis parti en Auvergne. J'étais, en effet, en pleine campagne pour les sénatoriales. A peine arrivé à Puy-Guillaume, Marie-Claire m'a appelé pour me dire qu'elle devait me remettre un pli « en main propre ». Ne pouvant pas regagner Paris, je lui ai dépêché un collaborateur qui m'a rapporté, dans la nuit, une grande enveloppe sur laquelle le Président avait écrit de sa main : « Pour Michel Charasse. A ouvrir si nécessaire. » Je ne me suis pas inquiété. Je pensais que j'aurais d'autres explications par téléphone, ou lors d'une prochaine rencontre. J'ai fort heureusement pu lui rendre son pli sans avoir à l'ouvrir. J'ignore donc tout de son contenu. J'ai su plus tard, que d'autres, à l'Elysée ou ailleurs, avaient reçu des messages analogues. Après sa mort, nous avons découvert qu'il avait écrit ses dernières volontés le même jour — 10 septembre 1992 — même s'il ne les a remises à André Rousselet que le dimanche 7 janvier 1996. J'imagine qu'il a dû passer une partie de la soirée du 10 septembre 1992 à écrire tous ces petits mots.

Le lendemain matin, 11 septembre, j'étais très tôt en visite électorale dans la petite mairie d'Ayat-sur-Sioule, village natal du Chevalier Desaix, avec mes deux compagnons Roger Quilliot et Marcel Bony. Vers neuf heures du matin, le téléphone a sonné dans le minuscule bureau du maire. Au bout du fil, mon collaborateur le préfet André Sudre me dit : « Tu devrais te renseigner. Notre Président est sur la table d'opération. » Par un pur hasard, André Sudre, précédemment opéré d'un cancer de la prostate, était allé le matin même à Cochin pour une visite de contrôle. Il avait appris la nouvelle sur place. J'appelle aussitôt Marie-Claire à l'Elysée qui sursaute : « Comment le sais-tu ? », preuve que le secret avait été bien gardé, et qui me confirme la nouvelle en me rassurant : « Le Président vient juste de sortir de la salle d'opération. J'ai eu Gubler, tout s'est bien passé. » Je me suis inquiété :

— Est-ce que c'est cancéreux ?

— On le saura dans quelques jours. Il faut faire des examens particuliers.

J'ai attendu quarante-huit heures pour appeler le Président. Il avait la voix ferme. Il était calme : « Ça va. Je souffre encore un peu, mais ça ira. Je vous verrai la semaine prochaine. Faites une bonne campagne et transmettez mes amitiés à Quilliot et Bony. » Je l'ai eu ensuite plusieurs fois au téléphone, ainsi que le Dr Gubler. L'un et l'autre m'ont dit que tout évoluait normalement.

Comme on l'avait fait dans une circonstance analogue sous le général de Gaulle, le Premier ministre a reçu délégation du Président pour réunir le Conseil des ministres à Matignon le 16 septembre 1992. Vers 11 heures 30, est tombé le communiqué médical précisant que le Président avait un cancer. Pierre Bérégovoy nous l'a lu, la gorge serrée. Il y a eu un long silence autour de la table et quelques larmes ont coulé sur certains visages...

Le Président a vite repris toutes ses activités et pendant plusieurs mois nous pensions qu'il avait gagné. A partir du début de l'année 1993, il semblait même avoir oublié son opération et ne prenait plus de précautions particulières. Son emploi du temps était rempli, il voyageait, ne se ménageait pas.

R.S. : Dans son livre controversé, le Dr Gubler explique tout de même que, dans l'été 1990, son état de santé s'était aggravé et qu'il songeait à démissionner. Selon Gubler, vous auriez, avec Bianco et Védrine, censuré un communiqué faisant état d'une aggravation de son état de santé...

M.C. : Claude Gubler raconte l'histoire à sa manière. Le Président traversait alors une sorte de dépression liée à des soucis familiaux dont il avait fini par se faire une montagne à force de les ruminer seul. Un après-midi de fin juillet, il m'en a parlé. Les problèmes étaient plus faciles à régler qu'il ne l'imaginait : je lui ai promis de tout résoudre sous huitaine.

C'est à la fin de cet entretien que j'ai croisé le Dr Gubler dans l'antichambre. Il était dans tous ses états :

— Regarde ce qu'il veut me faire publier. Il l'a pratiquement écrit lui-même. C'est de la folie, je ne peux pas sortir ça. D'autant plus que cela ne correspond pas à la réalité.

Je ne comprends rien à ce texte, ni à ce jargon médical. Mais je note cependant que le communiqué, plus long et plus détaillé que d'habitude, laisse entendre que le Président, très fatigué, va devoir se soigner et prendre du repos. J'interroge Gubler :

— Est-ce que son état s'est brutalement aggravé ces jours-ci ?

— Pas du tout. Tout cela ne correspond à aucune réalité nouvelle. En fait, il déprime et veut s'en aller courant août. Ce communiqué est fait pour préparer le terrain et faire admettre sa démission par l'opinion.

— Je viens de le voir. Il dramatise pour des broutilles mais rien n'est grave. Sa déprime devrait donc passer rapidement. Je crois que ce serait vraiment une erreur de sortir ce communiqué.

— Va le lui dire. Cela fait des semaines que je me bats contre lui, mais il ne veut rien entendre. J'espère qu'on peut encore l'arrêter car je viens de le donner à la permanence du service de presse.

Contrairement à ce qu'a raconté le Dr Gubler, Jean-Louis Bianco et Hubert Védrine étaient absents ce jour-là. Nous étions fin juillet et l'Elysée était assez désert. Ils n'ont donc pas eu à intervenir.

Avant de retourner voir le Président, j'ai dévalé les marches jusqu'au service de presse. Gubler y avait décrypté le langage médical de ce document qui n'avait pas encore été diffusé. J'ai pensé qu'il fallait absolument empêcher ce communiqué de sortir tel quel et je suis remonté voir le Président. L'explication a été très orageuse. François Mitterrand était en colère : « Ne vous mêlez pas de ça. C'est moi qui décide. Faites ce que je vous ai dit. »

Pour la première fois, je le heurtais de front. Tremblant, je m'efforçais de rester calme : « Ce n'est pas raisonnable et cela ne correspond pas à votre état de santé. Gubler refuse de le signer et vous devrez le téléphoner vous-même à l'AFP. Personne ici n'acceptera de le faire. »

Tassé dans son fauteuil, le Président avait l'air stupéfait de cette fronde de sa Maison. Il était déconcerté et j'en ai profité :

— Je comprends vos préoccupations et je connais vos petits problèmes puisque vous venez de me les expliquer. Je vous ai promis de tout régler en huit jours. Je vous en supplie, donnez-m'en seulement quatre.

— D'accord, mais pas un de plus.

— Pour le communiqué, dois-je voir avec Gubler pour revenir à un texte plus classique ?

— Non, envoyez-le-moi.

Le docteur m'a raconté qu'il avait dû affronter, à son tour, un violent orage et que le Président lui avait reproché de m'avoir montré son texte avant publication. Le communiqué a été modifié sans que je m'implique personnellement dans sa rédaction et l'incident a été clos.

Je précise qu'à cette date, j'ignorais toujours de quel mal souffrait le Président. Pour moi, comme pour d'autres, il avait des problèmes de dos. Et ce jour-là, Gubler ne m'a rien dit qui puisse laisser supposer que François Mitterrand était soigné pour une affection beaucoup plus grave.

Quelques jours plus tard, le Koweit a été envahi par l'Irak et le Président a dû s'impliquer dans cette grave crise internationale. Il ne m'a plus jamais reparlé de cet incident et il n'a plus été question de démission.

R.S. : A-t-il manifesté des regrets de s'être engagé à publier un bulletin de santé tous les six mois ?

M.C. : Gubler le dit, et c'est peut-être vrai. En tout cas, s'il avait été malade au moment de son élection, il n'aurait pas pris cet engagement. C'est le type de promesse que l'on fait lorsqu'on est bien portant.

R.S. : Est-ce qu'il vous a dit qu'il allait se faire opérer une nouvelle fois en 1994 ?

M.C. : Non. Comme la première fois, il ne m'a rien dit et l'entourage médical est resté très discret. En 1992, Pierre Bérégovoy avait dû être prévenu la veille par le Président lui-même, et je sais qu'Edouard Balladur a été informé dans les mêmes conditions en juillet 1994.

J'avais cependant compris, vers la fin du printemps 1994, qu'il recommençait à souffrir. Il était de plus en plus fatigué, et ses médecins tellement évasifs qu'ils aggravaient encore l'angoisse de l'entourage. Il faisait cependant son métier sans problème apparent et son emploi du temps n'avait pas été allégé.

Un samedi matin de juillet, le Président m'a appelé en Auvergne : « A Paris, la chaleur est étouffante et je respire mal. J'aimerais aller prendre l'air cet après-midi au golf de Vichy et passer ensuite la soirée chez vous à Puy-Guillaume. » Il est arrivé à la maison vers dix-neuf heures, épuisé. Il avait fait, en Auvergne aussi, une chaleur torride et ma femme nous avait préparé un repas léger. François Mitterrand l'a à peine touché et s'est installé dehors, dans une chaise longue. Il faisait plus frais, la nuit tombait, le ciel était magnifique. Jusqu'à minuit, le Président nous a parlé, a humé les odeurs, admiré la voûte étoilée, écouté la nature... Trois ou quatre jours après, il était opéré pour la seconde fois...

R.S. : Il a été plus long à se remettre...

M.C. : Les traitements post-opératoires ont été terriblement éprouvants. Tout au long de l'automne, il n'a pas été en forme mais il secouait pourtant ses médecins : « Je dois faire mon métier normalement. Faites ce qu'il faut. » Il exigeait de continuer comme s'il n'était pas malade et Hubert Védrine a eu beaucoup de mal à le convaincre d'alléger son emploi du temps. En s'y mettant à plusieurs, nous avons réussi à supprimer le superflu, c'est-à-dire essentiellement ce qu'il s'était imposé pendant treize ans pour faire plaisir à tel ou tel, ou à reporter à plus tard ce qui n'était pas urgent, comme les remises de décorations. Dans ces moments, il a fait preuve de grand courage. Il voulait forcer le destin. Tous les jours, il s'imposait les contraintes de sa charge et une marche d'une heure.

R.S. : On a dit qu'il avait dû recevoir des visiteurs importants — des chefs d'Etat — alité et en chemise de nuit.

M.C. : Ce n'est pas exact. Le protocole d'Etat a toujours été respecté et quelles que soient les circonstances, le Président a toujours accueilli et raccompagné ses homologues sur le perron de la Cour d'Honneur, comme peuvent en témoigner les dizaines de photographies prises à cette époque. Une seule fois, il a reçu dans sa chambre, habillé mais allongé, le Président Ion Iliescu de Roumanie. Mais celui-ci était en visite privée à Paris. Je me souviens parfaitement de cet épisode. Le Conseil des ministres venait de s'achever et le Président s'était retiré dans sa chambre pour se reposer avant l'arrivée de son hôte étranger. Il était tellement fatigué qu'Hubert Védrine et moi l'avons convaincu de recevoir son visiteur dans son appartement. Le Président Iliescu, à qui j'avais expliqué la situation dès son arrivée au Palais, ne s'en est pas offusqué. L'entretien a duré une bonne heure et a été très détendu comme peut en témoigner Jean Levy, conseiller diplomatique, présent à cette audience.

J'ajoute que le Président Iliescu a eu la délicatesse de ne pas donner de détails sur les conditions de cette audience. Ceci démontre, s'il en était besoin, la considération qu'il portait à François Mitterrand.

R.S. : Pourquoi le Président a-t-il renvoyé le Dr Gubler ?

M.C. : Il ne m'a pas fait de confidences particulières à ce sujet. Un jour, simplement et sans commentaires, Gubler n'a plus été appelé à son chevet. C'était dans le courant du dernier trimestre 1994. J'ai seulement entendu le Président se plaindre, à plusieurs reprises, du manque de disponibilité et des longues absences de son médecin personnel.

En fait, n'importe quel malade dans son état aurait dû être hospitalisé pendant plusieurs semaines chaque fois que des traitements lourds s'imposaient. L'hospitalisation ne pouvait être évitée qu'au prix d'une présence médicale permanente aux côtés du patient. Cette présence a été ensuite assurée jusqu'au bout et sans faiblir par le Dr Jean-Pierre Tarot. C'est ce qui a permis au Président de s'éteindre tranquillement dans son milieu familier plutôt que dans une chambre d'hôpital.

R.S. : On a dit aussi que le Président avait eu recours à des techniques médicales particulières, inspirées des méthodes de M. Beljanski, un charlatan condamné en mars 1994 pour exercice illégal de la médecine.

M.C. : Je ne sais pas si M. Beljanski s'est occupé lui-même du Président. En tout cas, que je sache, il ne l'a jamais rencontré. Je sais, en revanche, que parallèlement à l'équipe médicale, un praticien est apparu à l'automne 1994 dans l'entourage de François Mitterrand : un monsieur De Kuyper, un disciple de M. Beljanski. Présenté au Président par des amis de Bourgogne, il est intervenu fréquemment auprès de lui mais ses soins étaient loin de faire l'unanimité. M. De Kuyper contestait les traitements médicaux classiques auxquels le Président finissait toujours par revenir. Il y a eu, incontestablement auprès de François Mitterrand, à partir de l'automne 1994 et jusqu'à la fin, des conflits entre M. De Kuyper et l'équipe médicale. Je n'ai évidemment pas compétence pour apprécier qui avait raison ou tort. J'ai seulement constaté que le Président allait beaucoup mieux dès qu'il se conformait à l'avis du Dr Tarot. C'est en particulier ce qui lui a permis d'effectuer l'ultime voyage en Egypte.

En fait, MM. Tarot et De Kuyper ont tous les deux prescrit l'arrêt de la chimiothérapie — inefficace et épuisante — et un traitement par rayons. C'est la conjonction de leurs avis qui a décidé le Président à essayer la radiothérapie, dont il se méfiait car son frère, le général, avait été gravement brûlé lors d'un traitement analogue. Les rayons ont eu un effet très positif parce que le Président a très bien réagi. Il est possible qu'ils aient prolongé sa vie de plusieurs mois.

Le Dr Tarot lui a donné du tonus, une sorte d'énergie formidable, et aussi beaucoup de temps, de patience et d'affection. Par rapport aux médecins « traditionnels », M. De Kuyper avait peut-être l'avantage de ne pas être avare de discours explicatifs. Affaibli et préoccupé, le Président n'était pas insensible à ses raisonnements.

De toute façon, François Mitterrand a toujours aimé mettre les êtres qui le servaient en concurrence. Nul ne pourra sans doute jamais dire si, dans ce cas précis, il a été victime de son système favori, ou s'il en a profité.

R.S. : A partir de quel moment avez-vous senti que le Président était perdu ?

M.C. : Après son départ de l'Elysée et jusqu'au début de l'automne, le Président a vécu à peu près normalement. Il devait naturellement se reposer et se ménager, mais il écrivait, sortait régulièrement, allait au restaurant, au théâtre ou au cinéma. Il était venu, comme d'habitude, au Chauvet et avait fait le tour du lac. Et puis, petit à petit, il a limité ses sorties. Il travaillait toujours, plusieurs heures par jour, à la rédaction de ses livres, et a réussi à faire, début octobre 1995, un voyage assez fatigant aux Etats-Unis à l'invitation du Président Bush. C'est à son retour que j'ai noté une dégradation inquiétante. Epuisé, il ne sortait presque plus et s'alimentait de moins en moins. Mais il écrivait toujours beaucoup. La suite a été largement racontée. Je n'ai rien à ajouter. Rentré à Paris le 2 janvier 1996, il ne s'est pratiquement plus levé jusqu'à sa mort le 8 janvier.

R.S. : Il sentait la fin prochaine. L'évoquait-il ?

M.C. : Jusqu'à son départ en Egypte, il voulait encore y croire. Il disait seulement : « Je tiens le coup, mais c'est dur. J'arrive au bout, mais qu'est-ce que je déguste. » Le 1er janvier, au téléphone, je l'ai trouvé sans illusions. Le jeudi 4 janvier, lorsque je l'ai vu quelques instants pour la dernière fois, je crois qu'il savait exactement où il en était.

R.S. : A partir du moment où le mot « cancer » a été lâché, le Président savait que chaque mot, chaque geste, serait épié...

M.C. : On guettait effectivement ses défaillances et même, parfois, on les inventait. Il était le Français le plus épié de France. Il le savait et s'en amusait : « J'ai reçu Untel. En me parlant, il m'auscultait et se demandait combien de temps il me restait à vivre... », ou encore « Au Conseil des ministres » — où pourtant les membres du Gouvernement ont toujours eu une attitude très digne — « j'ai eu droit à l'examen clinique habituel des uns et des autres. » Un jour, alors que je lui transmettais une demande d'audience d'une relation assez éloignée, il m'a répliqué en riant : « Mais il n'a rien à me dire et moi non plus. C'est une visite “ médicale ” ! Il veut voir ma tête, pour alimenter ensuite ses dîners en ville. » Il a accepté, blasé : « On ne peut tout de même pas tarir toutes les sources d'information. »

Nous avons vécu des moments pénibles lorsque des rumeurs apparaissaient brusquement dans la presse, sans aucune raison et en l'absence de tout élément précis, parce qu'une salle de rédaction était subitement prise de folie : « Le Président est mourant. » Certains le voyaient régulièrement partir en ambulance et connaissaient même le numéro de sa chambre d'hôpital... Hubert Védrine et le secrétariat particulier du Président ont passé des heures à démentir. Et son départ de l'Elysée n'a guère fait cesser ces rumeurs morbides.

J'ai été le témoin direct, après sa première opération, de ce genre de délire. Nous étions à un sommet européen à Birmingham, en automne 1992. Après le déjeuner, nous avons marché de long en large dans le hall du Centre de conférences. Le Président était souriant et disert : tout allait bien. Subitement, on lui a apporté une dépêche : « François Mitterrand transporté d'urgence en ambulance à l'hôpital de Birmingham. » Nous avons immédiatement démenti. En vain : des journalistes avaient vu une ambulance quitter le Centre de conférences, sirènes hurlantes, et c'était forcément François Mitterrand. En fait, il s'agissait d'un huissier victime d'un malaise qu'il avait fallu évacuer d'urgence. Mais les agences de presse du monde entier étaient aux aguets. Même l'austère journal *Le Monde* avait retenu quelques instants son édition de l'après-midi pour annoncer, dans un entrefilet, l'hospitalisation du Président. Plus tard, et sans la moindre honte, ses responsables ont expliqué : « C'était un tel scoop qu'il fallait absolument le sortir, quitte à vérifier et à démentir plus tard. » Ce climat de fausses rumeurs nous a empoisonnés jusqu'au bout.

R.S. : A la sortie du Conseil, des ministres confiaient : « Il était très mal, il a eu une absence... »

M.C. : Il n'a jamais eu de vraie défaillance en Conseil des

ministres, bien qu'on l'ait parfois senti affaibli ou distrait. Quand il intervenait longuement, en improvisant brillamment des exposés qui faisaient l'admiration des ministres — même sous la cohabitation —, parce qu'il tenait à rappeler son point de vue sur la politique extérieure, la défense ou sur un sujet qu'il estimait important, il puisait fort dans son peu d'énergie et la fatigue apparaissait vite dans sa voix. Il lui est arrivé de nous dire, à la sortie : « J'ai dû m'arrêter. Je n'en pouvais plus. »

R.S. : Ce qui l'a le plus blessé dans la maladie, n'est-ce pas le fait qu'elle le rendait dépendant ?

M.C. : Rien n'a jamais vraiment dominé François Mitterrand. Il a toujours essayé d'être, au maximum, un homme libre et maître de lui. Je l'ai souvent entendu dire : « Attention, je ne veux pas dépendre » ou « On ne dispose pas de moi ».

Il m'a raconté qu'après la guerre, devant se faire arracher une dent de sagesse selon les méthodes encore rustiques de l'époque, il a prévenu le dentiste qui prétendait l'attacher : « Pas question. On ne m'attache pas les mains. Ne vous en faites pas, je ne bougerai pas. »

Son combat contre la mort a été celui de quelqu'un qui a refusé jusqu'au bout d'être dominé. Un jour, la maladie gagnait du terrain, le lendemain c'était lui. Il s'est battu tous les jours. C'était un malade obstiné et difficile pour ses médecins.

R.S. : Il a été très sévère avec les médecins. Il lui arrivait de les comparer aux médecins de Molière.

M.C. : Il était dur parfois, mais il avait beaucoup d'affection pour eux. Le vrai problème, c'était les médicaments. Ayant eu toute sa vie une excellente santé, il n'avait jamais suivi de traitement. Il disait souvent : « Ma grand-mère m'a conseillé de me méfier. Les médicaments empoisonnent le sang, certains sont même cancérigènes. Il faut en prendre le moins possible. » Souvent, même perclus de douleurs et exténué, il n'acceptait d'absorber que le minimum indispensable, se disputant avec ses médecins. Mais n'ayant jamais été « surmédicalisé », il réagissait extraordinairement à tout ce qu'on lui administrait.

R.S. : Est-ce que la maladie l'a changé ? Au cours de ces derniers mois à l'Elysée, était-il différent avec vous ?

M.C. : Concentré sur ses fonctions officielles et sur son combat contre la maladie, il serrait les dents. Il n'a jamais renoncé à ce qu'il devait faire. Après 1993, un seul Conseil des ministres n'a pas été présidé par lui lorsqu'il a été opéré à l'automne 1994. Mais même très fatigué, il n'a jamais renoncé à s'exprimer lorsqu'il en ressentait le devoir. Un jour, après l'avoir entendu inciter le Gouvernement à tenir ferme sur les principes républicains en matière d'action publique devant les tribunaux, à relever sans faiblir le comportement anormal de certains magistrats, et à maintenir à tout prix le parquet sous l'autorité du Garde des Sceaux, les ministres ne cachaient pas leur admiration. A la sortie du Conseil, Charles Pasqua a résumé leur pensée : « Si on avait pu, on l'aurait applaudi. » Il a aussi présidé tous les Conseils de défense, n'a manqué aucun sommet ni aucune grande réunion internationale. Sa tranquillité d'esprit était totale. Il accordait moins d'importance aux détails et relativisait les choses. Son humour est resté intact et il riait souvent à ses dépens. Un jour, à la sortie de soins fatigants, nous avons dû lui présenter, Anne Lauvergeon et moi, des parapheurs à signer. Dès la première page, il a sursauté : « Je me bats contre la mort, je m'arc-boute pour qu'elle n'entre pas et il faut que je relâche mon effort pour nommer d'urgence un... vétérinaire. » Le plus drôle a certainement été sa réplique à Louis Le Pensec lors de sa visite à Quimper. Le Président avait une vilaine cicatrice rouge au front, séquelle d'une chute sans gravité. L'ancien ministre de la Mer l'interroge :

— Qu'est-ce qui vous est arrivé, Monsieur le Président ?

— Oh, ce n'est rien. L'autre soir, je suis sorti me promener à Pigalle et j'ai été agressé dans une petite rue. Au cours d'une rixe, un « Black » m'a frappé au coin d'un bloc.

Louis Le Pensec s'est aussitôt tourné vers le chef de la

sécurité : « C'est tout de même impensable que vous laissiez sortir le Président seul, le soir, sans aucune protection. »

Il décidait, à l'heure dite, de tout ce qui relevait de lui. La France a été représentée et défendue et les affaires de l'Etat n'ont pris aucun retard. Fort heureusement, en fin de mandat, la pression du pouvoir devient moins forte. Malgré trop d'exclus, dont le sort le hantait, il était rassuré. Il savait qu'il laissait la France, globalement, en bon état. Il disait : « J'ai préservé la République, la France est écoutée et respectée dans le monde, elle s'est modernisée et développée, elle reste une grande puissance et l'Europe l'aidera à demeurer dans la cour des grands. » Pendant cette période éprouvante, Hubert Védrine et l'équipe de l'Elysée ont été formidables. Il arrivait que quelques « électrons libres » de Matignon laissent entendre que le Président ne faisait plus rien et que le Premier ministre tenait seul la barre. Edouard Balladur a toujours pris soin de se démarquer des bruits qui couraient à ce sujet. Plein de délicatesse, il n'a jamais oublié le calvaire de Georges Pompidou, qu'il a vécu à ses côtés.

R.S. : Bien avant sa maladie, François Mitterrand a écrit qu'il pensait tous les jours à ses parents, à ses amis morts. Il a souvent parlé de la mort, comme s'il était obsédé par elle...

M.C. : Le souvenir de son père l'habitait. Comme lui, il avait eu un cancer de la prostate et en était mort. François Mitterrand m'a souvent dit : « La nuit, je l'entendais gémir, mais le jour il souffrait en silence. » Il parlait aussi parfois de ses deux frères, Robert et Philippe, qui ont eu aussi un cancer de la prostate. Philippe en est mort et sa disparition avait beaucoup affecté le Président. On ne peut pas dire cependant qu'il ait été obsédé par la mort. Il était comme tout le monde : la mort, c'est la grande question du genre humain. Mais il en parlait avec un détachement croissant au fur et à mesure qu'elle approchait. Pendant longtemps, lorsqu'il a vu disparaître ses amis, ses compagnons de Résistance, quelquefois moins âgés que lui, il en a peut-être eu peur. Jean Carmet, que le Président aimait beaucoup, avait dit, quelques jours avant de disparaître, qu'il entendait « le souffle de la Grande Faucheuse ». Mais la peur l'avait quitté et il était serein. Le 8 septembre 1994, il avait déclaré au *Figaro* : « Ce n'est pas de mourir que j'éprouverai un grand souci. C'est de ne plus vivre. »

Il savait qu'en fin de compte il perdrait. Mais si c'était le plus tard possible, il n'aurait pas complètement échoué. L'homme n'est jamais le plus fort dans la bataille contre la mort, mais il peut lui compliquer la vie. François Mitterrand s'y est employé.

En réalité, il avait progressivement remplacé sa réflexion sur l'au-delà par une longue interrogation sur la vie, disant : « En fait, j'aime vivre. Rien n'est plus beau que la vie. Il faut la goûter pleinement. » L'une des dernières fois que nous sommes allés au restaurant, en décembre 1995, avec deux ou trois proches, le Président, très fatigué, a brutalement interrompu la conversation, a fermé les yeux, pris sa tête entre ses mains et nous a dit, solennel et profond : « Respirez et goûtez la vie. Elle est si formidable tant qu'on l'a. » Nous étions si émus que notre silence a duré plusieurs dizaines de secondes, comme si nous avions craint de priver le Président du bonheur de « gouler » la vie à pleins poumons. On peut dire qu'il a joui de la vie tant qu'il a pu et qu'il a livré une véritable course contre la montre avec la mort, car il voulait absolument finir ses derniers livres.

La mort l'inquiétait moins que son état au moment fatal : il appréhendait la dégradation physique et intellectuelle, craignant par-dessus tout les effets des métastases au cerveau. Il m'a dit un soir, en novembre : « Je compte sur vous pour veiller à ce qu'on ne me voie pas ratatiné comme un légume, grabataire et inconscient. Il faudra tout faire pour m'épargner cette misère. »

Le Président ne voulait surtout pas qu'on doute de sa lucidité et de sa volonté de se battre. Il détaillait donc son combat par le menu auprès de ses proches pour que nul n'en ignore. Un soir, je l'ai vu jeter des yeux irrités à l'Abbé Pierre qui, à l'issue d'une cérémonie de remises de décorations, lui murmurait avec cet air finissant de celui qui n'en finit pas de finir : « Monsieur le Président, je sais que la vie de l'Abbé s'achèvera bientôt. Je ne tarderai pas à monter là-haut. Mais vous me suivrez vite, je vous garderai une place à côté de moi. » François Mitterrand pestait en remontant à son bureau. L'Abbé n'avait pas compris : il acceptait la fatalité, alors que le Président s'acharnait à la repousser.

R.S. : En fait, François Mitterrand était obsédé par le « moment », le passage de vie à trépas. Que se passe-t-il ? Y a-t-il quelque chose après la mort ?

M.C. : Sa préoccupation a toujours été l'instant où la vie s'en va et où tout bascule. Il disait : « Je n'aimerais pas être pris de court par l'ultime aventure », ajoutant aussitôt : « Est-ce que vous croyez qu'on s'en rend compte ? Qu'on sent quelque chose ? » Ce mystère a constamment occupé ses pensées, surtout depuis qu'il s'était éloigné de la religion. Il l'a très bien dit à Bernard Pivot à la fin d'*Apostrophes* : « A ce moment-là, je pourrai dire " enfin tu sais ". » Sans en être vraiment sûr. Roland Dumas m'a raconté qu'en apprenant la mort de Charles Hernu, alors qu'il se promenait dans un parc à Budapest, il aurait murmuré : « Seul ce pauvre Charles ne sait pas qu'il est mort. »

Pour tenter de percer ce mystère, il observait comment partaient ses proches. A l'automne 1995, un de ses camarades de Résistance qui n'était pas particulièrement malade est mort brutalement en dormant après avoir dit, dans la soirée, à son chien fidèle qui lui sautait sur les genoux pour se faire cajoler : « Tu viens me dire adieu. Toi, tu sais que je vais mourir cette nuit. » François Mitterrand avait été très impressionné. Il avait eu la même réaction lorsque Jean Carmet a été terrassé en soirée par une crise cardiaque. Tout au long de l'après-midi, Jean avait téléphoné à ses amis pour leur dire : « Je suis comme un arbre dont la sève n'irrigue plus les branches. Je suis en train de mourir. » Le Président m'avait dit, vers la mi-décembre : « Vous croyez que je vais la sentir venir longtemps à l'avance, comme nos amis ? »

Ses proches, ceux qui l'aimaient et auxquels il pouvait se livrer sans précautions, l'entendaient régulièrement évoquer la vie qui part et l'après. Il n'a pas cessé de quêter auprès de chacun le moindre élément, le plus petit indice qui lui aurait permis, immédiatement ou le moment venu, d'en savoir un peu plus que les autres.

R.S. : L'avez-vous suivi jusque dans ses derniers instants ?

M.C. : Juste avant son départ pour l'Egypte, je l'ai vu longuement, sans qu'il paraisse redouter une fin prochaine. La veille de ce voyage, il était surtout préoccupé par ses travaux d'écriture. Il m'avait laissé entendre qu'il lui faudrait encore quelques mois de travail : « J'en ai au moins pour jusqu'en avril 1996. Il faut absolument que je tienne le coup. »

Je l'ai ensuite appelé le 1er janvier 1996 dans les Landes, en fin de matinée, pour lui présenter mes vœux. C'était la première fois que je le faisais. Les années précédentes, c'est lui qui m'appelait pour me raconter son réveillon et me demander comment et avec qui j'avais passé le mien. Il voulait savoir aussi comment ses vœux télévisés du 31 décembre avaient été reçus par mon entourage.

C'est Danielle Mitterrand qui a décroché le téléphone et qui m'a prévenu : « Il est très fatigué, il dort et je ne sais pas s'il voudra vous parler. » Quelques instants plus tard, il a pris le téléphone. Il m'a relaté ce qu'il avait fait la veille, ce qu'il avait mangé — insistant sur les ortolans — avant de me demander de lui raconter ma soirée. Je lui ai dit : « Je vous souhaite de tenir le coup et de vous battre comme vous l'avez toujours fait jusqu'à présent. » Il m'a répondu d'un ton las et désabusé : « Je suis épuisé, je n'ai plus de forces. Toute mon énergie est partie. Il faut pourtant que je tienne le coup pendant encore quelque temps. J'ai tellement de travail à finir. » Et nous avons parlé de l'actualité et de son retour, ainsi que de ses projets. Il avait dit un jour : « Qu'est-ce que la vieillesse ? C'est d'abord perdre la curiosité. » De ce point de vue, il était resté jeune.

Nous nous sommes quittés en promettant de nous voir dans la semaine. Je suis passé rue Frédéric-Le Play le jeudi suivant, en fin d'après-midi, mais ne suis resté que quelques minutes. Il se plaignait de terribles maux de tête. Ses derniers examens effectués le 2 janvier n'étaient pas bons. Il m'a murmuré : « Je ne tiendrai plus le coup longtemps. » Je me suis retiré en lui disant : « Je pars demain en Auvergne pour le week-end. Je passerai vous voir lundi après-midi. » Il m'a pris la main, l'a longuement serrée. J'ai eu l'impression qu'il voulait m'embrasser. Mais nous ne l'avions jamais fait... Et il m'a dit : « D'accord, revenez vite. »

Je l'ai revu sur son lit de mort le lundi 8 janvier 1996, aux premières heures de la matinée, le visage reposé, sans aucune marque de souffrance, figé pour l'éternité dans l'attitude qui a toujours été la sienne. J'avais l'impression qu'il allait ouvrir les yeux, se lever, me parler. Mais je n'aurais pas assisté à ses derniers instants. Il avait écarté tout le monde dès le dimanche soir, sauf son médecin. Il n'a pas voulu que ceux qui l'aimaient le voient perdre son ultime bataille.

R.S. : On a dit qu'il avait planifié sa mort, qu'il avait interrompu tous les traitements dès le jeudi ou le vendredi, bref qu'il avait organisé soigneusement son départ.

M.C. : On l'a dit. Je suis convaincu qu'il a été lucide jusqu'au bout et qu'il avait pressenti le moment où tout basculerait. Les 6 et 7 janvier, il a mis ses affaires en ordre, remis son testament du 10 septembre 1992 et donné ses ultimes instructions à son exécuteur testamentaire et ami André Rousselet.

Ce départ minutieusement organisé m'a fait penser à celui de Talleyrand, si bien décrit par Jean Orieux : « Il aborda la mort avec la même tranquillité que tous les événements auxquels sa vie l'avait affronté. Il négocia avec elle comme avec un partenaire devant lequel il fallait capituler, mais il se réserva de fixer lui-même les conditions et le protocole de la capitulation. Si en certaines circonstances on a pu douter de sa grandeur, au dernier moment le doute est levé. Talleyrand traita d'égal à égal avec l'éternité. »

C'est un rapprochement assez paradoxal car François Mitterrand n'aimait pas Talleyrand et pourtant, quel parallèle saisissant !

R.S. : Comment expliquez-vous la messe de Jarnac ? Et Notre-Dame ?

M.C. : Le Président se méfiait des dogmes religieux, et depuis longtemps il s'était éloigné de la religion catholique.

Il ne pratiquait plus aucun culte. Nous avons souvent abordé le sujet. Je ne peux pas affirmer qu'il ne croyait plus mais les explications du catholicisme lui paraissaient un peu courtes. Il disait : « J'aime ceux qui posent des questions. Je me méfie de ceux qui trouvent. »

Cependant, il n'a jamais renié ses origines ni oublié qu'il était de religion catholique. Il n'a donc pas rompu totalement à l'heure fatidique. Quant à la cérémonie de Jarnac, il l'avait suggérée avec prudence dans son testament du 10 septembre 1992, comme une brebis égarée qui revient timidement au bercail : « Une messe à Jarnac est possible. » Et il avait dit à André Rousselet qu'il la souhaitait sobre. C'est pourquoi André a refusé la proposition de l'évêque d'Angoulême qui voulait dire lui-même la messe. Le prélat était présent, mais c'est le curé de Jarnac qui a officié.

La famille du Président connaissait ses sentiments et a exigé que la cérémonie conserve le caractère dépouillé que le défunt avait souhaité. Le cercueil, nu, ne comportait qu'une plaque gravée à son nom avec ses dates de naissance et de mort.

La cérémonie de Notre-Dame a été organisée par la République en l'honneur d'un homme qui l'a longtemps et bien servie. Le Président Chirac a proposé de retenir le même protocole que pour les obsèques du général de Gaulle et du Président Pompidou dont les dépouilles n'étaient pas présentes dans la Cathédrale de Paris. Le premier en effet fut inhumé à Colombey-les-Deux-Eglises, et le second à Orvilliers. Parlant des pouvoirs publics, François Mitterrand avait toujours dit : « Ils feront ce qu'ils voudront et ce qu'ils croiront. Ce n'est pas mon affaire. » La famille a donc pris acte des propositions du Président Chirac mais ne s'est pas autrement mêlée à cette cérémonie.

J'aurais personnellement préféré que cette cérémonie soit œcuménique. Ce fut le cas, sur instruction du Président, pour l'enterrement des soldats victimes de l'effondrement du Drakkar à Beyrouth, ou pour les obsèques de Gaston Defferre à Marseille. François Mitterrand a respecté tous les cultes, n'en a jamais favorisé aucun et a toujours veillé à préserver l'unité nationale.

Je suis persuadé que l'Elysée aurait accepté. Mais les complications seraient peut-être venues du cardinal Lustiger... Toujours est-il que ma proposition n'a pas rencontré beaucoup d'échos et je n'ai pas insisté.

L'attitude des responsables de la République, et en premier lieu celle du Président Chirac, fut très digne en cette circonstance. La France a, momentanément, laissé de côté ses querelles pour se retrouver dans le chagrin et le souvenir. Quelque chose d'indéfinissable a alors traversé le pays, qui a rappelé à beaucoup ce que nous avions éprouvé le soir du 10 mai 1981. Et nombreux sont ceux qui ont pensé que François Mitterrand entrait dans l'Histoire comme l'avaient fait, avant lui, tant de grands hommes qui ont façonné la France et que le peuple a accompagnés jusqu'à leur terme.

CHAPITRE 15

R.S. : François Mitterrand s'est toujours méfié de la presse. Il a estimé qu'elle était le plus souvent contre lui. Vous, vous accusez les médias de tous les maux. Pourtant, en 1981, si une grande majorité des journaux et des chaînes de radio et de télévision étaient plutôt favorables à la droite, une bonne majorité de journalistes avaient une sensibilité de gauche et, globalement, François Mit terrand n'a pas eu à se plaindre de la presse.

M.C. : Les choses ne sont pas aussi simples. Comme beaucoup de Français la presse ne supportait plus le Président Giscard d'Estaing. Elle lui reprochait ses manières royales et un certain mépris. Les journalistes aspiraient au changement. En 1981, François Mitterrand a donc bénéficié du soutien des médias. Certes pas de tous. Mais ceux qui le soutenaient le faisaient intelligemment alors que ceux qui appuyaient le Président Giscard d'Estaing étaient très maladroits. Au fond, en 1981, comme c'est parfois le cas pour l'élection présidentielle, ce n'est pas François Mitterrand qui a gagné mais Valéry Giscard d'Estaing qui a perdu. En revanche, c'est vraiment François Mitterrand qui a été réélu en 1988.

R.S. : Comment expliquez-vous qu'assez rapidement les

rapports entre François Mitterrand et la presse se soient dégradés ?

M.C. : La presse de droite est restée ce qu'elle était en s'opposant aux socialistes. Les journaux se disant « de gauche » considéraient qu'ils disposaient d'un crédit sur François Mitterrand et prétendaient en toucher les dividendes. Pas en argent, bien sûr. Mais ils auraient aimé faire la politique de la France. Or, ils ont été déçus. François Mitterrand n'a pas suivi les modes que les médias cherchaient à lui imposer. Il ne s'est pas laissé influencer et n'a pas écouté les conseils des salles de rédaction. La presse de gauche s'est rapidement retournée : « Ce Président nous doit tout et nous ignore. » Puis, pour se vendre, les journaux se doivent d'être critiques. Quelques mois après l'arrivée des socialistes au pouvoir, ceux qui nous avaient soutenus ont pris peur : « Si on continue à aider le pouvoir, on va mourir. » J'ajoute qu'ils n'ont jamais aimé François Mitterrand. Leur rêve, c'était Michel Rocard, Jacques Delors, les chrétiens de gauche. A de rares exceptions près, les journalistes dits « de gauche » relèvent, en réalité, de la deuxième gauche. Ils n'ont pas tenu longtemps et ont cédé de plus en plus à la tentation de la critique systématique.

R.S. : Au début du premier septennat, le pouvoir a été maladroit. Il a imposé quelques journalistes dans les chaînes de télévision et de radio qui ont été suspects et qui se sont souvent fait récupérer par la machine audiovisuelle.

M.C. : Si seulement c'était vrai ! Nous n'avons même pas osé... Nommé à la Communication, Georges Fillioud connaissait tout le monde dans les médias et il n'a voulu heurter personne. Un journaliste n'est pas forcément le mieux placé pour faire ce travail, de même que c'est une erreur de nommer un médecin à la Santé, un magistrat à la Justice ou un paysan à l'Agriculture. Il aurait fallu choisir un notable républicain plein de bon sens et de courage. Il se serait moqué comme d'une guigne d'avoir son nom ou sa photo dans les journaux et de se faire éreinter par tel ou tel éditorialiste.

R.S. : Globalement, la presse aura été un des grands ratages pour la gauche.

M.C. : En tout cas, elle n'a pas été une réussite malgré des avancées sans précédent dans le domaine de la liberté ou de l'ouverture de l'audiovisuel. Il faut dire aussi que les juges ne nous ont pas vraiment aidés à appliquer l'ordonnance de 1944 ! Dépourvus de réelles possibilités juridiques, nous n'avions que les moyens « politiques » — notamment les banques nationalisées — et nous avons répugné à les utiliser. Alors que les titres de sa Une éreintaient une nouvelle fois le Premier ministre sur l'affaire Pelat, le directeur d'un grand quotidien parisien a sollicité et obtenu, début 1993, une intervention décisive de Pierre Bérégovoy pour qu'une banque d'Etat assure ses fins de mois. A l'idée qu'on puisse les soupçonner de prétendre avoir accès, d'une manière ou d'une autre, à un grand moyen d'information, nos amis étaient tétanisés. La droite avait accaparé sans honte tous les grands médias mais la gauche tremblait à l'idée de devenir propriétaire de la plus modeste feuille de quartier. Le Président était irrité mais il tapait sur un édredon car tout le monde avait peur des journalistes. La classe politique d'aujourd'hui n'a pas été fabriquée par la guerre, comme celle de François Mitterrand, mais par les médias. C'est la classe « paillettes ». Elle fait partie du système médiatique et aspire à y dispenser quotidiennement sa photo, sa minute de radio ou de télévision. Comme l'a très bien écrit Hubert Védrine dans *Télérama* du 15 novembre 1995 : « La télévision hystérise le monde politique. » La démocratie s'est laissé enfermer dangereusement : désormais les juges font du journalisme et les journalistes rendent la justice. Nous avons gravement manqué à la République en refusant de casser cette mécanique et le monopole de la droite. Après dix ans de pouvoir, quatorze ans à l'Elysée et des contributions financières importantes, la gauche ne peut pas compter sur un seul média. Beau succès.

R.S. : Mais la presse n'a jamais été aussi libre que sous les deux septennats de Mitterrand et cette liberté est mise quasi unanimement au crédit du Président et des socialistes.

M.C. : Les grands moyens d'information ont largement profité de la liberté — y compris sur le plan financier — mais évitent soigneusement d'en rendre hommage à François Mitterrand. Pourtant, il a libéré les radios et les télévisions et leur a ouvert de nouveaux espaces. Dans moins de dix ans, on aura oublié combien ce monde était figé en 1981 et qui est responsable de sa formidable explosion. François Mitterrand aura été la première victime des ondes libérées. Je lui ai souvent suggéré d'être prudent et de faire désirer la liberté. Mais il a voulu aller vite et fort sans poser de conditions. Aujourd'hui, si un ministre reproche le mensonge d'un article ou d'une émission, on l'accuse aussitôt de faire pression sur la presse et d'attenter à sa liberté. Le pouvoir médiatique est devenu absolu. Il ne supporte aucune remise en question d'informations fausses. Pourtant, la critique est normale en démocratie. Sans envisager la censure, qui est la marque des dictatures, on peut exiger de la presse un minimum de sérieux et de compétence. L'information est quasiment un service public largement payé par les contribuables. Sans d'importantes aides budgétaires, la presse serait morte depuis longtemps. Pour le service public de la radio-télévision et la presse, les Français financent par leurs impôts beaucoup plus que ne leur coûte le budget des Affaires étrangères ou de la Justice.

R.S. : Vous pensez vraiment que l'Etat doit contrôler la presse ?

M.C. : Sûrement pas. En démocratie ce n'est pas son rôle. Il en est d'ailleurs incapable et toute incursion de sa part dans ce domaine conduirait vite à la censure. Mais l'ampleur médiatique est telle qu'elle devrait être équilibrée par un système de sanctions indépendant des pouvoirs politiques et institutionnels. Car la justice, qui normalement doit faire œuvre de régulation en la matière, est trop souvent passive et timorée. Il faut dire que les juges ne peuvent pas à la fois se servir des médias tous les jours et les sanctionner sévèrement lorsqu'ils manquent à la loi. Un procès de presse aujourd'hui est un interminable parcours du combattant. Il s'achève trop souvent en « petit clapotis » — la formule est de François Mitterrand — sans valeur d'exemple pour la profession. Dans certains cas, l'Etat devrait pouvoir suspendre les aides aux organes qui manquent à la déontologie : par exemple ceux qui dressent les Français les uns contre les autres, qui professent la xénophobie et le racisme, qui ignorent l'éthique de la démocratie et de la République et les droits des citoyens. En attendant, et dès maintenant, les parquets devraient recevoir pour instruction de poursuivre plus systématiquement les violations de la loi — sur le secret de la défense, le secret de l'instruction, le secret fiscal, la vie privée, etc. — et tout ce qui compromet nos grands intérêts nationaux. J'ai une conception de la liberté de la presse très sourcilleuse. Si le commentaire est totalement libre, les faits ne le sont pas. Et personne, pas mêmes les journalistes, n'est au-dessus des lois de la République.

R.S. : Séparer le fait du commentaire, c'est ce qu'on apprend dans les écoles de journalisme.

M.C. : Bien sûr. Mais combien de ceux qui écrivent ou parlent n'y sont pas passés ou ont oublié ce qu'on leur a appris ? Le gros problème de l'information aujourd'hui, c'est son manque de professionnalisme et les énormes contraintes économiques qui pèsent sur elle. La presse, devenue un produit commercial ordinaire soumis à une concurrence, doit vendre avant d'informer. Pour vendre, il faut frapper les esprits, quitte à mentir. Bien des journalistes, qui se croient libres, n'ont plus rien à voir avec ceux de *L'Aurore* à l'époque du « J'accuse » de Zola. Pour vendre, il faut souvent aller vite, bâcler sans rien vérifier pour ne pas louper le scoop. Le faux, l'approximatif ou le sensationnel sont beaucoup plus « porteurs » qu'un article de fond soigneusement pesé et bien documenté. Cette dérive finira d'ailleurs par conduire les contribuables à s'interroger. Pourquoi la presse doit-elle être plus aidée que les autres entreprises privées ? Pourquoi obliger le contribuable à payer ce qu'il refuse d'acheter comme lecteur ? Les Français se diront peut-être un jour que l'aide au pluralisme n'est que l'alibi de ceux qui n'ont ni lecteurs, ni talent. Qu'entendrait-on si, au nom du même principe, on continuait à verser leur indemnité parlementaire aux députés dont les électeurs n'ont plus voulu ? Je trouve sain que la presse soit impitoyable avec les hommes politiques qui fraudent. Ils doivent des comptes au peuple : il faut bien qu'il sache la vérité. Mais la rigueur doit fonctionner dans les deux sens. Dès lors qu'un élu qui a manqué à son devoir ou à la loi peut être inéligible, le CSA doit pouvoir interdire d'émettre pour un temps déterminé une chaîne de radio ou de télévision qui a fauté. Certes, on leur inflige parfois des amendes. J'ai été chargé de les recouvrer en tant que ministre du Budget, et je sais ce qu'il en est. Rapportées aux produits de la faute, elles sont modestes et rentrent très lentement. La République se mordra les doigts un jour d'avoir laissé faire. Mais il sera trop tard.

R.S. : François Mitterrand disait souvent, ces dernières années : « Il y a deux poids et deux mesures. Autrement dit, la presse est plus sévère avec moi, avec la gauche, qu'elle ne l'était, avant 1981, avec mes prédécesseurs, avec la droite. » Et c'était vrai. La presse sous de Gaulle, Pompidou ou Giscard d'Estaing, était beaucoup plus révérencieuse. Mais aujourd'hui la droite est revenue au pouvoir et les médias ne se privent pas de critiquer le Président, le Premier ministre, le Gouvernement. Comme si la presse avait acquis une liberté définitive.

M.C. : Sans la critique, la presse serait morte. Cependant, avec la gauche, elle est impitoyable tandis qu'avec la droite, sa vraie propriétaire, elle est beaucoup plus mesurée. Si Lionel Jospin avait développé un programme aussi irréaliste que M. Chirac, il se serait fait éreinter. Et si François Mitterrand avait été, un an après son élection, au niveau de popularité de son successeur, que n'aurait-on pas entendu ! Lorsqu'elle est aux affaires, la droite sait se servir du pouvoir et tient ferme le tiroir-caisse. Les patrons de presse le savent et les salles de rédaction se modèrent sans qu'on ait besoin de leur donner de conseils. A de rares exceptions — *Le Canard Enchaîné, Charlie Hebdo* — il n'existe pas de journaux vraiment indépendants. Tous ont toujours besoin d'un petit quelque chose à un moment ou à un autre. On ne l'ignore pas à droite. Alors on leur laisse la bride sur le cou tant qu'ils ne dépassent pas les limites. Aujourd'hui les journalistes répercutent plus religieusement que sous la gauche les argumentaires concoctés par les cabinets ministériels... Quand on connaît la langue de bois des palais officiels, le décodage de certains articles ne trompe pas.

R.S. : François Mitterrand a considéré TF1 comme un adversaire politique. Lors du dernier Conseil des ministres du Gouvernement Bérégovoy, il a eu cette formule : « Si nous étions au temps des anciennes guerres, je dirais : “ A qui devrai-je rendre ma rapière, à Chirac ? à Giscard ? à Bouygues ? ou à Poivre d'Arvor ? ” »

M.C. : TF1 s'est souvent conduit en adversaire politique avec des émissions tendancieuses s'apparentant à de la propagande. Je pense, par exemple, à l'émission *Le droit de savoir* consacrée au financement du PS. En même temps la maison Bouygues continuait sans honte à quémander les commandes publiques auprès des gouvernements qu'elle vomissait. Le Président nous avait dit : « Puisque TF1 ne respecte pas la déontologie la plus élémentaire, tenez-en compte dans les attributions des marchés publics. » Il pensait sans doute à la Grande Bibliothèque. Malheureusement Pierre Bérégovoy, après avoir menacé, n'a pas osé aller jusqu'au bout et Bouygues a finalement eu le marché. Parce qu'elle est la chaîne la plus regardée, TF1 incarne une sorte de légitimité devant laquelle tout le monde tremble.

R.S. : Au point de considérer illégitime le pouvoir politique dès lors qu'il n'était pas proche de la chaîne ?

M.C. : Tout à fait. Avec ses 40 % de parts de marché, TF1 regardait de haut tous les autres médias et les politiques. Mais il lui arrive de trembler lorsqu'elle ne sait pas de quoi demain sera fait. Sa danse du ventre entre MM. Balladur et Chirac était assez symptomatique. Et elle savait que se tromper serait douloureux. Quand je vous dis que la droite sait parler aux journalistes...

R.S. : Le Président était également très critique avec *Le Monde...* qui est aussi votre bête noire.

M.C. : C'est vrai qu'il parlait souvent des « pattes de mouche » de M. Colombani. Mais en ce qui concerne *Le Monde,* c'est autre chose. Il n'est plus un journal de référence. Il s'est banalisé. De l'époque d'Hubert Beuve-Méry, il n'a gardé que la susceptibilité et la prétention. Sitôt qu'on le conteste, *Le Monde* prend un air outragé. Mais au nom de quoi ? Ayant définitivement délaissé la rigueur de son fondateur, il fourmille d'informations inexactes parce que non vérifiées qui font tout au plus l'objet de laborieux et discrets rectificatifs. Souvenez-vous du prétendu financement du PS par un trafic médical à Panama. Les regrets du journal étaient tellement sophistiqués qu'il a presque réussi à passer pour la victime de ses propres turpitudes. J'ai déploré que Pierre Mauroy, alors Premier secrétaire, renonce à poursuivre le journal en justice comme François Mitterrand le lui avait fortement conseillé.

R.S. : Il faut dire qu'entre François Mitterrand et *Le Monde* le courant n'est jamais passé. Même du temps de Jacques Fauvet, qui appelait pourtant régulièrement à voter Mitterrand dans ses éditoriaux.

M.C. : C'était très différent. Les commentaires du *Monde* lui déplaisaient parfois, mais le journal faisait très bien son métier d'information. Aujourd'hui, ce n'est plus le cas. On l'a bien vu au moment des polémiques de l'automne 1994. Tout était bon pour démolir le Président. *Le Monde* a même confié à deux sortes de « Diafoirus » le soin de faire un article pseudo-scientifique sur la prostate de François Mitterrand. Ne pouvant recueillir le moindre ragot auprès de ses médecins ou de son entourage, ils ont quasiment recopié un polycopié de faculté de médecine sur le sujet. Mais l'intérêt de l'article n'était pas là. En fait, il s'agissait de démontrer que le Président était pratiquement en état d'empêchement et qu'il fallait d'urgence saisir le Conseil constitutionnel. C'est à la suite de cet article que le Président a dit « Appelez le curé » ajoutant aussitôt... « Et profitez-en pour résilier tous les abonnements souscrits par l'Elysée au *Monde.* » Un des faits marquants de ses deux présidences est que François Mitterrand aura tout fait pour libérer les médias et se sera fait un devoir de ne jamais les attaquer en justice pendant qu'il était à l'Elysée, même s'il l'a souvent regretté. Mais un engagement est un engagement. Libéré de la Présidence, il a changé d'attitude et a fait saisir un livre au printemps 1995.

Si *Le Monde* avait conservé les qualités imposées par son fondateur, croyez-vous qu'il serait dans la situation financière qui est la sienne aujourd'hui ? Au contraire, il gagnerait des lecteurs tous les jours...

C'est parce qu'il n'est plus une référence que le Président a choisi d'autres journaux pour s'exprimer, comme *Le Figaro,* qui ne s'est jamais pris pour le « *Journal officiel* bis » et n'a jamais mis son drapeau dans sa poche.

R.S. : Pour revenir à la télévision, François Mitterrand avait été très choqué par un reportage d'une chaîne publique sur un chèque de 1 776 francs saisi au siège de la SAGES — une officine de financement. Cette somme avait servi, pendant la campagne présidentielle de 1988, à financer une plaquette électorale éditée par les militants socialistes de la Sarthe. Le Président ignorait bien sûr jusqu'à son existence. Pourtant sa photo illustrait le reportage où l'on voyait des billets changer de mains !

M.C. : Vous confondez deux reportages. Celui où on le voyait à travers un montage fabriqué manipuler des billets de banque, c'était dans l'émission *Le droit de savoir* sur TF1 à propos du financement du Parti socialiste. L'autre, relatif à la SAGES, a dû être diffusé par Antenne 2. Ces deux reportages étaient insupportables. François Mitterrand n'était pas un homme d'argent ! Il n'a jamais trempé dans aucune affaire financière, ni manipulé d'argent sale. Dans l'affaire de la SAGES, les services fiscaux, puis un juge, ont relevé beaucoup de dépenses effectuées à l'occasion de campagnes électorales. On a même trouvé une Fédération socialiste qui avait fait imprimer des affiches au nom de Michel Rocard à son insu. Le candidat à la présidence de la République, ou les responsables nationaux du Parti socialiste, ne peuvent tout de même pas être comptables de tout ce que les militants locaux font en leur nom sans le leur dire. Mais l'affaire de la SAGES a été une nouvelle occasion de mettre en cause le Président, qui ignorait l'existence de M. Michel Reyt et de son bureau d'études. Toujours l'information...

R.S. : C'est pourquoi, au fil des années, les diatribes de François Mitterrand contre le pouvoir de l'argent ont fait place à celles contre le pouvoir des médias.

M.C. : Mais le pouvoir de l'argent et celui des médias, c'est la même chose ! L'argent est à la droite et la plupart des médias aussi. Paradoxalement, les grands capitaines d'industrie nous ont été plutôt moins hostiles que leurs journaux. Ils étaient lassés de M. Giscard d'Estaing et de ses 14% d'inflation. Passé le grand frisson de 1981-1982, ils ont admis que nous devions mener une politique assurant la cohésion du tissu social. Ceux qui ont le plus mené campagne contre nous, ce sont des lobbies frileux : des médecins, des pharmaciens, des agriculteurs, la France d'un autre siècle qui ne supporte pas l'évolution de la société vers plus de liberté et de justice. Les médias, notamment la télévision, se sont faits complaisamment l'écho de ces groupements réactionnaires qui ont été d'efficaces relais pour l'opposition.

R.S. : Personnellement, vous avez toujours eu de mauvais rapports avec les médias que vous diabolisez volontiers.

M.C. : Vous êtes journaliste, n'est-ce pas ? N'ai-je pas de bons rapports avec vous ? Il ne faut pas généraliser. Tous les organes d'information ne sont pas ligués contre moi et j'entretiens de cordiales relations avec de nombreux journalistes ou chroniqueurs dont je respecte la pertinence et la compétence, fussent-ils critiques à mon égard. Quant aux autres, ceux qui m'ont calomnié, les tribunaux s'en occupent.

CHAPITRE 16

R.S. : Avec l'affaire Urba et ses développements, l'affaire Pelat et le prêt à Pierre Bérégovoy, le juge Jean-Pierre a cherché à impliquer François Mitterrand, à montrer notamment que les fausses factures d'Urba avaient financé sa campagne. Vous, l'homme de confiance du Président, vous avez dû suivre ces dossiers de près.

M.C. : Pas du tout...

R.S. : Difficile à croire !

M.C. : Je répète, pas du tout. Le Président s'est bien gardé d'intervenir. A l'Elysée, ce dossier ne nous concernait pas. D'ailleurs, qu'aurait-il pu faire ? La seule affaire de financement du PS que j'ai bien connue est celle de la SAGES. Un contrôle fiscal avait précédé de quelques jours la descente du juge d'instruction. J'ai découvert le dossier à travers un compte rendu de la direction générale des Impôts le 14 décembre 1991. La liste des noms d'élus socialistes concernés par les fausses factures de ce bureau d'études était accablante, même si nous avons ensuite découvert que beaucoup d'entre elles avaient été faites à leur insu. J'étais surtout très inquiet car plusieurs élus cités étaient amis ou proches de Michel Rocard. Je ne voulais pas qu'on puisse penser à une vengeance de ma part, d'autant que je n'avais pas été préalablement informé de la vérification fiscale opérée à la SAGES. J'ai aussitôt prévenu le Président et le Premier ministre. Ils m'ont recommandé par écrit de laisser se poursuivre les investigations des services sans chercher à les gêner. Précaution inutile, je n'en avais pas l'intention. Le juge a perquisitionné la SAGES le 10 janvier 1992 et les choses ont alors suivi un autre cours. Malgré tous ses efforts, M. Van Ruymbeke n'est pas parvenu à m'impliquer à l'occasion de cette affaire. J'avais rencontré M. Michel Reyt deux ou trois fois au cours de réceptions et il m'avait envoyé deux lettres. Les doubles de mes réponses — qui n'étaient que de simples accusés de réception, ses demandes n'ayant eu aucune suite de ma part — étaient dans ses dossiers. Le juge d'instruction les a brandies victorieusement devant la Chambre d'accusation de Rennes. « On trouve même des courriers de M. Charasse. » Il a ensuite cherché à savoir comment j'avais acheté une magnifique propriété dans un village où je n'ai jamais mis les pieds, à Arradon dans le Morbihan. Je n'étais ni ne suis bien évidemment propriétaire de rien dans ce coin. J'ai dû inviter le juge à étayer ses dires. La Chancellerie a ordonné une enquête administrative sur une curieuse perquisition effectuée chez un notaire de Vannes pour rechercher mes prétendus titres de propriété. Les choses en sont restées là. Je ne suis pas Pierre Bérégovoy et je ne me serais jamais laissé accuser à tort. Mais en ce qui concerne Urba, je n'en ai jamais rien su.

R.S. : Comment le Président a-t-il vécu l'affaire Urba, c'est-à-dire le financement du PS par des fausses factures ?

M.C. : Tant que la France ne s'est pas dotée — à la demande expresse de François Mitterrand — d'un très strict système de financement de la vie politique et des élections, tout le monde avait recours aux mêmes stratagèmes. Il n'y avait pas d'autre moyen pour financer les campagnes électorales. Cependant, la droite paraissait plus habile que la gauche. Elle ne s'était pas fait prendre. Question d'habitude, sans doute... On sait aujourd'hui ce qu'il en est. Le PS a fait le premier, et douloureusement, les frais de ces pratiques anciennes car quelques magistrats — rares heureusement — ont adopté un comportement de règlement de comptes sur la place publique qui n'a rien à voir avec la belle mission de la justice. Le Président était violemment hostile à la loi d'amnistie : « Mieux vaut quelques notables au tribunal qu'un discrédit général. » Il a atténué la portée de la loi du 15 janvier 1990 autant qu'il l'a pu. Mais il n'a pas pu résister à l'impatience des dirigeants du Parti socialiste qui ne voyaient pas d'autres moyens pour en finir avec leurs ennuis. Et cette amnistie arrangeait bien l'opposition qui l'a largement approuvée.

R.S. : On a beaucoup dit que François Mitterrand avait accepté la loi d'amnistie parce qu'il avait peur que le juge Jean-Pierre remonte au financement de sa campagne de 1988.

M.C. : Absolument pas, d'autant que le financement de sa campagne n'a transité ni par le Parti, ni par Urba. Cela n'a pas empêché le juge Jean-Pierre de tourner autour de l'Elysée et de tout faire pour compromettre le Président. Le bruit a même couru qu'il voulait perquisitionner la Présidence de la République. François Mitterrand s'est indigné : « Je n'ai rien à voir avec tout cela. Le Président ne relève que de la Haute Cour. Il n'est pas question qu'un juge, quel qu'il soit, passe la porte de l'Elysée. Que la garde l'en empêche par tous les moyens. C'est un ordre. » Je crois savoir que le Président Chirac a confirmé ces consignes au commandement militaire du Palais...

R.S. : Le juge Jean-Pierre a notamment cherché à impliquer le Président dans l'affaire Pelat...

M.C. : Les investigations de ce futur député européen de droite sur le financement du Parti ont en effet rebondi, comme une sorte de ballet réglé à l'avance, sur l'affaire Pelat. Dans le dossier de la succession de Patrice Pelat, outre le prêt à Pierre Bérégovoy, on a retrouvé un versement inexpliqué de 150 000 F de Patrice Pelat à François Mitterrand. Les services fiscaux m'ont interrogé mais j'avais l'explication depuis longtemps. Patrice Pelat, qui s'était formé par lui-même, n'avait pas eu le temps ni la possibilité de faire des études. D'une vive intelligence, il s'était mis assez tardivement à partager l'amour du Président pour les livres anciens ou rares. Ils flânaient ensemble pendant des heures dans les rues de Paris, admiraient les belles passantes, s'arrêtaient dans les librairies spécialisées en ouvrages de collection, fouinaient et passaient leurs commandes. C'est ainsi que Patrice Pelat avait demandé à un libraire, ami du Président, de lui procurer un ensemble de beaux livres. La commande est arrivée en plein mois d'août alors que Pelat était en vacances loin de Paris. François Mitterrand a récupéré et payé les livres de son ami. Patrice l'a ensuite remboursé avec un chèque de 150 000 F. Quand Jean-Pierre est tombé sur ce chèque, le Garde des Sceaux a averti le Président : celui-ci a aussitôt donné à Pierre Arpaillange la facture établie au nom de Pelat et sur laquelle le libraire avait inscrit « payé par M. Mitterrand ». J'ai fourni à mes services cette explication dont la justice avait la preuve. L'Administration en est restée là.

R.S. : François Mitterrand a paru à la fois très agacé et très peiné par le délit d'initié commis par Patrice Pelat dans l'affaire Pechiney.

M.C. : Je connaissais assez bien le Président et aussi Patrice Pelat. Je ne les imagine pas parler d'affaires d'argent. Pelat n'aurait pas osé aborder le sujet. François Mitterrand ne s'y intéressait pas : ce n'est pas son monde ! Il disait lui-même qu'il ne comprenait rien ni à la Bourse, ni aux actions. Le Président a regretté que son fidèle ami se soit mis dans cette situation. Tout en lui faisant les reproches qu'on imagine — mais Patrice se défendait —, il a persisté à lui témoigner une grande affection. Il espérait que la justice démêlerait sereinement le vrai du faux. Il avait clairement dit à la télévision que s'il avait fauté, il n'aurait plus la même qualité d'amitié avec lui. Patrice est mort avant d'avoir été jugé. Personne ne saura jamais rien. Sa disparition brutale a bouleversé le Président.

Le hasard a fait que j'ai rendu visite à Patrice Pelat à l'hôpital américain de Neuilly une heure avant sa mort. Quand je suis arrivé dans sa chambre, le général de Bénouville était à son chevet. Amis de la Résistance, ils partageaient la même fidélité pour leur camarade de combat

François Mitterrand. Nous avons bavardé quelques minutes et le général est parti. Je suis resté seul un quart d'heure avec Patrice, moralement atteint et triste que cette affaire éclabousse le Président. Se sentant mieux physiquement, il devait sortir deux ou trois jours plus tard et voulait contre-attaquer. Je le sentais pugnace. Il m'a annoncé des révélations qui le disculperaient. On a frappé à la porte : c'était Jean-Luc Lagardère. François Mitterrand n'était pas le seul à avoir gardé son amitié à son compagnon de captivité. Je les ai laissés. Patrice est mort pendant que je rentrais au Louvre, foudroyé par une crise cardiaque dans le couloir de l'hôpital en raccompagnant sa femme jusqu'à l'ascenseur.

R.S. : Le Président a-t-il considéré qu'il avait été victime, comme Pierre Bérégovoy, de l'acharnement du juge Jean-Pierre ?

M.C. : Il en avait le sentiment. En ce qui concerne Pierre Bérégovoy le doute subsiste sur le comportement de cet ancien magistrat qui a enfin opté aujourd'hui pour ce qu'il aurait dû faire dès le départ : une carrière politique à droite.

Quand le Premier ministre a été mis en cause dans *Le Point,* début février 1993, par un article très documenté de M. Pontaut, les gendarmes, officiers de police judiciaire du juge d'instruction, ont craint d'être accusés d'avoir parlé et violé le secret de l'instruction. Ils se sont donc aussitôt couverts en saisissant leur hiérarchie : peu de temps avant la sortie du *Point,* il leur avait semblé reconnaître M. Pontaut en grande conversation avec le juge Jean-Pierre dans son bureau au Mans. L'adjudant de gendarmerie Cette a rendu compte de « l'incident » à son supérieur, le colonel Recordon, lequel a fait suivre jusqu'au directeur général de la Gendarmerie, M. Dintilhac. Celui-ci a alerté sur-le-champ son ministre, Pierre Joxe, et le cabinet de Michel Vauzelle, Garde des Sceaux. Ordre a alors été donné au parquet de Paris d'ouvrir une information pour violation du secret de l'instruction. L'enquête préliminaire a été confiée à la Police judiciaire. Mais M. Verbrugghe, préfet de police, a hésité pendant quelques jours. Faire interroger des gendarmes par les policiers n'allait-il pas relancer la guerre des polices ?

Ces atermoiements ont permis aux uns et aux autres de s'organiser.

R.S. : *Le Canard Enchaîné* a eu vent de cette enquête et en a fait état...

M.C. : Oui, et le fax entre Paris et Le Mans a dû beaucoup fonctionner. Quelques jours après, les gendarmes, enfin interrogés, se sont bizarrement rétractés. Réflexion faite, ils n'avaient vu personne dans le bureau de M. Jean-Pierre. Curieusement, les investigations se sont arrêtées là. Normalement, on aurait dû confronter les gendarmes avec le colonel Recordon, avec le général Guillaume, sous-directeur de la Gendarmerie, et avec M. Dintilhac puisque tous avaient reçu le même compte rendu. Le parquet de Paris s'est abstenu d'aller plus loin et la Police judiciaire a vite bouclé le dossier sans autre forme de procès. Il n'y avait pas lieu à poursuivre ni à saisir un juge... contre un autre juge ! Les loups ne se mangent pas entre eux...

Quelques semaines plus tard, Pierre Bérégovoy a quitté Matignon puis a mis fin à ses jours. Le Président avait été profondément marqué par ce suicide derrière lequel il sentait la présence de tous ceux qui avaient tenté de porter injustement atteinte à l'honneur de son ancien Premier ministre. Leur impunité lui semblait insupportable. Vers la mi-mai, il s'en est ouvert à M. Léotard : « Pourquoi n'y-a-il pas eu d'enquête de commandement à l'intérieur de la Gendarmerie, comme c'est la règle ? »

R.S. : Comment a réagi François Léotard ?

M.C. : Il était dans des dispositions d'esprit assez voisines de celles du Président. Aussitôt après la mort de Pierre Bérégovoy, il avait publié dans *Le Monde* un article qui ne laissait aucun doute sur ses sentiments. Il a donc répondu : « En votre qualité de chef des armées, vous pouvez me demander une enquête interne à la Gendarmerie. J'exécuterai. » Aussitôt dit, aussitôt fait. Le ministre de la Défense demande au général Hérisson, inspecteur général de la Gendarmerie, de lui faire un rapport. Cet officier général connu pour sa rigueur et son haut sens de l'honneur et du devoir, fait diligence, entend tous les protagonistes de l'affaire et demande à chacun un témoignage écrit. Vers la fin des vacances, M. Léotard a remis au Président de la République les conclusions du général Hérisson contenant les originaux des témoignages recueillis. Tout est plus que troublant ! Le général Hérisson conclut formellement que les fuites ne peuvent pas venir des gendarmes. Le juge Jean-Pierre, méfiant, ne leur donnait pas tous les éléments du dossier et conservait seul l'ensemble du puzzle. Tous les témoignages écrits concordaient. Oui, le colonel Recordon avait bien reçu une déclaration des gendarmes affirmant qu'ils avaient vu le journaliste dans le bureau du juge. Il a joint à sa déclaration une copie de son rapport manuscrit du 5 février 1993 adressé à sa hiérarchie. Oui, le général Guillaume a bien été destinataire des mêmes informations, via le colonel Recordon. Oui, le général Charlot, commandant la Légion d'Ile-de-France, a bien eu connaissance des mêmes faits aussitôt communiqués à son directeur général, M. Dintilhac. Dès lors, de deux choses l'une, et c'est implicite dans le rapport du général Hérisson : ou les gendarmes ont menti à leur hiérarchie, ou ils ont menti à la police. On les voit mal mentir à leur hiérarchie, qui ne leur avait rien demandé ! On comprend aussi qu'ils aient eu peur d'être accusés, alors que seul le magistrat instructeur avait les pièces citées ou publiées par *Le Point.*

R.S. : Alors pourquoi l'enquête du parquet de Paris n'est-elle pas allée plus loin ?

M.C. : Il faudrait interroger l'ancien procureur Bruno Cotte. Mais d'autres éléments sont troublants. Par exemple, le directeur général de la Gendarmerie avait adressé un rapport manuscrit à son ministre, Pierre Joxe, dont il n'avait ni pris, ni conservé copie. A son départ pour la Cour des Comptes, M. Joxe a emporté et classé cet unique document dans ses archives personnelles. Le Président souhaitait voir cette pièce. Il m'a chargé de la demander à M. Joxe par l'intermédiaire de son ancien directeur de cabinet, M. Nicoullaud. Je l'ai aussitôt convoqué. Il m'a répondu que M. Joxe ne voulait pas se séparer de cette pièce, sans doute pour éviter des drames à l'intérieur de la Gendarmerie. Quoi qu'il en soit, la lecture du rapport du général Hérisson a convaincu le Président qu'il fallait reprendre les investigations sur cette grave violation du secret de l'instruction. Le 21 octobre 1993, François Mitterrand a donc transmis copie du dossier au Premier ministre, en précisant : « Les circonstances tragiques de la mort de Pierre Bérégovoy soulignent l'obligation où nous sommes de rechercher la vérité. »

R.S. : Que s'est-il passé ?

M.C. : Rien. Ce délit pénal est prescrit depuis le 4 ou 5 février 1996. Ceux qui ont participé à cette manipulation judiciaire peuvent dormir en paix. Autre fait troublant, le député européen de droite Jean-Pierre a assigné *Globe* devant la 17e chambre correctionnelle du Tribunal de Paris pour diffamation. L'hebdomadaire avait en effet laissé entendre qu'il pouvait être le responsable des fuites. Avocat de *Globe,* Roland Dumas m'avait fait citer comme témoin, en accord avec le Président, avec toute la hiérarchie de la gendarmerie, depuis M. Dintilhac jusqu'à l'adjudant Cette. Nous nous sommes tous retrouvés devant le tribunal, début 1994, pour apprendre à l'ouverture des débats que Jean-Pierre retirait sa plainte sans véritable explication. Personne n'a pu déposer, le mystère reste entier... Je vous laisse imaginer les vraies raisons de cette volte-face !

R.S. : Depuis, ses procédures dans l'affaire Pelat et le prêt Bérégovoy ont été déclarées illégales.

M.C. : Oui, par la chambre d'accusation de la Cour d'Angers puis par la Cour de cassation. Mais pour Pierre Bérégovoy, le mal est fait, irrémédiable, tandis que Jean-Pierre poursuit tranquillement sa carrière au Parlement européen.

Conclusion

R.S. : S'il fallait dresser un bilan, que diriez-vous ? Réussite globale, échec, ni l'un, ni l'autre ?

M.C. : On ne peut pas faire, à chaud, alors que les polémiques ne sont pas éteintes, le bilan d'une aussi longue période. Quatorze ans de présidence de François Mitterrand, dix ans de gouvernement de gauche, c'est beaucoup ! Seule l'Histoire permet le recul et l'objectivité nécessaires. Ceux qui ont été les acteurs de ces moments forts, comme moi, ne sont pas les mieux placés.

Et puis chacun a tendance à faire le bilan de ce qui l'intéresse. Certains diront que la France est devenue, depuis 1981, le pays où les libertés sont les mieux garanties. D'autres préféreront retenir l'échec du chômage, de l'exclusion, de ce que l'on appelle aujourd'hui la « fracture sociale », même si nous n'avons pas inventé les « nouveaux pauvres » en 1981. Plusieurs penseront que l'essentiel de ces quatorze années, c'est la construction européenne. Elle n'aurait pas autant avancé sans la France et la détermination de son Président, qui a tenu à faire approuver ses choix par le peuple. D'aucuns s'en tiendront aux indices économiques : une inflation maîtrisée, des prélèvements fiscaux et sociaux — au moins sous la gauche — en baisse, des finances publiques — toujours sous la gauche — tenues, et pas d'explosion de la dette. On évoquera aussi les grands travaux, pour les dénigrer ou les encenser, l'explosion culturelle, les radios, les télévisions et l'ensemble de la presse, plus libres que jamais. On soulignera également la progression de la richesse nationale, l'affirmation de la France comme quatrième puissance mondiale, son autorité internationale et son prestige, le succès de nos entreprises sur les marchés extérieurs, la modernisation du pays, la décentralisation, l'amélioration des rapports sociaux dans l'entreprise avec les lois Auroux. Malheureusement, on peut aussi signaler l'absence d'une vraie réforme de la Sécurité sociale et des retraites, la persistance de la crise du logement et l'aggravation de la pauvreté, le retour de l'Abbé Pierre, Coluche et ses Restaurants du Cœur, les 300 000 personnes qui couchent dehors en plein hiver et celles qui en meurent, les affaires qui ont frappé les politiques, à droite comme à gauche. Les sujets ne manquent pas. Avec la même bonne foi, on peut distribuer bons ou mauvais points. Les événements sont tellement présents dans les mémoires et les consciences que, si je me risquais à une énumération, elle serait non seulement fastidieuse et incomplète, mais encore fragile. N'importe quel polémiste pourrait la contester ou la récuser.

R.S. : Alors quoi, au moins une impression, une image...

M.C. : Oui, une image reste profondément gravée dans mon cœur de républicain et de patriote : celle du 8 mai 1995 quand, subitement, au lendemain de la bataille présidentielle et des débordements de la veille, les Français ont découvert à la télévision, côte à côte, François Mitterrand et Jacques Chirac célébrant le cinquantième anniversaire de la victoire de 1945. En les voyant souriants, détendus, courtois, communier dans le même souvenir des souffrances et des espérances de notre peuple, je me disais :

« Voilà la France qui se retrouve, la France apaisée, qui donne un exemple formidable de démocratie et d'unité à ses enfants mais aussi au monde. Voilà ce peuple qui ne cesse de se quereller et qui sait se rassembler quand il le faut. » Et je revivais le climat politique de notre pays avant 1981, où cette scène aurait été inimaginable. Rappelez-vous les affrontements durs et implacables. La fracture politique de la France semblait alors insurmontable et irréversible. Rappelez-vous l'ambiance au Parlement, quand la majorité de gauche est arrivée. L'opposition livrait une guérilla permanente sur toutes les grandes lois, avec un « flibusting » à l'anglaise à travers des milliers d'amendements, les haines sur l'école, nos députés considérés comme des usurpateurs, la gauche qui se comportait parfois en enfant gâté, l'inexistence de tout dialogue sérieux entre les différentes tendances. La diatribe, l'invective et la mise en cause tenaient lieu d'arguments de part et d'autre. Tout cela paraissait dépassé ce 8 mai 1995 : la France revenait à une situation saine où l'alternance est la règle de la démocratie et le gage de la solidité de la République.

R.S. : Vous pensez que François Mitterrand y est pour beaucoup ?

M.C. : Oui. Contrairement à son prédécesseur, qui n'a pas réussi dans ce domaine, François Mitterrand a agi avec succès pour décrisper la vie publique. Sa conception de son rôle, en se méfiant du « domaine réservé » et des facilités de la Constitution de 1958, son action constante pour partager le pouvoir — avec la décentralisation ou l'audiovisuel par exemple —, son souci de respecter les droits de chacun, son exigence quant à la mise en œuvre de procédures de contrôle — financement des élections ou institutions indépendantes comme la COB —, son respect de l'indépendance de l'autorité judiciaire, sans oublier sa politique de justice sociale, tout ceci a fabriqué l'image du 8 mai 1995 au fil des jours. Faut-il rajouter le respect scrupuleux de François Mitterrand pour le suffrage universel, dont il a toujours tiré les conséquences en prononçant deux fois la dissolution de l'Assemblée nationale et en choisissant deux fois un Premier ministre qui n'était pas de son camp. Pendant ces deux cohabitations, il a respecté les institutions en préservant ce que la fonction présidentielle a d'essentiel, en prenant la défense de nos grands intérêts, en protégeant l'unité nationale, tout en laissant agir le Gouvernement et sa majorité. La querelle des ordonnances, en juillet 1986, n'avait pas d'autre sens. Le Président refusait de gouverner à la place de ceux que les Français venaient d'élire pour cela.

R.S. : Mais à part ces généralités, cette philosophie de l'action du Président Mitterrand, avez-vous gardé le souvenir de faits précis ?

M.C. : J'en ai plusieurs en tête, inimaginables avant 1981. Ainsi, au début du premier septennat, pendant le débat sur les nationalisations, la droite multipliait la guérilla parlementaire et les esprits étaient particulièrement échauffés. Un député socialiste de l'Essonne, habituellement courtois, M. Michel Berson, a violemment pris à partie M. Roger Frey, président du Conseil constitutionnel. Il l'a accusé, devant l'Assemblée, de collusion avec les milieux financiers opposés aux nationalisations. M. Frey a envoyé un mot manuscrit au Président de la République pour lui dire : « Mon statut m'impose un strict devoir de réserve. Je ne peux donc pas répondre publiquement à ces attaques mais je vous demande de me défendre. » Le Président lui a aussitôt répondu en publiant une déclaration pour rappeler que nul ne doit mettre en cause les membres du Conseil constitutionnel. Cette prise de position courageuse risquait d'être mal comprise, dans le climat de l'époque, par les députés de la majorité soumis à d'odieuses attaques de la droite. Il n'empêche. Le Président l'a fait parce que la Constitution veut qu'il protège les institutions de la République.

Autre exemple : quand une commission d'enquête de l'Assemblée a prétendu convoquer et entendre le Président Giscard d'Estaing à propos des « avions renifleurs », François Mitterrand a vivement réagi. Il a rappelé fermement que le chef de l'Etat n'est responsable que devant la Haute Cour de justice pour les faits commis pendant qu'il est en fonctions. En sa qualité de gardien des institutions, il a fait savoir à l'Assemblée nationale qu'elle ne pouvait pas mettre en cause, de n'importe quelle manière, et devant une instance non qualifiée, la responsabilité du Président Giscard d'Estaing pour des actes qui auraient été commis sous sa présidence. Aurait-on vu pareil comportement en 1974 ?

De plus, François Mitterrand a exigé que M. Giscard

d'Estaing soit traité avec la dignité qu'imposaient ses anciennes fonctions et a mis au point un « statut » des anciens présidents de la République, qui faisait défaut chez nous, contrairement à d'autres grandes démocraties. Il a exigé pour lui une place élevée dans le protocole républicain.

R.S. : Avez-vous gardé le souvenir de gestes disons « personnels » ?

M.C. : Oui, le Président s'est toujours montré courtois et délicat avec ses adversaires. Pour tous les grands événements familiaux qui marquaient la vie de personnalités qu'il connaissait, il exprimait ses sentiments personnels, souvent par un mot manuscrit sans oublier aussi les félicitations personnelles adressées à des personnalités dans des circonstances particulières : je pense par exemple à nos compatriotes nommés cardinaux par le Pape. Enfin deux ou trois jours avant de quitter définitivement l'Elysée, il a fait remplacer le mobilier de son bureau, très moderne, par celui utilisé jusqu'en 1989 par le général de Gaulle. Il a donc accueilli le Président Chirac dans « ses » meubles le 17 mai 1995.

La grande leçon que nous laisse François Mitterrand, c'est son sens scrupuleux — je dirais même pointilleux — de la démocratie, sa tolérance, qui ne suppose aucune faiblesse à l'égard de l'adversaire mais qui exige qu'on respecte les droits de chacun et d'abord celui de s'exprimer librement. Tout ceci n'était pas concevable avant 1981. Au sommet de l'Etat, on n'avait pas acquis alors, à l'égard du jeu normal de la démocratie, ce que j'appellerai la neutralité ou la hauteur de vues nécessaire.

R.S. : On a beaucoup reproché à François Mitterrand d'avoir écrit à Le Pen.

M.C. : Une fois de plus, les critiques ont été injustes. M. Le Pen est le chef d'un parti politique qu'aucune majorité ni aucun gouvernement n'ont eu le courage d'interdire. Même si les démocrates ont le devoir de le combattre sans concession, il a exactement les mêmes droits que les autres. L'article 4 de la Constitution précise clairement que les partis et groupements politiques autorisés « concourent à l'expression du suffrage » et « se forment et exercent leurs activités librement ». M. Le Pen, chef d'un parti légal, a donc écrit un jour au Président de la République pour se plaindre : « Les médias audiovisuels me traitent très mal et ignorent ma formation politique. Vous êtes chargé de veiller au bon fonctionnement de la démocratie. Je fais appel à vous pour faire cesser cette injustice. » Le Président a poliment accusé réception, rappelant que les chaînes étaient indépendantes, qu'il ne pouvait leur donner aucun ordre, mais seulement transmettre la réclamation. Il se devait de répondre à ceux qui participent — fût-ce à leur manière — à la vie publique et qui s'inquiètent de leurs droits. On ne peut pas à la fois refuser d'interdire le parti de M. Le Pen et faire comme s'il n'existait pas. La presse nous informe régulièrement des activités et options de M. Le Pen. Personne ne le lui reproche. Et personne n'a jamais reproché non plus aux Premiers ministres et aux ministres de l'Intérieur qui se sont succédé, au fil des années, de verser des subventions de l'Etat au Front national, au titre du fonctionnement des partis ou des campagnes électorales.

R.S. : Finalement, quelle est à vos yeux la plus belle réussite du Président Mitterrand ?

M.C. : Je vous l'ai déjà dit : en dépit de tous les antagonismes — mais c'est le privilège des démocraties —, il a constamment préservé l'unité nationale, la République et la liberté et il a aimé les Français. Les images des deux Présidents le 8 puis le 17 mai 1995 étaient formidablement symboliques.

C'est sans doute ce crédit dont le peuple de France a marqué la reconnaissance en manifestant, avec autant de profondeur et de dignité, son respect et son chagrin lorsqu'il nous a quittés. J'ai été frappé par les témoignages recueillis sur les registres des mairies, notamment ceux, très nombreux, qui commençaient par « Je n'ai jamais voté pour vous » ou « Je n'ai jamais approuvé votre politique » ou « Je vous ai toujours combattu » et qui se poursuivaient par un « mais » suivi d'émouvantes appréciations. Pour beaucoup de nos compatriotes, même au-delà de son camp, la mort du Président fut une sorte de deuil familial. D'où cet étrange climat, ce frisson, ce silence que nous avons collectivement ressentis le 8 janvier 1996 et les jours suivants.

François Mitterrand, qui disait souvent : « Je fais partie du paysage de la France », ne s'était pas trompé. Il y avait une sorte d'alchimie mystérieuse entre elle et lui. Mais personne d'autre que l'Histoire ne pourra jamais expliquer pourquoi à son dernier souffle il ne faisait plus qu'un avec la Nation.

Achevé d'imprimer en août 1996
sur presse CAMERON
dans les ateliers
de Bussière Camedan Imprimeries
à Saint-Amand-Montrond (Cher)

et relié
aux Établissements Brun
à Malesherbes

N° d'impression : 1496-4/573
Dépôt légal : août 1996
Imprimé en France